Sammlung Luchterhand 649

Gérard Raulet

GEHEMMTE ZUKUNFT

ZUR GEGENWÄRTIGEN KRISE DER EMANZIPATION

Luchterhand

CIP-Kurztitelaufnahme der Deutschen Bibliothek

Raulet, Gérard:
Gehemmte Zukunft: zur gegenwärtigen Krise d.
Emanzipation / Gérard Raulet. – Orig.-Ausg. –
Darmstadt; Neuwied: Luchterhand, 1986. –
(Sammlung Luchterhand; Bd. 649)
ISBN 3-472-61649-0

Originalausgabe
Sammlung Luchterhand, Juni 1986

Lektorat: Klaus Binder
Umschlaggestaltung: Kalle Giese, Darmstadt
Herstellung: Petra Görg

Gesamtherstellung bei der
Druck- und Verlags-Gesellschaft mbH, Darmstadt
ISBN 3-472-61649-0

Inhalt

»Es lag in der Luft, daß man vielleicht exakt leben könnte. Man wird heute fragen, was das heiße.«

Robert Musil, »Der Mann ohne Eigenschaften«.

»Ich werde also annehmen dürfen [. . .], daß [das Fortschreiten] zwar bisweilen *unterbrochen*, aber nie *abgebrochen* sein werde . . . Diese Hoffnung besserer Zeiten, ohne welche eine ernstliche Begierde, etwas dem allgemeinen Wohl Ersprießliches zu tun, nie das menschliche Herz erwärmt hätte, hat auch jederzeit auf die Bearbeitung der Wohldenkenden Einfluß gehabt.«

Kant, »Über den Gemeinspruch: Das mag in der Theorie richtig sein, taugt aber nicht für die Praxis«.

VORBEMERKUNG

Allerorten wird über den Eintritt in die »Postmoderne« und über die Bedeutung der damit ausgesprochenen Verabschiedung der »Moderne« debattiert. Die Bezeichnung »Postmoderne« ist umstritten. Doch kann man denjenigen, die ihr von vornherein jegliche soziologische Gültigkeit und jeglichen auch nur diagnostischen Wert absprechen, entgegenhalten, daß sie sich billig über das herrschende Krisenbewußtsein hinwegsetzen. Man mag den Terminus für zu pauschal halten, für Differenzierungen plädieren und gegen die Aufblähung des Postmodernismus zum Programm protestieren: An der Krise des linear-fortschrittlichen Geschichtskonzepts und an der Infragestellung des emphatischen Vernunftbegriffs, an der realen Durchsetzung eines ideologischen Bewußtseins also, ändert dieser Protest bestimmt nichts. Zwar verhalten sich die französischen Denker selbst, die als Neo- oder Poststrukturalisten bezeichnet werden (Derrida) oder gar die modische Parole der »Postmoderne« lanciert haben (Lyotard), höchst zurückhaltend zum Erfolg ihrer Thesen, während sich etwa Architekten frisch-fröhlich zum neuen Zeitgeist bekennen. Aber gerade darum geht es hier: um die Spannung zwischen der kaum zu leugnenden Konvergenz gesellschaftlicher und kultureller Indizien für eine Krise der Moderne und deren Ideologisierung zum Schlagwort einer epochalen Wende.

Wie ernst also ist das »Post« der Postmoderne zu nehmen? Definiert man nämlich die Moderne als die Selbstbehauptung der Vernunft, die Modernisierung als Rationalisierung, so fällt auf, daß sie sich nicht zum ersten Mal *von sich selbst* verabschiedet. Moderne ist keine analytische Kategorie, die positive Zustände beschreibt, sondern vielmehr der wiederkehrende Ausdruck eines Krisenbewußtseins, das jeweils Zeiten des Umbruchs entspringt.

Hegel hat dies als erster reflektiert: Die Aufgabe der Philosophie sieht er darin, eine *Selbstvergewisserung der Moderne* zu leisten, indem sie diese von ihren Entzweiungen erlöst. Das

Selbstbewußtsein der Moderne ist, in anderen Worten, gleichursprünglich mit dem Wissen um ihre Krisenhaftigkeit. Das gilt sowohl von der *Querelle des Anciens et des Modernes* (1687) als auch von Chateaubriands *Essai sur les révolutions anciennes et modernes considérées dans leurs rapports avec la révolution française* (1797), gilt von Kants Dreiteilung der Vernunft, von Schillers Protest gegen deren Defizite der Kantischen Vernunft oder von der in Deutschland – im Erscheinungsjahr von Chateaubriands *Essai* – ansetzenden Infragestellung des vernünftigen Diskurses der Aufklärung durch die Frühromantik. Das gilt später für Nietzsche und die von ihm inspirierte Kulturkritik bis zur Weimarer Republik hin, das gilt auch noch von der Wiener Moderne, von den neoromantischen Zügen der Dekadenz-Theorien und in anderem Sinn von Carnap und Wittgenstein.

Die darin angedeutete krisologische Begriffsbestimmung der Moderne hätte sich also archäologisch und typologisch an periodisch wiederkehrenden Krisenkonstellationen zu orientieren[1]: allerdings nicht um den zyklischen Geschichtsbegriff zu rechtfertigen, der bereits von den Gegnern Kants, wie etwa Mendelssohn, vertreten wurde, der später bei den Kulturkritikern vorherrschte und vor dem es um so mehr zu warnen gilt, als ihm gerade auch die sogenannte »Postmoderne« – vor allem (aber nicht nur) durch den historisch-beliebigen Rückgriff der Architektur auf vergangene Stile – zu verfallen droht, sondern um das falsche Bewußtsein zu entlarven, das aus Indizien des Umbruchs den bereits vollzogenen Bruch konstruiert und eine radikale Wende verkündigt.

Denn jedesmal geht es nicht nur um Vernunft als solche, sondern um *historische* Vernunft – um die Frage, wie Geschichte aufzufassen sei und ob der etablierte Vernunftbegriff sich nicht in der Praxis hemmend und verfälschend auswirke. Jedesmal geht es, in anderen Worten, um die Spannung zwischen Bruch und Kontinuität der Moderne, um ihren verfallenden Vernunftbegriff – um die fällige Selbstkorrektur und Revision der »Vernunft«.

Demzufolge ist der implizite Leitfaden dieses Buches die Frage, ob der heute behauptete – und theoretisch zweifelsohne schon vollzogene – große Bruch mit der Moderne bloße Ideologie ist, oder ob das, was sich theoretisch geltend macht, auch praktische Gültigkeit beanspruchen kann und in diesem Sinn eine Konversion der Geschichtsphilosophie in praktischer Absicht erforderlich macht. Die Postmoderne wird auf ihre Fähigkeit hin befragt, mit der Dialektik der Aufklärung bzw. der Moderne zu brechen und eine neue emanzipatorische Praxis anzuregen.
Ideologien, auch die postmodernen, sind nie völlig aus der Luft gegriffen. Die Parole vom Eintritt in die Postmoderne kann man nicht einfach disqualifizieren, indem man den irrationalistischen Gefahren des postmodernen Diskurses den Appell an eine »Vernunft« entgegensetzt, die so lange bloßes Ideal bleibt, als wir nicht bewiesen haben, daß dieser emphatische Vernunftbegriff – an dem der späte Horkheimer theologisch und der letzte Habermas kommunikationstheoretisch festhalten – sich noch realisieren läßt. Mit seinem Konzept einer kommunikativen Vernunft registriert Habermas allenfalls den Verfall der historischen Vernunft.
Man kann sich heute nicht mehr darüber hinwegtäuschen, daß es qualitativ neue Folgewirkungen des wissenschaftlich-technischen Fortschritts gibt – etwa daß die Warenwirtschaft sich heute zu einer derartigen Verflüssigung des Tauschs gesteigert hat, daß die Rede von einer postmodernen »Delokalisierung« aller gesellschaftlichen Phänomene wenigstens der Tendenz nach nicht fehlgreift. Ebensowenig darf man ignorieren, daß die neuen Technologien, die allmählich die alten ablösen, die »Dekodierung« des Subjekts und des Sinns in der Geschichte weitertreiben, indem sie die ehemaligen Prozesse der Identitätsbildung von Grund auf verändern bzw. überhaupt unmöglich machen, und dies nicht nur auf politisch-sozialem Gebiet, sondern radikaler noch im Bereich der Bewußtseinsbildung überhaupt. Die wuchernde Vermehrung von Informationen, die industrielle Überproduktion von Bildern und Fiktionen

– von synthetischen Bildern, die reine Fiktionen sind – zeigen nicht nur den Übergang von der technischen Reproduzierbarkeit (Benjamin) zur Massenkultur an, sondern machen heute den Kern der Produktivkräfte aus.

Obwohl wir im Rahmen dieses Essays solche Tendenzen nicht systematisch darstellen können, läßt sich aus den angeführten Indizien wenigstens ein Schluß ziehen, der heuristischen Wert besitzt: Sollte sich die Vernunft in der Tat in ihrem Zerfall vollendet haben, dann muß Geschichtsphilosophie – wenn man an ihr festhalten will, wie es hier der Fall ist – wohl oder übel sich auf Momente des Bruches einlassen, um noch überhaupt möglich zu sein; auch da, wo sie bemüht ist, die Postmoderne als Folge der Moderne zu relativieren.

»Das mag in der Theorie richtig sein, taugt aber nicht für die Praxis«: der Kantische Spruch müßte heute variiert und einer Revision unterzogen werden. Er läßt sich sowohl auf die Postmoderne, die eine neue Denkart fordert, als auch auf die Moderne beziehen, deren Vernunft in der Geschichte allem Anschein nach bloßes Ideal geblieben ist. Weil die moderne Vernunft sich nur als jene Rationalität des Verstandes verwirklicht hat, die sie doch überwinden wollte, gilt heute in einem »postmodernen« Sinn Musils Skepsis: »Exakt leben . . . Man wird heute fragen, was das heiße.« Die gegenwärtige Krise der Emanzipation erscheint dann als eine Krise der mit sich selber zerfallenen herrschenden Ratio.

Kant hatte in der *Kritik der reinen Vernunft* die Vernunft über ihre Grenzen aufgeklärt, das Wissen beschränkt, um dem Glauben Platz zu machen, hatte zwischen Erscheinung und Ding an sich unterschieden und aus dem Unerkennbaren das Motiv der Postulate gemacht, die das moralisch-praktische Handeln tragen. Am Ausgang des modernen Rationalisierungsprozesses werden die Gehalte der Kantischen Kritik (die Religion, die Natur, die Postulate der Freiheit, der Existenz Gottes und der Unsterblichkeit der Seele) wieder zu den Symptomen eines an seinen unbewältigten Schranken zerschellenden Wissens: Die Religiosität, die Natur und der Tod signalisieren als unversöhnte Ungleichzeitigkeiten das Scheitern des Totalitätsanspruchs, auf den die Vernunft auch nach Kant keineswegs verzichtet hat und weiterhin zu verwirklichen suchte – indem sie sich mit den Mitteln einer einseitig und totalitär gewordenen Zweckrationalität über die Kantischen Dualismen hinwegsetzte, ohne sie aufheben zu können.[2]

Wie dieser verkürzte Rationalitätsbegriff überwunden werden könnte durch eine dialektische Praxis der Hoffnung, die *hermeneutisch* das Verschwiegene und Verdrängte einholt: dem sind die ersten beiden Kapitel gewidmet, die sich auf Blochs »Hermeneutik im Prinzip der Dialektik« stützen, um eine neue, praktische Rationalität zu bestimmen.[3] Hier werden – mit der »objektiv-realen Hermeneutik« und der »Auszugsgestalt« – methodische Werkzeuge einer »symbolischen Geschichtsphilosophie« gewonnen, die in den letzten vier Kapiteln des Bandes den Versuch einer Aktivierung der konkreten Utopie nach dem postmodernen »Ende der Utopie« vorantreiben sollen.

Man kann aufgrund eines kontrastierenden Vergleichs zwischen Blochs Dynamisierung der Ungleichzeitigkeiten und Althussers Rekonstruktion der Marxschen Methode zeigen, daß die Aufgabe jeder Praxisphilosophie in der Aktivierung einzelner Widersprüche besteht – vor allem, wenn sie sich nicht mehr auf einen augenscheinlichen Hauptwiderspruch berufen kann. Aber nach wie vor scheitert die Hoffnung auf eine neue Ratio und eine neue Ordnung an der Unmöglichkeit, diese konkret-utopisch zu verwirklichen.

Inwiefern zeigt sich darin ein objektiver Zwang? Läßt sich tatsächlich kein neuer Zugang zu einer emanzipatorischen Geschichte finden, dessen Ansätze bereits in den krisenhaft-modernen Revisionen des Geschichtsbegriffs angelegt wären? Kann nicht die »Postmoderne« von der »Moderne« lernen? Weil es darum geht, an postmoderne Ideologien die Frage nach ihrer Praxisfähigkeit zu richten, weist der subjektiv-objektive Titel »Gehemmte Zukunft« auf die Notwendigkeit hin, den subjektiven Faktor mit dem objektiven zu vermitteln. Sowohl die Feststellung, daß die herrschende Rationalität immer wieder in die Aporien des subjektiven Idealismus zurückfällt, als auch das Versagen dieser Vermittlung in den Protestbewegungen der sechziger Jahre, zuletzt noch der scheinbar rein subjektive Charakter des postmodernen Bruchs mit der Tradition einer realen Vernunft geben zu erkennen, daß man nicht voreilig von der Vermittlungsforderung – im Grunde ein marxistischer Gemeinplatz – absehen darf. Solange die unversöhnte Subjektivität »postmodern« nur expressiv protestiert und ihr Recht auf Freiheit nur behauptet, vermag sie zwar Motive zu bilden, die rebellisch die herrschende Ordnung durchbrechen und deshalb praktisch wichtig sind, aber gerade ihre Virulenz bleibt der Reflex ihrer Unfreiheit. Davon gehen die hier vorgelegten »Prolegomena zum postmodernen Subjekt-Objekt« aus.

Wo die Postmoderne sich gegen die Einbahnstraße der einseitigen modernen Vernunft auflehnt, überwindet sie die Hemmung der Emanzipation auf eine bloß abstrakte Weise – etwa als die »erhabene« Flucht nach vorne, zu welcher die postmoderne Ästhetik Lyotards überreden möchte, die aber der herrschenden Ratio in deren sich überschlagenden Fluchtbewegungen nicht nur folgt, sondern diese gelten läßt und fröhlich bejaht als Spielraum unbeengter Kreativität.

Die Rede vom Eintritt in die Postmoderne besteht zu Recht, sofern sich zeigt, daß die Vernunft in der Geschichte in einer Sackgasse mündet. In diesem Sinn bedeutet die »Postmoderne« zweifelsohne eine radikale Infragestellung der herkömmlichen Theorie und Praxis, woraus aber nicht unbedingt folgt, daß »Vernunft« und »Geschichte« zu den Akten gelegt werden können.

Hemmend wirken sich aber sowohl die Verinnerlichung des Scheiterns wie auch der scheinbar hemmungslose Bruch mit der modernen Rationalität aus. Gerade da, wo sie sich ungehemmt über die Aporien der Modernisierung hinwegsetzt und von dieser nicht mehr eine vernünftigere Weltordnung erwartet, wird die postmoderne Ideologie zur Hemmung par excel-

lence: Sie verhindert ideologisch die Redialektisierung des Verhältnisses von Theorie und Praxis; macht die Praxis blind und Theorie gegenstandslos.
Das Lukácssche Subjekt-Objekt der Geschichte hat zweifelsohne die historische Bühne verlassen. Fragt man nun nach den Figuren, die es noch, und sei es mangelhaft, vertreten, so sind die »ungleichzeitigen« Widersprüche der sechziger und siebziger Jahre, aufgezeigt von der Neuen Linken und den ökologischen Bewegungen, vielleicht schon nicht mehr praktisch verbindlich. Sie haben sich inzwischen in die allgemeine Gleich-(Un)gültigkeit eines zersplitterten Zeitbewußtseins aufgelöst (und können deshalb bald »fortschrittliche«, bald »neokonservative« oder gar reaktionäre Formen annehmen – rinks und lechts kann man inzwischen durchaus velwechsern).
Angesichts dieser um sich greifenden »Delokalisierung« und Utopisierung der Wirklichkeit und ihrer Widersprüche könnte man vielleicht doch an dem Prinzip einer Rettung und Dynamisierung der historischen und gesellschaftlichen Defizite festhalten, wenn es gelänge, inmitten des postmodernen Wirbels, der letzthin nur Stillstand bedeutet, gesellschaftliche Phänomene noch als »Auszugsgestalten« (Bloch) zu dechiffrieren. Dann wäre die Gefahr zumindest erkannt, an welcher die sozialen Bewegungen seit 68 immer wieder scheiterten: die Gefahr ihrer Allegorisierung.
Einer sich ausbreitenden Allegorisierung alles Wirklichen ausgesetzt, müßte, zur Entzifferung der jeweiligen »Auszugsgestalt« des Subjekt-Objekts, Geschichtsphilosophie in praktischer Absicht eine Philosophie der symbolischen Formen entwickeln, die in Benjamins Mythologien des 19. Jahrhunderts ihr Vorbild findet. Erste Hinweise darauf geben die letzten beiden Kapitel dieses Essays.

Anmerkungen

1 Vgl. hierzu Raulet, »La fin de la Raison dans l'histoire?«, in *Information sur les sciences sociales,* London/Beverly Hills/New Delhi, 1984,

Vol. 23, No. 3, S. 559–576, sowie die verschiedenen Forschungsprojekte der *Groupe de recherche sur la culture de Weimar* (Fondation de la Maison des Sciences de l'homme, Paris): Raulet (Hg.), *Weimar ou l'explosion de la modernité*, Paris 1984; Rider, J./Raulet, G. (Hg.), *Verabschiedung der (Post-)Moderne?*, Tübingen 1986.

2 Raulet, »Retour du religieux et rationalité technocratique«, in *Lumière et Vie*, Lyon 1980, Nr. 148; ders., »Ungleichzeitige Natur«, in *Österreichische Zeitschrift für Soziologie*, Wien 1984, 9. Jg., Nr. 1–2; ders., »L'utopie et la mort«, in *Recherches et documents du Centre Thomas More de sciences humaines des religions,* L'Arbresle 1982.

3 Vgl. Raulet, »Hermeneutik im Prinzip der Dialektik«, in B. Schmidt, (Hg.), *Ernst Blochs Wirkung,* Frankfurt a. M., Suhrkamp 1975; ders., *Humanisation de la nature, naturalisation de l'homme – Ernst Bloch et le projet d'une autre rationalité*, Paris 1982, und ders., *Une autre raison – Les aventures postmodernes de la dialectique,* Paris 1986.

I

HEBEL DER PRAXIS: UNGLEICHZEITIGKEIT UND AUSZUGSGESTALT

Zur Frage der Praxis im historischen Materialismus Bloch versus Althusser

In *Erbschaft dieser Zeit* schreibt Ernst Bloch: »Die Nazis konnten nur deshalb so ungestört betrügen, weil eine allzu abstrakte Linke die Massenphantasie unterernährt hat.« Ganz ähnlich konnten etwa die – alles wohl erwogen – miesen Erfolge der französischen Mai-Revolte und die schwere Niederlage, die das sozialistisch-kommunistische Regierungsprogramm im April 1978 bei den Parlamentswahlen erlitt, auf die Unfähigkeit der traditionellen Organisationen, das Auflodern neuer Kampfformen und neuer Forderungen zu einer umfassenden Strategie zu strukturieren, zurückgeführt werden. Eine solche Strategie, die als Legitimationsproblem noch aktuell bleibt, müßte auf den herkömmlichen und ausschließlichen Ouvrierismus verzichten und meistens auseinandergehende Sehnsüchte, die nicht unbedingt im Sinne des üblichen Klassenwiderspruchs politisiert sind, zu erfassen und miteinander zu verbinden suchen – das heißt auch lokalisierte Widersprüche als eine Nebenform des Klassenkampfes und als eine indirekte, gegebenenfalls durch ideologische Themen vermittelte Negativität der heutigen Produktionsweise zu erfassen und zu aktivieren suchen. So die Protestbewegungen gegen die Atomenergie (die sich oft für unpolitisch ausgeben) und die Wiederbelebung der Bürgerinitiativen auf sehr verschiedenen Gebieten (Konsum, Wohnung, Freizeit). Neue Formen der gewerkschaftlichen Praxis, wie die in den Vordergrund tretende Selbstverwaltung, sind wahrscheinlich selbst keine entscheidende Alternative. M. Guillaume und J. Attali schreiben in ihrem Buch *L'Anti-économique*, daß »die Autonomie selbstverwalteter Unternehmen, soweit sie auf eine tiefgreifende Umstrukturierung der Produktion verzichten würde, zu einer Art Arbeiterkapitalismus führen könnte, den die heutige Produktionsweise sehr gut vertragen würde«.[1] Außerdem schwebt um das Ideal der Selbstbestimmung bzw. Selbstverwaltung ein höchst ungleichzeitiger Hauch von Anarchosyndikalismus und Assoziationismus. Einen ähnlichen Rückfall in die Utopie verraten die Rückkehr zur Natur und der Naturkult der ökologischen Bewegungen. Selbst wenn all diese Randerscheinungen als solche noch keine Strategie darstellen, so deuten sie immerhin auf ein Komplexerwerden des gesellschaftlichen Widerspruchs und auf die Existenz sozialer Kämpfe, die sich entweder innerhalb des Überbaus abspielen oder mindestens vom Überbau vermittelt werden und nur mit Hilfe ideologischer oder utopischer Themen eine adäquate Formulierung finden. Seit den *Eléments d'autocritique*, die er im Jahre 1972 veröffentlichte,[2] hat Althusser den Akzent auf die verschiedenen Ebenen und Sphären der Kämpfe und auf deren strukturelle Verschränkung in jeder Gesellschaftsformation gelegt. Von seinen früheren Schriften (*Für Marx* und *Das Kapital lesen*) meint er, daß sie den Klassenkampf als solchen zu wenig berücksichtigt hätten.[3] Seit 1967 hat er deshalb dem »Klassenkampf in der Theorie« eine erstrangige Rolle im Verhältnis der Theorie zur Praxis zugeschrieben. Und die Ende 1976 erschienene Sondernummer der Zeitschrift *Dialectiques* sieht den eigentlichen Beitrag Althussers darin, daß seine Theorie die Auffassung der Hegemonie der Arbeiterklasse als die Einigung relativ autonomer Sphären der Praxis ermöglicht hat.[4] Dennoch: Von Anfang an als Reaktion gegen den Stalinismus konzipiert,[5] blieb die Philosophie Althussers bis heute ohne Wirkung auf die Parteiorganisation und vermochte nicht, diese an die spezifischen sozialen Bewegungen des Spätkapitalismus zurückzukoppeln. Um dieses paradoxe Ergebnis zu verstehen, müssen wir von der Hypothese ausgehen, daß die Trennung zwischen Theorie und Praxis bereits in der Konstruktion ihrer Verhältnisse im Werk Althussers vorhanden ist.

Rancière betont, daß das Schicksal der Theorie Althussers durch die Eigenart ihrer Reaktion auf den Stalinismus vorausbestimmt war: Indem sie eine Vertiefung in die marxistischen Grundsätze empfahl und diese unternahm, ohne das Verhältnis der Theorie zur Praxis als Organisationsproblem aufzuwerfen, lieferte sie der Partei eine legitimierende Prinzipienfestigkeit, die die praktische Kampflinie keineswegs in Frage stellte.
Ich möchte hier zeigen, daß die sogenannte »theoretische Praxis« Althussers wegen ihrer Auffassung des Verhältnisses der Theorie zur Praxis letzten Endes einer Trennung beider gleichkommt und daß sie trotz der Umbetonungen, die in den *Eléments de'autocritique* zu finden sind, *keine* organisationelle Alternative durchsetzen konnte; sie diente nur zur Rechtfertigung ihrer praktischen Enthaltsamkeit.
Erst der Skandal eines allzu auffälligen Hochverrats an den Hoffnungen der Arbeiterklasse warf im April 1978 anläßlich der Parlamentswahlen ein grelles Licht auf das konkrete Organisationsproblem und die verfehlte Strategie der KPF, die für das Scheitern der Linken Union eine unleugbare Verantwortung trug. Kurz nach dem ernüchternden Wahlergebnis ergriff Althusser das Wort und drückte nichts anderes aus als das plötzliche Bewußtwerden der Intellektuellen, die ihre völlige organisatorische Unwirksamkeit, ja Überflüssigkeit einsehen mußten; eine dreiseitige Interaktion der Massen, der Partei und der Intellektuellen existierte in der Kommunistischen Partei einfach nicht. Althussers jähe Wortmeldung zu dieser entscheidenden Frage knallte dazwischen wie das Eureka des Erfinders; als hätte der kommunistische Intellektuelle über Nacht den archimedischen Punkt der politischen Praxis entdeckt. Diese Selbstkritik, die zunächst in der Abendzeitung *Le Monde* erschien und kurz danach unter dem Titel *Ce qui ne peut plus durer dans le Parti Communiste Français* als Buch veröffentlicht[6] wurde, legte die Aporien der Althusserschen Rekonstruktion des Historischen Materialismus bloß.
Warum hat die höchst methodische »Marxologie« Althussers die Organisationsfrage nicht früher gestellt und welche innere

Logik ihrer theoretischen Konstruktion hat sie denn daran gehindert? Die Antwort, wie sie hier entwickelt wird, lautet etwa so: Die Ansätze zu einer Theorie der Ungleichzeitigkeit münden bei Althusser in der Isolierung einer reinen Theorie, die »ihrer Natur gemäß« handelt, nämlich als »Klassenkampf *in der Theorie*«, anstatt dialektisches Erben und praktisches Aktivieren der Ideologien (in erster Linie der des Humanismus) zu ermöglichen, wie es etwa bei Ernst Bloch oder in Frankreich bei Henri Lefebvre der Fall ist. Daran, daß eine Theorie fehlt, die praxisfähig wäre, ist letzten Endes die undialektische Verdrängung des Humanismus und die ebenfalls undialektische Trennung von Ideologie und »Wissenschaft« schuld.

1. Ansätze zu einer praktischen Auffassung der Ungleichzeitigkeit

In einem hatte Althusser sicher recht: Es galt – wenn auch nicht unbedingt theoretisch – den Umweg über die Komplexität von Handlungssphären zu unternehmen, deren relative Autonomie die materielle Zersetzung und die nur noch ideologische Zusammensetzung der sozialen Kräfte im heutigen Kapitalismus zu erfassen ermöglicht. Die Entwicklung der technischen und menschlichen Produktivkräfte verursacht nämlich neue Spaltungen zwischen der geistigen Arbeit und der Arbeit an der Maschine, was eine innere Differenzierung der Arbeiterklasse zur Folge hat. Ein immer größer werdender Teil der Mittelschichten fällt in die Abhängigkeit vom Gesamtkapital.[7] Darüber hinaus wirkt sich die Macht des monopolistischen Kapitals nicht mehr ausschließlich im Arbeitsverhältnis aus, sondern auf allen Gebieten des politischen und sozialen Lebens (vor allem im Konsum und in der Freizeitgestaltung).[8] Sie bewirkt heute weniger Pauperisierung als eine manipulierte Befriedigung der materiellen und geistigen Bedürfnisse. Die Befreiung von der materiellen Notwendigkeit zwingt den Kapitalismus dazu, neue Bedürfnisse zu schaffen; und diese neuen Bedürfnisse, welche den Sieg einer auf Fetischismus beruhenden Zivilisation darstellen, folgen nach Marc Guillaume[9] den Regeln einer anderen Logik als der ökonomischen, nämlich der des Imaginären. Das Besitzen einzelner Gegenstände ersetzt oder maskiert das fundamentale Eigentumsverhältnis. Die Ware schafft ihren eigenen Code, der den Menschen nur eine sehr labile soziale Identität verschafft. An die Stelle der Symbolik einer festen Verwurzelung im gesellschaftlichen Boden tritt ein gespaltenes Leben, das den Fließprozessen des Warenmarkts gehorcht. Diesen Verlust der Identität deutet Guillaume als Verlust einer Ortsbestimmung. Dessen Folgen gehen so weit, daß politische Organisationen nicht mehr imstande sind, isolierte Kämpfe und Widersprüche zu einer wirklichen politischen Alternative zu verbinden.[10] Dabei spielen natürlich, wie Marc Guillaume es auch betont hat, der Staat und darüber hinaus die Sehnsucht nach dem Staat, die der Verlust der Identität hervorbringt, eine entscheidende Rolle. Der Staat ist kein Nachtwächter mehr, er strukturiert von oben herab die gespaltenen gesellschaftlichen Komponenten:

»Soll die Arbeiterbewegung auf die neuen Forderungen der historischen Konjunktur antworten, dann muß sie die Klasse der Produzenten zur allgemeinen Klasse einigen. Sie muß die Bedingungen der Entstehung und der Verbindung der verschiedenen Formen der Praxis überdenken, d. h. den Grad ihrer Unabhängigkeit voneinander, die Natur ihrer ›relativen‹ Autonomie sowie den Grund dieser relativen Autonomie – nämlich ihre Abhängigkeit von der letztlich alles bestimmenden ökonomischen Praxis – definieren.« (*Lire le Capital*, Paris 1968, I, S. 70) »In diesem Fall entspricht die Hegemonie der Arbeiterbewegung dem historischen Versuch, Spaltungen zu überwinden und die verschiedenen Formen der Praxis zu vereinigen – nicht indem er ihre jeweils spezifischen Züge leugnet, sondern indem er dabei eine neue Organizität und eine neue Art von Produktivität einführt . . . Der Vorrang der Politik für die Bourgeoisie fällt ganz und gar mit einer ökonomistischen Einstellung, i. a. W. mit einer linearen und bloß quantitativen Entwicklung der Produktivkräfte innerhalb der Grenzen der Wertform. Noch anders ausgedrückt: im Rahmen dieser linearen Zeitauffassung der bürgerlichen Gesellschaft schlägt die relative Autonomie der verschiedenen Praxisformen in eine reduzierende Verknüpfung um, wobei Produktivkräfte und soziale Intelligenz radikal auseinandergehen, selbst wenn die Bourgeoisie sie wieder zu verknüpfen versucht, denn ihre Zusammensetzung sieht dann von der Wirklichkeit der Praxisformen, von ihren materiellen Zeitebenen und ihren konkreten Protagonisten ab.«[11]

Dies ist wenigstens die Interpretation, die Montanari und Fistetti von Althusser geben. Der Althussersche Theorismus ist sogar für sie die adäquate kritische Antwort auf der Abstraktionsebene der bürgerlichen Ideologie und ihrer ideologischen Einigung der getrennten Handlungssphären. Wie dem auch sei, das Anliegen einer neuen politischen Strategie besteht heute darin, höchst differenzierte und selbst widersprüchliche Formen und Ebenen der Praxis zu erfassen und miteinander zu verbinden. Marx definiert in seiner *Einleitung zur Kritik der politischen Ökonomie* (1857) das Konkrete als eine Synthese mannigfaltiger Bestimmungen; als Suche nach dem Ort der Kämpfe, d. h. als Suche nach der Gegenwart durch die Ungleichzeitigkeiten hindurch; als Suche nach Heimat ist die konkrete Utopie eine Synthese von sehr verschiedenen Ebenen des gesellschaftlichen Lebens der Menschen. Die Möglichkeit des Übergangs hängt von einer solchen Strategie ab, sie hängt ab von einer Überwindung jeder mechanistischen und ökonomistischen Orthodoxie, weil diese der ebenfalls ökonomistischen Weltanschauung der Bourgeoisie gegenüber keine Alternative bieten kann:

»Es trifft auf jeden Fall zu, daß die bürgerliche Ideologie grundsätzlich ökonomistisch gesinnt ist; betrachtet doch der Kapitalist alles vom Standpunkt der materiellen Bedingungen (vornehmlich der Produktionsmittel, die selbst Waren sind) aus, weil er in diesen die Voraussetzung der Ausbeutung einer spezifischen Ware findet: der Arbeitskraft des Arbeiters. Daher sieht er alles unter dem Gesichtspunkt der Ausbeutungstechniken zur Anhäufung von Mehrwerten . . ., unter dem Gesichtspunkt der Technologie und der Verwertung, des ›Ertrags‹ und seiner Vermehrung; i. a. W. vom Standpunkt der kapitalistischen Akkumulation aus.« [12]

Der Humanismus fungiert – insbesondere in den Kategorien des bürgerlichen Rechts – als Maske und juristischer ›Point d'Honneur‹ dieses Vorrangs der ökonomischen Logik. Daher konzentriert sich für Althusser der theoretische Kampf auf das Anzeigen aller Wiederholungen des Paares Ökonomismus/Humanismus in der Geschichte der Arbeiterbewegung. Der Revisionismus mit seiner Trennung des Ökonomischen und der moralischen Voraussetzungen des Sozialismus ist eine solche

Wiederholung. Das Nebeneinander der revolutionären Phraseologie und der reformistischen Praxis in der deutschen Sozialdemokratie der Jahrhundertwende darf auch als eine Form dieser Wiederholung angesehen werden, insofern als Kautsky an der historischen Bedeutung der Diktatur des Proletariats schließlich zweifelt – was Rosa Luxemburg bei Bernstein denunziert hatte.[13] Althusser ist sich also der Folgen des Erfurter Dualismus von Theorie und Praxis ganz bewußt. Um so mehr drängt sich die Frage auf, *warum in der inneren Logik der theoretischen Konstruktion die Ansätze einer differenzierten Erfassung der konkreten Praxis nicht auf den Entwurf einer neuen Erkenntnis- und Praxis-Strategie hinauslaufen.*

2. *Anti-Humanismus und Trennung von Ideologie und Wissenschaft*

Wenn die rein theoretische Antwort auf den Stalinismus einigermaßen bereits erklärt, warum die konkrete politische Strategie, die Frage der Organisation, außer dem Blickfeld blieb, so erklärt erst die innere Logik der Althusserschen Nachkonstruktion des Verhältnisses von Theorie und Praxis, warum dieses Problem *nicht gestellt werden konnte* und warum die scheinbar radikale Stellung Althussers für die Kommunistische Partei eine eher nützliche als schädliche Prinzipienfestigkeit bedeutet hat. Althussers Marx-Lektüre kombinierte geschickt die Psychoanalyse Lacans, die akademisch gepriesene Epistemologie Bachelards und Canguilhems mit – last not least – dem Strukturalismus von Claude Lévi-Strauss. Mit diesem komplexen begrifflichen Apparat maßte Althusser sich an, die bürgerlichen Deviationen zu widerlegen (namentlich die humanistische) und die Erstarrung der Orthodoxie zu überwinden. Seine vertrackte gedankliche Logistik umgrenzt den Raum der sogenannten »theoretischen Praxis«, die als eine Art grundlegende Kritik der praktischen (dialektischen) Vernunft konzipiert ist. In der Verteidigung seiner Habilitationsschrift betont Althusser, daß diese skandalerregende Kategorie der »theoretischen Praxis« in erster Linie das Ziel verfolgte, jeglichen Pragmatismus zu vermeiden, also durch die relative Autonomie der Theorie ein zweckrationales Verhältnis zur Praxis zu bekämpfen. Darüber hinaus unterstrich diese Kategorie, daß die Theorie schon an sich eine Praxis ist, daß sich in ihr konkrete Kämpfe niederschlagen und fortgeführt werden. Dies begründet er durch den Rückgriff auf Marx' *Einleitung zur Kritik der politischen Ökonomie* (1857): Marx habe in dieser Einleitung weder eine Erkenntnistheorie noch eine Epistemologie entworfen, sondern nur »jene minimale Verallgemeinerung, ohne welche die Wahrnehmung und die Erkenntnis der konkreten Erkenntnisvorgänge unmöglich wäre, formuliert. Aber so wie der allgemeine Begriff der Produktion hinter die konkrete Analyse der wirklichen Prozesse zurücktritt, verschwindet auch der allgemeine Begriff der Erkenntnis in der verwikkelten Geschichte der Erkenntnisvorgänge.«[14] Die erkennende Aneignung des wirklichen Gegenstandes durch den Gegenstand der Erkenntnis ist ein Sonderfall der Aneignung der wirklichen Welt durch die verschiedenen Formen der Praxis: durch die ästhetische, die religiöse, die ethische, die technische usw. Alle diese Aneignungsweisen sollen auf die Produktion ihres spezifischen ›Effektes‹ (des angeeigneten Gegenstandes) hin befragt werden, genauso wie Marx die ihm gegenüberstehende Gesellschaftsformation mit Hilfe des Begriffs der »ökonomischen Struktur der Gesellschaft« als das Ergebnis (als den Effekt) einer bestimmten Produktionsweise analysierte.[15]

Wenn die theoretische Produktion eigenen Regeln folgt, so wirkt sich die konkrete Geschichte zwar auf sie aus, aber nie in der Form einer linearen, mechanischen Kausalität. Das hat Marx übrigens im 1859er Vorwort klar ausgesprochen:

»Mit der Veränderung der ökonomischen Grundlage wälzt sich der ganze ungeheuere Überbau langsamer oder rascher um. In der Betrachtung solcher Umwälzungen muß man stets unterscheiden zwischen der materiellen naturwissenschaftlich treu zu konstatierenden Umwälzung der ökonomischen Produktionsbedingungen und den juristischen, politischen, religiösen, künstlerischen oder philosophischen, kurz ideologischen Formen, worin sich die Menschen dieses Konflikts bewußt werden und ihn ausfechten.

So wenig man das, was ein Individuum ist, nach dem beurteilt, was es sich selbst dünkt, ebensowenig kann man eine solche Umwälzungsepoche aus ihrem Bewußtsein beurteilen, sondern muß vielmehr dies Bewußtsein aus den Widersprüchen des materiellen Lebens, aus dem vorhandenen Konflikt zwischen gesellschaftlichen Produktivkräften und Produktionsverhältnissen erklären.«

Diese Stelle erörtert, daß die ideologischen Produkte Undurchsichtigkeit zur Folge haben und deswegen die Erhellung der konkreten Verhältnisse vom Standpunkt des Überbaus aus ausschließen. Sie besagt natürlich keineswegs, daß man »umgekehrt« die Ideologie aus den materiellen Verhältnissen deduzieren kann: Würde sich doch auf diese Weise eine durchsichtige Parallelität wiederherstellen. Marx weist nur darauf hin, daß der Sinn und die Lösung des im Überbau ausgefochtenen Konflikts erst in der materiellen Geschichte verwirklicht werden. Geistesgeschichtlich hängt die Bedeutung dieser Stelle mit der »Umwälzung« der Philosophie Hegels zusammen. Bei Hegel haben wir drei Protagonisten: den Geist, das Sein und das Bewußtsein. Der Geist ist *nicht* das Bewußtsein, sondern dessen *Ursache*, so wie er auch die Ursache des Seins ist. Die Parallelität des Seins und des Bewußtseins wird durch ihre gemeinsame »Ursache« garantiert. Wenn nun die Hegelsche Philosophie umgewälzt wird, dann tritt als Bedingung an die Stelle des Geistigen das Materielle. Das Geistige, d. h. das vorher Bedingende, wird selbst bedingt. Es verschwindet also der dritte, die beiden anderen einigende Terminus, und mit ihm verschwindet auch die Garantie einer Parallelität. Das, was die Parallele herstellen soll, ist nur noch ein Moment des Überbaus und als solches kann es höchstens als die wissenschaftliche *Aufgabe*, die Entsprechung zu konstruieren, aufgefaßt werden. In anderen Worten wird das Geistige zum kritischen Unternehmen der »theoretischen Praxis«, die Ungleichzeitigkeiten auf Gleichzeitigkeit zu beziehen hat. Die Frage ist nun, ob die »theoretische Praxis« bei Althusser diese ihre strategische Aufgabe erfüllt.

Wenn wir den *Eléments d'autocritique* und den wohlwollenden

Interpreten glauben wollen, scheint der Theorismus der Althusserschen Schule nur die Folge einer (notwendigen) überscharfen Betonung gewisser Themen und im Grunde ein unbeabsichtigter, peinlicher Vorfall gewesen zu sein, für welchen letzten Endes allzu eifrige Jünger verantwortlich zu machen sind.[16] Nachdem er nun die erzielte Wirkung (die Vertiefung der Theorie) erreicht hätte, bedürfte er nur der Korrektur, jener korrigierenden »Biegung des Stockes«, von der Althusser in Anlehnung an Lenin spricht.[17] Die beiden betreffenden Themen sind der »theoretische Anti-Humanismus« und die Trennung von Ideologie und Wissenschaft, die sehr wohl eine Auferstehung des Hegelschen Paares Geist/Bewußtsein sein könnte, obwohl Althusser sich eingehend mit der Bedeutung der Marxschen ›Umstülpung‹ beschäftigt hat. Den Anti-Humanismus wie die Trennung von Ideologie und Wissenschaft entscheidet der sogenannte »epistemologische Bruch«, der im Falle des Humanismus bei Marx selber festzustellen sei. In seinen »Stellungnahmen« *(Positions)* vom Jahre 1976 rechtfertigt Althusser die Notwendigkeit des epistemologischen Bruchs durch den Hinweis auf die philosophischen Folgen des XX. Parteikongresses und den von ihm als »Feldzug der bürgerlicher Ideologie im Marxismus selber« angeprangerten »Durchbruch humanistischer Ideologie«.[18] Der epistemologische Bruch antwortet hier auf eine konkrete historische Lage, was zur Folge hat, daß er *immer wieder zu vollziehen sein wird.* In seinem Vortrag »Lenin und die Philosophie« betont Althusser, daß die Bestimmung des Ideologischen und des Wissenschaftlichen immer wieder befragt werden soll; eine Ideologie verschwindet nicht automatisch, wenn sich die Wissenschaft von ihr abhebt und weil die Wissenschaft sie aufgehoben und transformiert hat. Ganz im Gegenteil schöpft sie aus dieser wissenschaftlichen Umstrukturierung neue Kräfte und verbindet sich auf einer anderen Ebene mit anderen Ideologien.[19] Der Angriff Althussers richtet sich deshalb nicht gegen das theoretische und praktische Fortbestehen der Ideologien und namentlich des Humanismus, sondern nur gegen deren Anspruch, den

Eckstein des Marxismus zu bilden.[20] Beispiele eines solchen, philosophisch strukturierenden Humanismus sei der »theoretische Humanismus« Feuerbachs.

3. Humanismus und Entfremdung als Kategorien der Praxis: Ernst Bloch und Henri Lefebvre

Der Gedankengang Ernst Blochs, der gerade von dem Verhältnis Marxens zur Feuerbachschen Religionskritik und zu deren Ergebnis, der Anthropologie ausgeht, kann uns helfen, den Status des Humanismus im Marxismus zu verstehen.

Im Schlußkapitel des »Prinzip Hoffnung« betont Bloch mit Nachdruck, daß »in späteren Schriften von Marx der Terminus Entfremdung, also die negative Folie zum Humanum, etwas zurück(tritt), doch nur als Terminus tritt die Entfremdung zurück und nicht als die vom Humanum gerichtete Sache« (S. 1608). Wie Marx und im Gegensatz zu Feuerbach versteht er nämlich das menschliche Wesen als Zielinhalt, der nicht durch eine einfache Umkehrung des religiösen Denkens wiederzugewinnen wäre. Am Ende der Feuerbachschen Religionskritik ist »der Mensch noch nicht bei sich«. Das Subjekt der Anthropologie Feuerbachs weist mehr auf eine Aufgabe als auf ein Ergebnis hin. Im Werk des reifen Marx ist »damit zweifellos ›realer Humanismus‹ nicht zurückgedrängt, sondern genau als realer und nicht formeller erst *auf die Füße gestellt*« (ebd.). Soweit also die Religionskritik, »die Voraussetzung aller Kritik ist« und das Feld der von Feuerbach verkannten materiellen Geschichte öffnet, soll ihr wirklicher Vollzug nach dem Muster der Umstülpung Hegels gedacht werden.[21] Der reale Humanismus wird aber *nicht nur ökonomisch bestimmt,* sondern er spielt – in der Perspektive einer *Überwindung von Entfremdung* – von nun an eine hermeneutische Rolle: Entfremdung wird zum Organ des möglich Neuen. In dem noch leeren Raum eines Jenseits der Entfremdung tritt das menschliche Wesen als ein künftig Mögliches auf. In seinem neuen Gebrauch wird der Begriff der Entfremdung zur theoretischen Vermittlung einer noch zu vollziehenden Totalität: Er dient dazu, das Positive

»nach seiner vergänglichen Seite« zu erfassen. Ohne diese neue Funktion wäre der Marxismus ein bloßer Ökonomismus: Er könnte zwar die konkreten Begebenheiten analytisch erklären, aber die negativen Tendenzen, die jene über sich hinaus treiben, nicht durchleuchten. Ohne die methodische Umstülpung des Begriffs der Entfremdung (Übergang vom Erklären zum Verstehen, das damit Moment der Dialektik, nämlich einer offenen Dialektik wird) vermißt man den eigentlichen Sinn der »Umstülpung«: Marx sagt zum einen, daß er den rationellen Kern von der mystischen Hülle trennt, und zum anderen, daß dieser Eingriff die Umstülpung *der Methode* voraussetzt. Gerade weil bei Hegel Methode und System zwei Doppelgänger des Geistes waren, wobei das System die äußerliche Kohärenz des methodisch konstruierten Ganzen darstellte, kann es sich nicht nur darum handeln, die Methode so wie sie ist – wenn auch ohne das mystifizierende System – zu übernehmen. Das Mystifizierende ist die Methode selbst als aktives Werkzeug des Systems. In ihrer umgewälzten Form ist sie einerseits eine Darstellungsweise – und unter diesem Gesichtspunkt ähnelt sie der Dialektik Hegels; sie ist aber andererseits eine *Forschungsweise*, die Bewegung des Denkens, das nach dem Negativen im Positiven forscht, das die nunmehr ökonomisch erklärte Entfremdung unter dem Aspekt ihrer Veränderbarkeit, ihrer Überwindung erforscht. Ökonomisch wird Entfremdung nicht mehr als Diskrepanz zwischen einem materiellen, unbefriedigenden Zustand und einem vermeintlichen »Wesen« verstanden; die Thematik des »Wesens« weicht völlig der Entlarvung eines konkreten Mechanismus, dessen Überwindung immerhin mit Hilfe der Diskrepanz zwischen dem, was ist, und dem, was die Ideologie ›Wesen‹ nennt, gesucht werden kann. Die idealistische Dialektik der Entfremdung, die Hegel als Schlüssel der Geschichte gebrauchte, ist nur noch ein gedankliches Forschungsmittel, dessen wirkliche Referenz, das vermeintliche Wesen, als solches nicht oder wenigstens noch nicht existiert. Es ist eine Utopie, die allerdings in der Bewegung des erkennenden Denkens eine antizipierende, kritische Funktion erfüllt. Nicht der »Geist« entfremdet sich; also entfremdet sich nichts, was wir wie Hegel an den Anfang und ans Ende setzen könnten. Aber die dialektische Bewegung nach einem Etwas, was wir noch nicht kennen, bleibt auf der begrifflichen Ebene der Erforschung dieser Tendenz brauchbar; die Thematik der Entfremdung gehört zu jener relativ autonomen Bewegung des forschenden Denkens, die sich aber nicht mehr einbildet, das Wirkliche entspreche ihr, sondern sich dessen bewußt ist, daß ohne sie die kritische Theorie dieses Wirklichen unmöglich wäre (Marx, *Einleitung zur Kritik der Politischen Ökonomie*, 1857). In diesem Sinn hängt eine solche Methode nicht mehr vom System ab: Sie glaubt nicht mehr, den Schlüssel der Geschichte zu besitzen. Dieser wird erst von der im Schoße des Positiven vorhandenen negativen Tendenz produziert, die sie aufzufassen sucht. Deshalb sagt Henri Lefebvre vom Begriff der Entfremdung, er spiele »eine vermittelnde Rolle zwischen der Sphäre des Erkennens und der der Gesellschaft, zwischen dem ›Erlebten‹ und dessen theoretischer Formulierung, zwischen Passivität und Handeln«.[22] Er liefere zwar keine politische Strategie, diene aber zum Erfassen der Tendenzen, auf welche eine politische Strategie sich unbedingt stützen muß. In seinen *Positions* vom Jahre 1976 scheint sich übrigens Althusser solchen Überlegungen anzuschließen:

»Alles, was man mit gewissem Recht gegen diesen theoretischen Anti-Humanismus eingewandt hat, hängt – wie ich auch gern gestehen will – mit jenen Stellen aus dem ›Kapital‹ zusammen, in welchen das Thema der Entfremdung wiederauftaucht. Ich spreche absichtlich von einem Thema, denn in meinen Augen haben die Stellen, die das Thema Entfremdung wiederaufnehmen, keine *theoretische* Bedeutung *(strukturieren nicht die ganze Theorie*, G. R.). Ich will damit sagen, daß das Wort Entfremdung keinen durchdachten Begriff ausdrückt, sondern der Stellvertreter von Realitäten ist, die noch allzu verschwommene Umrisse haben, als daß Marx sich auf sie stützen könnte: so die künftigen Organisations- und Kampfformen der Arbeiterklasse. Das Thema Entfremdung tritt dann im ›Kapital‹ an die Stelle eines Begriffes, oder gar einer ganzen Reihe von Begriffen, die deshalb unausgearbeitet bleiben, weil die objektiven Bedingungen, d. i. die historische Wirklichkeit, das neue Objekt noch nicht hervorgebracht haben.« (a. a. O., S. 171)

4. *Das Ideologische als Medium wissenschaftlicher Erkenntnis bei Marx selber*

Es stellt sich trotzdem die Frage, ob die Althussersche Trennung zwischen Ideologie und Wissenschaft – insofern als sie die Wissenschaft als eine ideologiefreie Sphäre auffaßt, und obwohl sie andererseits anerkennt, daß diese Trennung nie ein für allemal vollzogen ist – die Erkenntisfunktion einer ideologischen stellvertretenden Thematik wie die der Entfremdung überhaupt erfüllen kann. Und wenn ja, dann widerspricht sich Althusser. Im Grunde wird diese Thematik in Althussers Terminologie als »theoretische Ideologie« bezeichnet; sie wäre eine jener Ideologien, an denen sich der epistemologische Bruch vollzieht, und in diesem Fall wäre das Werk der wissenschaftlichen Aufhebung noch nicht vollzogen, sondern aus konkreten historischen Gründen noch im Begriff, sich zu vollziehen. Die Trennung von Wissenschaft und Ideologie läuft darauf hinaus, zwei Modi des Erkenntniseffektes zu unterscheiden: den ideologischen und den wissenschaftlichen.[23] Aufgrund der relativen Autonomie jener eigenstrukturierten gedanklichen Sphäre, in welcher die »theoretische Praxis« die sie bedingenden Elemente kombiniert,[24] wird *der wissenschaftliche Erkenntniseffekt* »von der organisierten Struktur der Begriffe im Gedankenganzen, d. i. im System, oder – wie Marx sagt – in der ›Synthese‹« produziert.[25] Diese Synthese abstrahiert von dem wirklichen Produktionsprozeß des Erkenntnisgegenstandes, und gerade diese Abstraktion definiert »die charakteristische Differenz des wissenschaftlichen Denkens«.[26] Insofern kennzeichnet sich Ideologie durch ihre größere Nähe zur Praxis und durch eine größere Abhängigkeit ihrer Gedankenproduktion von der wirklichen Geschichte; die wissenschaftliche Abstraktion soll in diesem Sinn jegliches historistische Verständnis des Marxismus bannen.[27] Darüber hinaus wird auch zwischen »praktischen« und »theoretischen« Ideologien unterschieden:

»Der Gegensatz ›Wissenschaft/Ideologie‹ bezieht sich ausschließlich auf das Verhältnis der Wissenschaft zur *theoretischen* Ideologie, mit deren

Hilfe der nunmehr wissenschaftlich erkannte Gegenstand vor der Gründung der Wissenschaft gedacht wurde. Der epistemologische ›Bruch‹ läßt also den objektiven sozialen Bereich der Ideologien (Religion, Moral, juristische und politische Ideologien) unangetastet. In diesem Bereich nichttheoretischer Ideologien geschehen zwar viele ›Brüche‹, aber diese sind *politisch* (sie werden von der politischen Praxis und von den großen revolutionären Ereignissen bewirkt) und nicht ›epistemologisch‹.«[28]

Die Wissenschaft greift also in ein Gebiet ein, auf dem praktische und theoretische Ideologien in einer größeren Nähe zur Praxis eng zusammenhängen. Im Falle der idealistischen Entfremdungsproblematik hat sie mit einer Ideologie zu tun, die als Relais zwischen dem Denken und der Gesellschaft, dem Erkennen und dem Handeln fungiert. Soweit aber der »wissenschaftliche« Marxismus diese Relais-Ideologie *als Erkenntniswerkzeug* gebraucht, scheint eben der Unterschied zwischen der Wissenschaft und der daneben anerkannten praktischen Existenz der Ideologien fehlzugreifen. Um diese innere Widersprüchlichkeit der Kategorien Althussers zu vermeiden, müßte man vielmehr annehmen, daß der epistemologische Bruch nicht nur immer wieder zu vollziehen ist, *sondern daß er nie völlig vollzogen wird und daß nur dadurch Erkenntnis möglich ist.* Und dies läßt sich gerade am Beispiel der ›Umstülpung‹ Hegels nachweisen. In *Das Kapital lesen* bemerkt Althusser:

»Da sich Marx zeitweise Hegelscher Formulierungen bedient, (scheint es nicht unangebracht, die Hypothese zu machen, daß) dieses Spiel kein bloßes ironisches Kokettieren (ist), sondern in einem ernsteren Sinne ein wirkliches Drama, in dem frühere Begriffe verzweifelt die Rolle eines noch unnennbaren Abwesenden spielen, an welches sie gleichsam appellieren und das sie nur durch ihre Unangemessenheit, durch die Diskrepanz zwischen der dramatischen und der wirklichen Person vergegenwärtigen, bzw. ›produzieren‹.«[29]

In diesem Sinn dürfte vielmehr von einem ideologie-immanenten epistemologischen Bruch die Rede sein.[30] Auch im *Kapital* ist er immer wieder zu vollziehen, *weil er nie ganz vollzogen ist.* Wie Marx mit Hegelschen Begriffen forschend an das Reale ging – während er doch gleichzeitig Hegel umstülpte –, so bedient sich die dialektische Forschungsweise einer ganzen

Reihe von ideologischen Begriffen, die ihre Zeit in Gedanken fassen und mit deren Hilfe sie sich in diese Zeit versetzt. *Indem* sie an ihnen die methodische Umstülpung fixierter, quasi-metaphysischer Weltanschauungen vollzieht, treibt sie erkennend im Realen die negative Tendenz, das Mögliche auf. Wie könnte denn eine nicht in sich bewegte, selbst widersprüchliche Wissenschaft des real Widersprüchlichen möglich sein?[31] Die dialektische Wissenschaft ist kritisch, weil sie intern wie extern an der Krise des Realen teilhat, durch ihre interne Krise der *realen* Krise entgegengeht. Daß also ideologische Begriffe in der marxistischen Dialektik einen diskrepanten und widerruflichen Status haben, ist klar; daß aber die Erkenntnisbewegung ohne sie keine dialektische wäre, ist deshalb ebenso klar, weil sie nur durch innere Unadäquatheit die Unadäquatheiten des Realen auffassen kann. So verstanden greift *die Wissenschaft selbst* in die Geschichte ein.

5. Klassenkampf nur in der Theorie oder Praxisphilosophie?

Dies nun ist bei Althusser nicht der Fall; soweit sie sich von den Ideologien abhebt, greift die althussersche Wissenschaft nicht praktisch erkennend in das Wirkliche ein. Es findet zwar, wie Althusser seit *Lenin und die Philosophie* immer nachdrücklicher betont hat, ein »Klassenkampf in der Theorie« statt, aber dieser wird in der erhabenen Sphäre der Wissenschaft zu einem rein gedanklichen Schattenfechten: In ihm kämpft die Wissenschaft weniger gegen konkrete Gegebenheiten und ihre ideologischen Formen als *um die eigene Identität*. Diese Identität ist der Dialektische Materialismus als die »Philosophie« von Marx. Obwohl Althusser erkennt, daß die Marxsche Wissenschaft, der Historische Materialismus, vorübergehend mit unumgänglichen ideologischen Begriffen operiert, an denen sich eben der epistemologische Bruch vollzieht, bemüht er sich in erster Linie, die so beschriebene wissenschaftliche Praxis zur philosophischen Identität zu erheben, so daß der Klassenkampf in der Theorie nicht in der erkennenden Praxis der dialektischen Wissenschaft stattfindet, sondern nur in der abstrakten Behauptung ihres philosophischen Selbstbewußtseins. Dementsprechend mündet an diesem Punkt die Auffassung der relativen Autonomie der »theoretischen Praxis« in einer Trennung zwischen Theorie und Praxis, die Althusser nur noch durch die Einführung eines weiteren Unterschieds zwischen »Historischem Materialismus« und »Dialektischem Materialismus« legitimieren kann. In *Das Kapital lesen* definiert er seine Absicht wie folgt:

»Als ich behauptet habe, daß man der *praktischen* Existenz der marxistischen Philosophie, die als solche in der wissenschaftlichen Praxis der vom *Kapital* durchgeführten Analyse der kapitalistischen Produktionsweise praktisch vorhanden ist (wie sie andererseits auch in der wirtschaftlichen und politischen Praxis der Geschichte der Arbeiterbewegung existiert), eine für sie und für uns erforderliche *theoretische* Existenz verleihen soll, habe ich nichts anderes als eine kritische Untersuchung und Erläuterung vorgeschlagen (. . .) eine ›symptomale‹ Lektüre von Marx' Werken und von den Werken des Marxismus (. . .) das Hervorbringen, bzw. Produzieren jener tieferen Problematik, die etwas, was noch andeutungsweise in der Praxis existiert, sichtbar macht . . .«[32]

Althusser erhebt sich ausdrücklich von der Praxis zur Theorie: Er stellt den Texten die »theoretische Frage nach dem, worauf sie praktisch antworten« – aber ›praktisch‹ heißt hier soviel wie ›unreflektiert‹. Nachdem die Philosophie sie kritisch reflektiert hat, werden diese philosophischen Antworten anderen *Texten* gestellt, usw. (ebd. S. 35f.): Die Frage nach der Praxis, auf die eben diese Texte ›unreflektiert‹ antworteten, verschwindet ganz und gar hinter der Suche nach der philosophischen Identität. Das Verhältnis der Philosophie zum Handeln, das Marx in früheren Werken so beschäftigt hatte, daß er die Kritik zu einer handelnden Person machte[33] und die Reziprozität der Kritik der Waffen und der Waffen der Kritik zum Leitspruch seiner eigenen Behandlung der Philosophie erklärte, tritt aus Angst vor einer empirisch falsifizierbaren Geschichtsphilosophie zurück. Der an sich richtige Grundsatz, nach dem eine Wissenschaft sich in der Praxis als richtig erweist, weil sie wahr ist, und nicht umgekehrt, führt zur einseitigen Beschäftigung mit der Kohärenz der philosophischen Theorie.[34] Die philosophische Instanz geht zwar noch strukturelle Beziehungen zur Praxis ein[35] und kann sich daher noch als spezifische, relativ autonome Ebene der Praxis behaupten, aber die Frage nach ihrem erkennenden Eingriff in die konkreten praktischen Widersprüche verliert an *Dringlichkeit*. Diese Folgen des Althusserschen Ansatzes lassen sich auf eine eigenartige und besonders einseitige Interpretation des Marxschen Passus über die Dialektik als Forschungsweise (*Nachwort zur 2. deutschen Auflage des Kapital,* 1873) zurückführen:

»Die ›Forschungsweise‹ ist jene konkrete Erforschung vorhandener Unterlagen und der Zustände, die sie dokumentierten, welcher Marx jahrelang nachgegangen ist . . .«[36]

Die Forschungsweise wird so auf Marx' Lektüren, insbesondere auf seine kritische Beschäftigung mit Ricardo und Smith, beschränkt! In seiner apologetischen Darstellung des Werkes Althussers spricht Saül Karsz von einer »Rückwirkung der wissenschaftlichen Theorie auf die praktischen Ideologien«.[37] Wie diese Rückwirkung aufgrund der eben geschilderten konsequenten Läuterung der Theorie stattfinden kann, bleibt dennoch höchst rätselhaft. Offensichtlich hat Althusser kein Interesse an der Frage der politischen Organisation. Dies zeigen am eindeutigsten die abschließenden Worte der kleinen Abhandlung *Lenin und die Philosophie*:

»(Lenin befreite) die sog. marxistische Philosophie von dem bloßen Widerkäuen einer philosophischen Praxis, die seit je und auf die auffälligste Weise die Verneinung ihrer wirklichen Praxis bedeutet. In diesem Sinne antwortet er – und er tut es als erster, denn niemand, und nicht einmal Engels, hatte es vor ihm gemacht – auf das Losungswort der XI. These von Marx über Feuerbach. Er antwortet durch den eigenen ›Stil‹ seiner philosophischen Praxis . . . In der Tat ist diese Praxis eine neue philosophische Praxis: neu, weil sie nicht mehr dieses Wiederkäuen ist, durch welches die philosophische Theorie ihre Wirkung auf die Kämpfe aufgibt, obwohl sie ständig eingreift, sei es ›politisch‹, nämlich in die Kämpfe um das wirkliche Schicksal der Wissenschaften, in die Debatte zwischen ihrer Wissenschaftlichkeit und der sie bedrohenden Ideologie, oder noch ›wissenschaftlich‹, wenn es um das Schicksal der Klassen, um die Debatte zwischen der Wissenschaft, die den Kampf fördert, und der Ideologie, die ihn hemmt, geht; neu, weil sie auf diese ihre Verneinung verzichtet hat und nunmehr ihrer Natur gemäß handelt, da sie erkannt hat, was ihre Handlungsweise ist (. . .) Was der Marxismus in die Philosophie einführt, ist eine *neue philosophische Praxis. Der Marxismus ist keine (neue) Philosophie der Praxis, sondern eine (neue) Praxis der Philosophie.* Diese neue Praxis der Philosophie kann die Philosophie verändern, und darüber hinaus kann sie zur Veränderung der Welt *beitragen. Beitragen*, denn es bleibt klar, daß es nicht die Theoretiker, die Wissenschaftler oder die Philosophen sind, welche die Geschichte machen, so wie es klar ist, daß die Menschen es nicht tun, sondern erst die ›Massen‹, d. h. die in einem gemeinsamen Klassenkampf vereinigten Klassen.«[38]

Die Philosophie handle also »ihrer Natur gemäß«, d. i. in ihrer relativ autonomen Sphäre. Eine andere Stelle der Abhandlung, welche die Bedeutung dieser neuen Praxis der Philosophie für die konkreten Kämpfe näher bestimmt, erklärt mit befremdenden Konditionalverben, daß die Philosophie »in einer besonderen Form die Fortsetzung der Politik wäre, und zwar in einer bestimmten Sphäre und anhand einer besonderen Wirklichkeit. Die Philosophie verträte die Politik auf dem Gebiet der Theorie, oder genauer: bei den Wissenschaften – und umgekehrt verträte die Philosophie die Wissenschaftlichkeit in der Politik, bei den kämpfenden Gesellschaftsklassen« (ebd. S. 42). Wenn auch kein Nebenbei, so könnte wohl dieses »Bei« ein »Neben« sein. Es gibt nämlich nur eine strukturelle philosophische Entsprechung zwischen dem sogenannten »Klassenkampf in der Theorie« und den konkreten Klassenkämpfen. Diese spiegeln sich in der Philosophie in der Form eines Kampfes der ›materialistischen Tendenz‹ gegen die ›idealistische Tendenz‹ wider.

6. *Philosophie als bloße Metapher der Praxis*

Nur von diesem Standpunkt aus läßt sich die Verdoppelung der marxistischen Dialektik rechtfertigen: Die Rede vom Historischen Materialismus als Wissenschaft eines neuen Kontinents, der Geschichte, und vom Dialektischen Materialismus als Philosophie ist höchstens als pädagogische Fiktion gerechtfertigt. Wir stellen übrigens bei Althusser fest, daß er diese Unterscheidung wenn auch nicht widerrufen, doch revidiert und präzisiert hat. Der Historische und der Dialektische Materialismus sind bei Althusser unterschieden, aber nie *getrennt* worden, da Philosophie und Wissenschaften eng zusammenhängen und weil »die Veränderungen in der Philosophie immer die Nachwirkung großer wissenschaftlicher Entdeckungen sind. Deshalb geschehen sie fast immer nachträglich« (*Positions*, S. 40). Die Abhängigkeit beider Bereiche voneinander wurde bereits in »Lenin und die Philosophie« als das dialektische Spiel einer »wissenschaftlichen Herausforderung« und einer »verspäteten philosophischen Antwort« beschrieben: Marx habe eine neue Philosophie erst dann bauen können, nachdem er den Kontinent der Geschichte entdeckt und die Wissenschaft »der strukturierten Gesellschaftsformationen und ihrer Geschichte, . . . sowie die der Weltanschauungen, welche die Philosophie in der Theorie vertritt«, entwickelt hatte (*Positions*, S. 43). In seiner Antwort auf John Lewis (*Réponse à John Lewis,* Paris 1973) fügt Althusser hinzu, daß die Philosophie umgekehrt auch die Voraussetzung der Fortschritte des Historischen Materialismus ist; so hat Marx in der »Deutschen Ideologie« sein früheres philosophisches Bewußtsein liquidiert und dadurch in der Philosophie Partei ergriffen. Erst der so errungene neue Standpunkt habe die kritische Beschäftigung mit der klassischen politischen Ökonomie und dem Historischen Materialismus ermöglicht. Die Gefahr, daß der Dialektische Materialismus als »Theorie der theoretischen Praxis« zu einer Art transzendentaler Begründung der wissenschaftlichen Erkenntnis, also zu einer Epistemologie wird, wie es *Pour Marx* und *Lire le Capital* in den Jahren 1965/1966 nahelegten, scheint aber gebannt zu sein[39], insofern als diese reflektierte Begründung des Historischen Materialismus jetzt in einem historischen Wechselspiel der marxistischen Wissenschaft und der marxistischen Philosophie begriffen ist. Da überdies die Trennung zwischen Ideologie und Wissenschaft nie endgültig vollzogen ist, kann der Dialektische Materialismus auch keine endgültige philosophische Doktrin abgeben. In praktischer

Hinsicht hat er gegen immer neue Formen klassenfeindlicher Philosophie zu kämpfen. Was er natürlich als Philosophie, »seiner Natur gemäß«, tut. Daraus schließt Saül Karsz in seiner Studie, daß Althusser das theoretische und das praktische Engagement der Philosophie begründet hat. Er habe auf die notwendige »Überwindung der stalinistischen Deviation . . . auf das Ankurbeln der Theorie und der Praxis des Sozialismus und auf das Problem seiner organisationellen Formen« hingewiesen (a. a. O., S. 306). Soweit aber die »militante Anwesenheit des Dialektischen Materialismus im theoretischen Kampf und gleichzeitig im politischen« (ebd.) immer nur im Medium der Theorie, als ein Schattenfechten philosophischer Tendenzen stattfindet, das strukturell den konkreten Kämpfen entsprechen soll, bleibt der konkrete Eingriff der Theorie in die Organisation der Kämpfe ein Rätsel. Die philosophische Parteilichkeit ist zwar ein Teil des Klassenkampfes. Sie spielt sich aber jenseits der konkreten Kämpfe ab; oder sie vertritt ihn auf einer ganz anderen, nur indirekt-strukturell mit ihm verbundenen Bühne. Ihr Engagement ist sozusagen metaphorisch. Die dialektischen Verhältnisse zwischen dem Historischen und dem Dialektischen Materialismus spiegeln nur diese metaphorische Kampfweise wider. Sie zeigen nicht, wie die Wissenschaft selbst im Akt des Erkennens zur Organisation der Kämpfe beiträgt.[40] Weil sie im Umweg über die ganze Reihe von Instanzen, die sie vermitteln (praktische Ideologie, theoretische Ideologie, Wissenschaft, Philosophie), die Gleichzeitigkeit des philosophischen Eingriffs, der wissenschaftlichen Entdeckung und der dabei entstehenden Realität des jeweilig erkannten Gegenstandes für das Klassenbewußtsein aus dem Auge verliert, vermag die kritische Erkenntnis nicht mehr die Ungleichzeitigkeiten in Strategie zu verwandeln. Während gerade die Ungleichzeitigkeit der nicht minder gleichzeitig eingreifenden Instanzen das strategische Erfassen der im Realen vorhandenen, immer ungleichen Widersprüche ermöglichen soll. Deshalb konnte Althusser keine organisatorischen Alternativen vorschlagen. Seine Auffassungen entsprechen durchaus der Lage eines Theoretikers in einer starken, gleichsam für ewig gehaltenen Parteiorganisation. Der Stalinismus gilt nur noch als theoretisches Problem. Die organisatorischen und strategischen Folgen des Stalinismus, das Nebeneinander von Bürokratie und Reformismus, bleiben außerhalb des Blickfeldes.[41] Nicht eine epistemologische Deviation der Theorie, für welche in erster Linie schlechte Jünger verantwortlich zu machen wären, ist also an der politischen Unwirksamkeit oder gar an den konservativen Wirkungen der Theorie Althussers schuld, sondern vielmehr die konsequente innere Logik der philosophischen Rekonstruktion. Die beiden Schwerpunkte dieser Philosophie, der Begriff des »Klassenkampfs in der Theorie« und der der »ideologischen Staatsapparate«, die Althusser seit 1968 hervorgehoben hat, spielen letzten Endes eine rein legitimierende Rolle: sie bleiben ganz und gar der Logik der frühen Werke, *Für Marx* und *Das Kapital lesen*, verhaftet. Der Begriff des Klassenkampfs in der Theorie ist in diesem Sinn eine nur energischere Formulierung der »theoretischen Praxis«.

7. Organisierende Erkenntnis und handelnde Dialektik

Ist nicht vielmehr die ›theoretische Praxis‹ bei Marx als ein Versuch zu verstehen, die sozialen und ökonomischen Tendenzen (und für uns bezeichnet das Wort ›Tendenz‹ etwas durchaus Konkretes und keineswegs nur Geistesgeschichtliches) auf theoretischer, und deshalb auf die Praxis zurückzubeziehender Ebene zu synthetisieren? In diesem Sinn ist ein Versuch, in welchem die Theorie »ihrer eigenen Natur gemäß« handelt, von vornherein *Organisation*. Wie autonom und kohärent strukturiert die relativ unabhängige philosophische Instanz auch ist, ergreift deshalb die Theorie nicht nur Partei in ihrem eigenen Bereich. Bei Althusser spielt sie hingegen nur die metaphorische Rolle eines Botschafters, der die Interessen des Klassenkampfes bei der Wissenschaft vertritt und die Schiedssprüche der Wissenschaft dem Klassenkampf erteilt. *Als Wissenschaft* soll hingegen der Dialektische Materialismus in die

Praxis eingreifen, um die negativen Tendenzen aufzufassen und zu organisieren. Es stimmt natürlich, daß weder die Wirtschaft noch die Massen diese organisierende Rolle abwarten. Es ist jedoch ebenso richtig, daß ohne sie weder das Erfassen der wirtschaftlichen Tendenzen und der Massenbewegungen noch die Rückinformation (d. h. die Gestaltung) der Massenkämpfe möglich wäre.
Die Theorie genießt keinen Vorrang. Sie ist im Handeln verifizierbar, wie Marx selber gezeigt hat, indem er keine kodifizierte Dialektik lieferte, sondern vielmehr eine theoretisch handelnde Dialektik; sie ist zwar nicht wahr, *weil* sie sich empirischen Kriterien unterzieht, aber nicht minder wahr, weil sie die wirkliche Bewegung erfaßt. Nach Althusser kommt diese konkrete Aufgabe den »praktischen Ideologien« zu. Wenn die auflösende Arbeit der Wissenschaft an den Ideologien bei Marx vorhanden ist, findet sich aber in seiner Definition der dialektischen Forschungsweise keine Spur von einer solchen Arbeitsteilung, die schließlich darauf hinausläuft, daß die Dialektik nicht mehr imstande ist, ihre organisierende Erkenntnisfunktion zu erfüllen. Es kann sein – und ist auch im gegenwärtigen Spätkapitalismus mehr denn je der Fall –, daß der Grundwiderspruch in höchst differenzierten, nicht mehr ausschließlich zur Basis gehörenden Formen erscheint. Wie könnte aber die Althussersche Wissenschaft, die relativ autonomen (d. h. scheinbar unabhängigen) Formen des Widerspruchs, die sie durch die Theorie der relativen Autonomie in der Tat ans Licht gebracht hat, zu einer Gleichzeitigkeit, d. h. zu einer aktuellen politischen Strategie zusammenbinden? Das Vorhandensein ungleichzeitiger Sphären, die ebenso viele Schichten der geschichtlichen Zeit darstellen, stellt den politischen Organisationen strategische, d. h. nicht nur taktisch empirische, sondern eigentliche theoretische Probleme. Falls sie dieser theoretischen Herausforderung nicht nachkommen, besteht die Gefahr, daß eine lose taktische Auffassung zu Klassenkompromissen führt, oder daß neue Kampfformen und Forderungen verkannt, von erstarrten Denk- und Handlungsmustern erstickt werden.

Dies ist 1968 in Frankreich der Fall gewesen und bleibt heute nicht nur angesichts dessen, was Habermas die neopopulistischen Bewegungen nennt, eine höchst aktuelle Gefahr, sondern vor allem im Kontext der tiefgreifenden Umstrukturierung von Gesellschaft und Kultur durch die neuen Technologien. Eben an dem Punkt, wo sie einem konkreten organisatorischen Anliegen begegnet, versagt die Theorie Althussers, und sie versinkt an diesem Punkt in Theorismus, soweit sie den strukturellen Gesichtspunkt nicht auf konjunkturelle Gleichzeitigkeit hintreibt.[42] Die Art und Weise, wie eine Gesellschaftsformation in eine andere umschlagen kann, bleibt deshalb bei Balibar, der die strukturelle Auffassung der Gesellschaftsformation konsequent anzuwenden versucht hat, ein Geheimnis.[43] Mit Recht verwirft Althusser unter dem Namen ›Linksradikalismus‹ (gauchisme) eine politische Haltung, die der relativ autonomen Sphäre der Theorie und ihrer eigenen Kämpfe – sowie im allgemeinen den verschiedenen Zeitschichten – zu wenig Aufmerksamkeit schenkt. Dieses Dilemma hat auch in Deutschland die Kritische Theorie erlebt, und Habermas betonte in »Protestbewegung und Hochschulreform«, daß »aus der systematischen Einheit von Theorie und Praxis aber nicht die Einheit von wissenschaftlicher Analyse und unmittelbarer Vorbereitung des politischen Handelns« folgt.[44]

Althusser hat wenigstens die spezifische Lage des philosophisch engagierten Intellektuellen zu denken versucht – eine Situation, die keineswegs selbstverständlich ist. Der Intellektuelle kann sehr leicht, sich etwa auf die moralischen Imperative der Kritik beim jungen Marx stützend, in einer abstrakten ethischen Haltung verharren, ein »Plus an Seele« reklamierend, wie dies im Austromarxismus der Fall gewesen ist.[45] Es ist Althusser zumindest gelungen, *diese* Form des Nebeneinanders von ökonomischer Analyse und ethischer Parteilichkeit zu vermeiden – nicht aber das Nebeneinander von Theorie und Praxis. Unter diesem Gesichtspunkt hat er den Status der Theorie nicht verkehrt, sondern nur allzu gut aufgefaßt. Nämlich so eingehend, daß die Konsequenz seiner Theorie die kritisch erkennende Praxis der Marxschen Dialektik undenkbar machte: Nach Marx treibt die dialektische Forschungsweise das negativ Neue auf und, indem sie es denkt, organisiert sie es bereits; so daß sie konsequent an die politischen Organisationen appelliert – waren doch für Marx seine Auseinandersetzungen mit der deutschen Sozialdemokratie und mit den Fraktionen der Internationale keineswegs zweitrangige Angelegenheiten. Gerade den politischen Organisationen kommt es zu, die Philosophie verwirklichend aufzuheben. Das Wort ›Partei‹ bedeutet bei Marx in erster Linie Parteilichkeit für das Neue. So, wenn er in der *Einleitung zur Kritik der Hegelschen Rechtsphilosophie* von der »theoretischen« und von der »praktischen Partei« spricht; aber auch noch im *Manifest der kommunistischen Partei*, das eine noch zu vollziehende Aufgabe ausdrückte, da von einer K. P. und von einem organisierten Proletariat noch nicht die Rede sein konnte. Die Philosophie soll gleichzeitig verwirklicht und aufgehoben werden: Sich auf das Negative im Fluß der Bewegung beziehend, gibt sie nämlich nie zweckrationale Anweisungen zur Vorbereitung des politischen Handelns; ohne die Vermittlung der philosophischen Aneignung des Realen blieben die Tendenzen des Realen unerkennbar. In diesem Sinn greift sie ein: Philosophie ist als kritisch widerrufliche, selbst in der Bewegung befangene Erkenntnis engagiert. Die Marxsche Theorie – wobei zwischen »Philosophie« und »Wissenschaft« nicht unterschieden werden kann – ist per se eine Praxisphilosophie.

Anmerkungen

1 J. Attali, M. Guillaume, *L'Anti-économique,* Paris 1975, S. 242.
2 *Elements d'autocritique,* Paris 1972.
3 Ebd. S. 94.
4 Vgl. insb. C. Buci-Glucksmann, »Sur la critique de gauche du stalinisme«, in: *Dialectiques* 1976, Nr. 15/16, S. 25ff., und M. Montanari/F. Fistetti, »Transition révolutionnaire et dialectique matérialiste«, ebd. S. 73ff.
5 J. Rancière, *La leçon d'Althusser,* Paris 1974, S. 55f.
6 (»So kann es in der KPF nicht weitergehen«), Maspéro 1978.

7 Marcuse, *Contre-révolution et révolte*, Paris 1973, S. 19.
8 Lelio Basso, *Zur Theorie des politischen Konflikts*, Frankfurt 1969, S. 10, 13f.
9 Marc Guillaume, *Le Capital et son double*, Paris 1975.
10 Vgl. H. Lefebvre, *L'irruption de Nanterre au sommet*, Paris 1968, S. 6, 14f., 18f.; G. Raulet, »L'utopie comme texte et structure processuelle«, in P. Furter/G. Raulet, Hrsg.: *Stratégies de l'utopie*, Paris 1978.
11 Montanari/Fistetti, a. a. O. S. 76f.
12 *Réponse à John Lewis*, Paris 1973, S. 81.
13 Vgl. *Sozialreform oder Revolution*; s. Kautsky, *Bernstein und das sozialdemokratische Programm*, Stuttgart 1899, S. 166ff.
14 Althusser, *Positions*, a. a. O., S. 153.
15 *Lire le Capital*, Paris 1965, S. 79ff.
16 Peter Schottler, »Les éléments d'autocritique, désaveu ou rectification«, in: *Dialectiques*, a. a. O. S. 84ff.
17 *Positions*, a. a. O., S. 133.
18 Ebd. S. 36; s. auch S. 130.
19 Saül Karsz, *Théorie et politique: Louis Althusser*, Paris 1974, S. 39f.
20 *Positions*, S. 160f.
21 Vgl. Raulet, »Critique of Religion and Religion as Critique«, in: *New German Critique*, 1976, Nr. 9, S. 71ff.
22 H. Lefebvre, *L'Idéologie structuraliste*, Paris 1971, S. 199.
23 *Lire le Capital*, S. 82.
24 Ebd. S. 70f.
25 Ebd. S. 83.
26 Ebd. S. 85.
27 Ebd. S. 82, über den Historismus, S. 150ff.
28 Althusser, Vorwort zur 2. spanischen Auflage von *Für Marx, La revolución teóretica de Marx*, Mexico/Buenos Aires 1968, S. XI.
29 *Lire le Capital*, S. 31.
30 Raulet, »Tentative de situation de la conceptualité freudienne«, in *L'Homme et la Société*, 1976, Nr. 41/42, S. 137ff.
31 H. Lefebvre, a. a. O., S. 147.
32 *Lire le Capital*, S. 34.
33 Vgl. P. L. Assoun/G. Raulet, *Marxisme et théorie critique*, Paris 1978.
34 *Lire le Capital*, S. 68f.
35 Ebd. S. 56.
36 Ebd. S. 58; das sagt auch Henri Lefebvre in *L'Ideologie structuraliste* (Sur une interprétation du marxisme«): »Marx ist nicht so sehr ein Leser der bürgerlichen Ökonomen, etwa von A. Smith gewesen, sondern vielmehr der Leser jener Warenwelt, welche die bürgerlichen Ökonomen verkehrt gedeutet hatten.« E. Mandel bemerkt zu dieser idealistischen Umkehrung des Gedankenganges Marxens, daß Althusser die Bedeutung der *Ware* als Ausgangspunkt des *Kapital* völlig verkennt.

Vgl.: »Althusser corrige Marx« in: *Contre Althusser,* a. a. O. S. 265f. (Hervorhebungen von mir).

37 S. Karsz, a. a. O., S. 43.

38 *Lénine et la philosophie,* Paris, Maspéro 1972, S. 43/45.

39 S. Karsz, a. a. O., S. 301/305.

40 J. M. Brohm, a. a. O., S. 30f.

41 D. Bensaid, »Les intellectuels du PCF, dos au stalinisme«, in: *Contre Althusser,* a. a. O., S. 304f.; J. M. Vincent, »D'Althusser à Marx«, ebd. S. 13; J. H. Brohm, ebd., S. 312f.

42 J. M. Vincent, »Le théoricisme et sa rectification« in: *Contre Althusser,* a. a. O. S. 244f., S. 250, S. 255ff.

43 Ebd. S. 237.

44 Habermas, *Protestbewegung und Hochschulreform,* Frankfurt a. M. 1969, S. 246.

45 Vgl. Assoun/Raulet, *Marxisme et théorie critique*, Paris 1978, S. 150 bis 176.

Die Überwindung des bürgerlichen Wissenschaftsbegriffs. Objektiv-reale Prozeßkenntnis

Indem die positive Parteilichkeit freilich noch allermeist erst Postulatives in ihrem Kampf gegen Entfremdung vor sich hat, arbeitet sie nicht nur im Denken, sondern in einem Eingedenken dessen, was nottut . . . Aber, wie Marx vor allem gelehrt hat, zu überspringen ist hier nichts, detektivische Analyse des Schlecht-Vorhandenen ist unerläßlich, historisch-dialektische Vermittlung muß jedem Eingedenken und seinem intendierten Sprung, antizipierten Sprunginhalt vorhergehen . . .

(Ernst Bloch, *Experimentum mundi).*

Damit meint Bloch weder einen *Vorrang* der empirischen, detektivischen Erkenntnis des Positiven, noch deren Zurücktreten zugunsten »positiver Parteilichkeit für das als recht Erkannte, obwohl bestenfalls im Schwang, in der Potenz, in der Latenz Befindliche«, so wie sie »in der negierenden Analyse des Schlecht-Vorhandenen wesenhaft impliziert« ist (ebd.). Es muß vielmehr erklärt werden, wie man aufgrund einer gewiß nicht bloß abstrakten Negation, bzw. großen Weigerung, für das Rechte erkennend Partei nehmen kann. Konkret ist eine solche Negation nur dann, wenn sie auf der objektiven Widersprüchlichkeit des Konkret-Vorhandenen fußt. Parteilichkeit ohne diese Erkenntnis der Widersprüche wäre nicht einmal denkbar. Sie entspringt aus dem Erfassen der inneren Widersprüchlichkeit des Vorhandenen, als angemessener Ausdruck des darin Negativen. Indem sie nun das Negative des Positiven ausdrückt, wird sie, wie Bloch sagt, »positive« Parteilichkeit: Parteilichkeit für ein *utopisch* Positives. Dadurch weist sie über ihre Zeit hinaus, wird Postulat und muß gerade deshalb dieses utopisch Positive, gemäß dem von nun an bestehenden Widerspruch zwischen Denken (Eingedenken) und Wirklichkeit, wiederum auf die Wirklichkeit dialektisch beziehen, damit es nicht abstrakte Utopie werde. In diesem Gang der Blochschen »parteilichen« Erkenntnis sind Analyse des Bestehenden, postulatives Denken (Eingedenken des noch Ausstehenden), sowie schließlich dialektische Vermittlung beider, nacheinander am Werk. Dies dürfte uns ermöglichen, Blochs Wissenschaftsbegriff sowohl als Überwindung der empirisch-analytischen Wissenschaft zu verstehen als auch von einem Rückfall in den überlieferten, dualistischen Wissenschaftsbegriff abzugrenzen. Blochs konkrete Utopie spielt nicht das Sollen gegen das Sein aus; die hermeneutische Komponente ihrer Methode ist keine Ergänzung instrumentalen Handelns. Sie rettet vielmehr die Denkweise der marxistischen Forschungsmethode, die Bloch »Prozeßkenntnis« nennt.

1. *Dialektische Forschungsweise*

Wenn wir den Umfang, den breiten Anwendungsbereich der Blochschen Hermeneutik überschauen, dann zeigt sich, daß diese Hermeneutik nicht nur die fragwürdige und legitimationsbedürftige Erweiterung einer philosophischen bzw. geisteswissenschaftlichen Methode auf materielle Gegebenheiten und Tatbestände bedeutet – wie etwa im Fall der Untersuchung zum *Materialismusproblem*, deren Untertitel deutlich zu verstehen gibt, daß durch die *Geschichte* des Materiebegriffs hindurch die *Substanz* des Materialismus selbst erfaßt werden soll. Das hermeneutische Verfahren erhebt den Anspruch, durch umfassende Anwendung seinen eigentlichen Gegen-

stand zu erreichen. Dieser Gegenstand ist weder geisteswissenschaftlich noch materialistisch, sondern wird erst in der Spannung zwischen diesen beiden scheinbar entgegengesetzten Anwendungsbereichen erreicht. Erst an dem Ort, wo geisteswissenschaftliche Zusammenhänge und materielle Gegebenheiten einander begegnen, konstituiert sich der eigentliche Gegenstand und manifestiert sich das eigentliche Anliegen der Blochschen Hermeneutik, so daß rückblickend die legitimationsbedürftige Ausdehnung gerade von diesem Berührungspunkt her ihre Rechtfertigung findet. Bloch nennt diese Berührung »Front« und die Hermeneutik, die sich auf die Front bezieht, »objektiv-reale Hermeneutik.« Da nun die Front die dialektische Begegnung subjektiver und objektiver Möglichkeiten bezeichnet, so läßt sich die »objektiv-reale Hermeneutik« als das Erfassen *eines dialektischen »Gegenstands«* definieren. Wir möchten hier zeigen, daß eben eine solche Definition die Überwindung des verhärteten Dualismus von Geisteswissenschaft und Naturwissenschaft ermöglicht und daß sie darüber hinaus das von Engels stammende Konzept eines vermeintlichen »dialektischen Materialismus« als Kodifizierung naturwissenschaftlicher Ergebnisse entkräftet.
Aus dem Vorsatz solch doppelter Überwindung ergibt sich, daß die Blochsche Hermeneutik die Verwechslung der dialektischen Methode und ihres dialektischen Gegenstands mit Methode und Gegenstand des überlieferten Wissenschaftsbegriffs zu widerlegen versucht.
Der soeben gebrauchte Terminus »Gegenstand« erweist sich schon deshalb als unangemessen. Blochs Wissenschaftsbegriff will demgegenüber *Prozeßkenntnis* sein. Zwischen einem solchen Wissenschaftsbegriff und der marxistischen Praxis überhaupt gibt es letzten Endes gar keinen Unterschied mehr; oder richtiger gesagt: Die Blochsche Wissenschaft ist Erkenntnis der Praxis. Wie für Kant die »Beispiele der Mathematik und Naturwissenschaft«, so läßt sich für Bloch der Historische Materialismus zum einzig möglichen Wissenschaftsmuster erheben.

An Marx' Nachwort zur zweiten deutschen Auflage des *Kapital* läßt sich diese hier noch schlagwortartige Definition des Blochschen Wissenschaftsbegriffs erläutern. Marx spricht zunächst von der Umstülpung als dem Ersetzen des Geistigen durch das Materielle; versteht man dieses Materielle mehr oder weniger metaphysisch (die Metaphysik der Materie ersetze die Metaphysik des Geistes), dann erkennt man in dieser Marxschen Erörterung die Geburtsurkunde des »Dialektischen Materialismus«. Nun geht es Marx – um es wie Althusser zu formulieren – weniger um die »Philosophie« des Marxismus als um seine »Wissenschaft«, ist doch von der dialektischen *Methode* die Rede. Das Materielle bezeichnet also eine Produktionsweise, in welcher es gilt, die Negativität des Positiven, also das Positive im Flusse seiner Bewegung und im Hinblick auf seine Auflösung zu erfassen. Dies geschieht – gemäß der *Einleitung zur Kritik der politischen Oekonomie* von 1857 – durch Rekonstruktion der Ganzheit der jeweiligen Produktionsweise. Marx betont die Unerläßlichkeit der Hegelschen Totalität beim Konstruieren dieses »Gedankenganzen«. Indem man das Ganze einer Produktionsweise als Totalität darstellt, setzt man sich auch in den Stand, die negativen Erscheinungen in ihr, also die Widersprüche, theoretisch zu organisieren. Dies theoretische Organisieren schlägt dann bei Marx eindeutig in praktische Organisation um. Schon 1857 wirft er Hegel vor, die bloß gedachte Totalität mit der Wirklichkeit verwechselt zu haben. Mit diesem Vorwurf wird zugleich behauptet, daß zwischen Denken und Wirklichkeit ein Widerspruch besteht, daß also die Wissenschaft nie absolutes Wissen ist, sondern vielmehr erst durch Rückkoppelung an die Praxis ihren Wert erhält. In Althussers Worten: Die »Wissenschaft« wird wiederum »praktische Ideologie«. Sie hat nur insofern Wert, als sie innerhalb einer bestimmten Produktionsweise den kämpfenden sozialen Kräften ein Mittel zur Selbstorganisation liefert. Dies war ohnehin schon im Kommunistischen Manifest der Fall, wo die im ersten Kapitel dargestellte kapitalistische Produktionsweise die Grundlage einer Vereinigung der zersplitterten, sozialistischen und kommunistischen Bewegungen *und* Ideologien bildet.

Äußerst wichtig ist hier bei Marx die Einbeziehung eines hermeneutischen Moments (das der erinnerten Totalität Hegels) in den Gedankengang der dialektischen Methode. Darauf müssen wir zurückkommen, da Blochs Methode in dieser Hinsicht nichts anderes ist als die Wiederaufnahme der dialektischen Methode Marxens. Auf sie weist Bloch hin, wenn er in *Experimentum mundi* schreibt:

»So sieht etwa die Erforschung kapitalistischer Wesenszüge auch besser, was es mit kapitalistischen Einzelerscheinungen auf sich hat, und der konkret allgemein gerüstete Begriff wird überall ein Mittel, um Anschauung, um den Überfluß an Singularitäten nicht nur auslesend, sondern unverwirrt zu gewinnen. Einläßliche Beschreibung von Einzelheiten mittels partikularster Begriffe kann nötig sein, ja bedingungslose Voraussetzung sowohl kunsthistorisch als vor allem im Gebiet naturwissenschaftlicher Beobachtung; doch wenn kein erfragter Allgemeinbegriff konkret vorhandener Art die Singularitäten durcherleuchtet, bleiben sie zerstreuter, unbegriffener als je. Ja geben sich noch abstrakter als ein positivistisch in seiner Realität geleugneter Allgemeinbegriff.« (Gesamtausgabe, Bd. 15, S. 47)

In anderen Worten ist das Gedankenganze, das die Zeit in Gedanken faßt und *organisiert*, gerade das, was Bloch den »konkret allgemein gerüsteten Begriff« nennt.

Blochs Hermeneutik will nichts anderes sein als die Methode einer Erkenntnis der im Geschichtsprozeß befangenen Produktionsweise oder Gesellschaftsformation einerseits und der ebenfalls im Geschichtsprozeß befangenen *Darstellung* dieser Produktionsweise andererseits. Im Lichte solcher Befangenheit ist immer die dialektische Wissenschaft ein Moment der Praxis und, wenn die theoretische Organisation in die praktische umschlägt, wird sie zur Parteinahme für die Bewegung, aufgrund des Latenten, das sie manifestiert hat (vgl. das *Manifest der kommunistischen Partei*).

In diesem Sinn stellt – nach Bloch – jede Gesellschaftsformation eine *Auszugsgestalt* dar, ein konkretes Ganzes, dessen Totalitätscharakter den Anschein schönen Abgerundetseins erweckt, aber wegen innerer Widersprüchlichkeit immer schon im Begriff ist, sich aufzulösen. Und gleichfalls ist die gedankliche Konstellation, die sie erfaßt, eine Auszugsgestalt – schon deshalb, weil sie als Gedankenganzes in Widerspruch mit der Wirklichkeit gerät; letzten Endes bilden beide ein und dieselbe Auszugsgestalt.

Was Bloch »objektiv-reale Hermeneutik« nennt, ist also jene Prozeßkenntnis, die ohne Einbeziehung eines hermeneutischen Moments unmöglich wäre; sie ist aber nicht nur die Erkenntnis des Prozesses, sondern selber prozessuale Erkenntnis, die immer über sich selbst hinausweist, auf jene Praxis, in welcher das zu Erkennende sich gestaltet und gleichzeitig die Mittel des Erkennens formiert: Sagt doch das Kommunistische Manifest, daß ohne die objektive Verallgemeinerung der kapitalistischen Produktionsweise die konkrete Allgemeinheit des Kommunismus nicht erfaßbar gewesen wäre, so wie erst die Polarisierung und Vereinfachung der gesellschaftlichen Antagonismen eine rückblickende Interpretation der »ganzen bisherigen Geschichte« als eine Geschichte von Klassenkämpfen ermöglicht. Mit Blochschen Worten ausgedrückt, bedeutet dies, daß die Produktionsweise, bzw. Gesellschaftsformation, als Auszugsgestalt die wissenschaftlichen Mittel ihrer Erfassung enthält. Inhalt und Methode bilden also *eine* Auszugsgestalt, wobei der fortbestehende und nicht zu vergessende Widerspruch zwischen Denken und Wirklichkeit ein Aspekt der inneren Widersprüchlichkeit *jeder* totalitätssüchtigen Auszugsgestalt ist. Denn was wir so allgemein im Hinblick auf die dialektische Erkenntnis dargelegt haben, darf nicht auf die »Sprechsituation« des Historischen Materialismus, d. i. auf sein Erscheinen aufgrund der Universalisierung und Polarisierung der kapitalistischen Produktionsweise beschränkt werden. Es handelt sich vielmehr für Bloch um eine allgemeine Darstellung des menschlichen Erkennens und Produzierens. Der Begriff der Auszugsgestalt läßt sich nicht nur auf den Höhepunkt der kapitalistischen Produktionsweise anwenden, in früheren Epochen war die Unangemessenheit des jeweils von der produzierten Auszugsgestalt geprägten Wissenschaftsbegriffs allerdings größer. Denn erst auf der Basis der universalen Entfaltung des Kapitals wird, wie gesagt, der Historische Materialismus möglich.

So bemüht sich Bloch in *Atheismus im Christentum*, den langen Säkularisierungsprozeß zu rekapitulieren, der von den Zeiten theokratischer Herrschaft über das 18. Jahrhundert bis zur Entdeckung dessen führt, was Lukács den »Standpunkt des Produzenten« genannt hat. Aber Blochs *Atheismus im Christentum* ist keineswegs nur eine *Geschichte* der Religion und Philosophie, des Übergangs von der Religion zur Vernunft und von dieser zur materialistisch-dialektischen Praxis. Es zeigt vielmehr, wie marxistische Religionskritik *gegenwärtig* zu verfahren hat, um eben den Standpunkt des Produzenten zu erreichen.

2. *Objektiv-reale Hermeneutik*

Blochs Hermeneutik wird zunächst subversiv auf die ihr traditionsmäßig zugeschriebene Sphäre der Religion angewandt. »Das Wort geht quer.« Ein anderer Sinn hebt an, der vom Seufzen zum Murren und vom Murren zum Hadern die Bibel in das große Buch der Revolte verwandelt. Das Murren der Kinder Israels setzt sich trotz so vieler Umbetonungen und Schlichtungen durch Schriftgelehrte und Priesterschaft »durch so viele Zeiten, Länder« fort, daß die »detektorische Bibelkritik« im biblischen Text das »verschüttet Plebejerhafte« aufzudecken und zu vergegenwärtigen vermag. Dadurch führt sie den Text auf die wirkliche historische Gemeinschaft der Unterdrückten zurück, setzt den theokratischen Umbiegungen ihre eigene Umbetonung exegetisch entgegen, und durch die rebellische Kraft des Quergehens biegt sie den entarteten Ausdruck zum aufrechten Gang zurecht. Sie wird so zu einer »Kritik durch die Bibel«.

Aber diese subversive Anwendung der Hermeneutik bleibt auf ihre wie immer eigenartige Weise der traditionellen Hermeneutik treu. Sie nutzt deren Grundsätze aus, d. h. sucht jenseits des wörtlichen Sinns einen anderen Sinn. Mit dieser Undurchsichtigkeit *des Wortes* wird immerhin der Leitfaden gegeben, den man bis zur radikalsten Undurchsichtigkeit der Zeichen*produktion* verfolgen kann. Den tiefen Grund aller Umredaktionen und Interpolationen, gar Ausklammerungen finden wir nämlich weder bei den Schriftgelehrten noch bei der Priesterschaft, sondern erst mit jenem »theokratischen Generalnenner«, auf den man seit Esra und Nehemia den Text endgültig zu bringen versucht hat. Wenn also auf einer ersten Stufe die Undurchsichtigkeit von der Institution und den Herrschaftsverhältnissen bewirkt wird, so findet sie ihre tiefere (und für die Orthodoxie einzige) Begründung darin, daß die Offenbarung nur in menschlicher Übersetzung von Menschen ausgesprochen werden kann. Die Menschen schöpfen aus der Natur die Zeichen, die signa propria, denen sie einen übertragenen Sinn zumessen, um durch so geprägte signa translata die sonst unerreichbare Wahrheit auszudrücken. Die Schrift, das sind die von den Menschen gebrauchten signa translata, durch welche die unerreichbare göttliche Wahrheit vermittelt werden kann.

Nun hat Gott auch die Natur, d. i. den Vorrat an signa propria, aus welchem die Menschen schöpfen, geschaffen. Gott hat seine Wahrheit im Buch der Natur geschrieben, wobei auch in der Natur die Wahrheit Gottes den Menschen unzugänglich bleibt: Wir kennen sie nur durch die Schrift. So widmet sich die Hermeneutik traditionell der Aufgabe, zwischen der Symbolik des Textes und der der Natur möglichst zu vermitteln, obwohl beide sich erst am Ende der Zeiten völlig decken werden.

Was geschieht aber, wenn die Säkularisierung die Gotteshypostase zerstört und Gott nicht mehr als den Produzenten der Zeichen anerkennt? Wir sehen uns auf die Gemeinschaft der Menschen verwiesen, welche den Text in der Spannung zwischen einer rebellischen Rede und dem von der instituierten Kirche behaupteten »theokratischen Generalnenner« geschaffen haben, so daß das signum proprium als Entfremdung an Gott und das signum translatum als Werkzeug (und zugleich als Effekt) der Herrschaftsverhältnisse ideologiekritisch durchschaut werden können. Es zeigt sich, daß signa propria und signa translata keineswegs zur menschlichen Erfassung einer sonst völlig verschlossenen Wahrheit beitragen, sondern nur zur Erzeugung eines immer dichter werdenden ideologischen Schleiers dienen. Sobald die Gotteshypostase gestrichen wird, erkennen wir in den überdeterminierten ideologischen Phänomenen die doppelte Wirkung der Undurchdringlichkeit einer noch unbewältigten Natur und der besonderen Produktionsverhältnisse, welche die notwendige Bewältigung und die mit ihr zusammenhängende Klarheit des Wissens verhindern.

Damit haben wir auch den archimedischen Punkt der Blochschen Hermeneutik erreicht; den Punkt, an dem ihr objektiv-realer Gebrauch sich offenbart. Die Subversion der traditionellen Hermeneutik soll nunmehr jenseits des wörtlichen Sinnes keinen göttlichen, sondern einen durchaus konkreten Sinn erfassen. Es geht nicht mehr darum, eine göttliche Wahrheit zu vermitteln, sondern eine menschliche, historische Wirklichkeit aufzudecken: *Mensch und Natur als objektiv-reale Möglichkeiten.* Und weil über den Menschen und über der Natur kein Gott mehr die Zeichen produziert, müssen die Menschen, die gleichzeitig durch ihren Kampf gegen die Natur und im Rahmen einer Gesellschaft die Zeichen produzieren, immerhin mit einem Anderen rechnen. Sie entwerfen den »Sinn« in einer dialektischen Wechselwirkung mit der Natur. Die objektiv-reale Hermeneutik ist die Hermeneutik der Menschen als Produzenten ihrer Welt in der materiellen, natürlichen und zugleich immer schon vergesellschafteten Welt.

Die Undurchsichtigkeit soll also in letzter Instanz auf das Wechselverhältnis von Menschen und Natur im Rahmen einer bestimmten Gesellschaft zurückgeführt werden. Wenn nun auf der Höhe des Kapitalismus das Verhältnis der Menschen zur Natur nicht transparent ist, dann zum einen, weil weder die Menschen noch die Natur fertig sind, aber auch und vor allem, *weil diese Unfertigkeit mit bestimmten Produktionsbedingungen zu verbinden ist.* Die vollkommene Durchsichtigkeit setzt eine vollständige Durchdringung der Natur durch menschliche

Zwecke *und* eine neue Wissenschaftlichkeit voraus, welche die menschlichen Zwecke mit der natürlichen Notwendigkeit versöhnen könnte. Solange die Natur als fremde Macht den Menschen gegenübertritt, steht jene »Naturalisierung des Menschen – Humanisierung der Natur«, von der Marx in den Pariser Manuskripten sprach, noch aus. Oder – in der Sprache des *Kapital* ausgedrückt –: Das Reich der Notwendigkeit ist noch gar nicht zur Basis des Reichs der Freiheit gemacht worden; es bleibt vielmehr ein Reich der Not, der *Ananke*.
Wir betonen: nur kraft angemessener Wissenschaft kann das Reich der Freiheit realisiert werden; und wir haben im ersten Teil gesehen, daß erst mit der völligen Entfaltung der kapitalistischen Produktionsweise, d. h. mit der Vorhandenheit des Kommunismus in den Eingeweiden der alten Gesellschaft, die Möglichkeit der objektiv-realen Hermeneutik gegeben ist.
Die objektiv-reale Hermeneutik stellt also gegenüber den früheren Wissenschaftsbegriffen den Standpunkt des Produzenten als eine zum ersten Mal in der Geschichte angemessene Wissenschaft dar. Diese Wissenschaft weist über die kapitalistische Produktionsweise hinaus, wo die Vergangenheit über die Gegenwart herrscht. Die kapitalistische Gesellschaft verewigt hingegen Produktionsverhältnisse und ein wissenschaftliches Verständnis, die objektiv schon überholt sind, sobald das Kapital auf allseitige Naturbeherrschung durch die gemeinsame Tätigkeit aller Mitglieder der Gesellschaft Anspruch erhebt.
Was heißt nun »angemessene Wissenschaft« im Gegensatz zur ideologisch trübenden, weiterbestehenden Wissenschaft der Vergangenheit?

3. *Produktionsweise, Auszugsgestalt*

Die kapitalistische Gesellschaft verewigt Produktionsverhältnisse und Ideologien, welche die individuelle Aneignung des gesellschaftlichen Produkts durch Kapitalisten ermöglichen und legitimieren. Solche Aneignung fußt nur auf den bestehenden, von der *Vergangenheit* herrührenden Eigentumsverhältnissen, da die wirkliche Aneignung (im marxistischen Wortsinn) die Arbeit des Arbeiters, seine Veränderung des Arbeitsgegenstandes ist und, im vor der kapitalistischen Produktionsweise nie erreichten Maß, eine allseitige Aneignung der ganzen Natur durch die ganze Gemeinschaft bedeutet. Die Universalisierung der Warenform und des Kapitals hat also die konkrete Allgemeinheit einer von der ganzen Gesellschaft betriebenen Produktion hervorgebracht.

Sobald diese konkrete Allgemeinheit – die von Marx in den *Pariser Manuskripten* »Wirklichkeit« und von Bloch »Sache selbst« genannt wird – hervortritt, wirft sie – selbst wenn sie nur als Möglichkeit vorhanden ist – auf die Bourgeoisie und deren Anspruch auf Allgemeinheit ein entlarvendes Licht: Ihr Wesen, ihre Tätigkeit und ihre Ansprüche erweisen sich als von bloß abstrakter Allgemeinheit, nämlich als illegitime Verallgemeinerung der individuellen Beschlagnahme des Kapitals, d. i. des Produktes aller. Schon 1843 hatte der Junghegelianer Marx diesen Gegensatz von Bourgeoisie und Proletariat mit Hilfe einer solchen Gegenüberstellung von abstrakter und konkreter Allgemeinheit erfaßt.

Während also das Proletariat als Subjekt des konkret Allgemeinenen auftritt, wird die Maske der Allgemeinheit vom Gesicht der Bourgeoisie gerissen. Wie in der Hegelschen Dialektik des Werkes und der Sache selbst erscheint die Bourgeoisie als eine handelnde Individualität, die die Sache selbst zu verwirklichen beansprucht und sie als abstraktes Prädikat nimmt, mit dem sich jedes beliebige Tun in jedem beliebigen Moment als Subjekt zusammenschließen kann. Trotz ihrer Verherrlichung der Arbeit und der individuellen Leistung ist aber die Bourgeoisie nicht einmal eine solche arbeitende Individualität: Sie besitzt vielmehr die Arbeits*mittel*, die es ihr ermöglichen, die Proletarier in ihrem Dienst arbeiten zu lassen. Aufgrund solcher Eigentumsverhältnisse kann sie die Produkte als *ihre* Produkte beschlagnahmen. In größerem Maßstab ist die ganze kapitalistische Produktionsweise selbst ein solches Produkt, so daß sich die kapitalistische Produktionsweise zu Unrecht für die vollendete konkrete Allgemeinheit der ganzen bisherigen Geschichte ausgibt.

Um sich davon zu überzeugen, braucht man nur an die Krisen zu denken, die Marx im *Kommunistischen Manifest* als eine Rebellion jener Wirklichkeit, welche die Bourgeoisie zu beherrschen meint, darstellt. Die kapitalistische Weise ist *nicht* die vollkommene Versöhnung des Bewußtseins und der Gegenständlichkeit, die bei Hegel unter der Bezeichnung »Sache selbst« verstanden wird. Die Bourgeoisie ist nicht das wirkliche Subjekt der Produktivkräfte, die ihr Kraft und Macht verschafft haben: »Es« hat sich ohne ihr Wissen etwas entwickelt, wovon sie nur der »Hexenmeister« gewesen ist. Eine List der Vernunft also, die für Marx in den materiellen und menschlichen Produktivkräften haust. Ohne die Proletarier hätte sich in der Tat das Bürgertum nicht zur Bourgeoisie emporarbeiten können: Die Zersetzung der feudalen Abhängigkeitsverhältnisse und die wachsende Zahl vogelfreier Proletarier bildeten, wie bekannt, die Grundlage der Manufakturproduktion und der Entstehung des Bürgertums. Schon in der Allgemeinheit des Dritten Standes steckte also ein Klassenantagonismus, ohne welchen die Entfaltung der kapitalistischen Produktionsweise nicht einmal denkbar gewesen wäre. Hier begreift man, wie Marx die Hegelsche Dialektik von Herr und Knecht umstülpt: Wenn das bisher unterdrückte Bürgertum seiner »Bildung« der Welt zufolge sich gegen die feudale Klasse auflehnt, ist es schon nicht mehr das wirkliche Subjekt der Bildung, der Urheber des Produktes, mit dem es dem Herrn entgegentritt. Der Sklave, der aus dem Herrn durch dessen Genuß des Produktes den Sklaven des Sklaven macht, befindet sich von vornherein in der Lage des neuen Herrn.

Die falsche, abstrakte Allgemeinheit der Bourgeoisie, die zu Unrecht die Sache selbst mit dem individuellen (wenn auch nicht individuell hervorgebrachten, doch immer individuell besessenen) Werk gleichsetzt, wirkt sich nun auf die Praxis, die Wissenschaft und die Technik aus. Lukács' *Geschichte und Klassenbewußtsein* hat in diesem Punkt die Bahn gebrochen, worauf die Kritische Theorie der Frankfurter Schule bei aller Fragwürdigkeit des »Standpunkts des Produzenten« um so schneller zur Kritik der instrumentellen Vernunft und der traditionellen Theorie gelangen konnte. Nachdem er die Entstehung der zwei großen Lager, d. h. der proletarischen und der bürgerlichen Klasse, zur Voraussetzung der Allgemeinheit überhaupt gemacht hat, kennzeichnet Lukács das wissenschaftliche Glaubensbekenntnis der Bourgeoisie als »Wissenschaft des Verstandes«. Dabei greift er auf Hegels Gegensatz zwischen Verstand und Vernunft zurück, d. h. auf die Ausführungen der Logik des Wesens, in welchen Hegel sich mit den Dualismen des 18. Jahrhunderts auseinandersetzt. Lukács sieht darin die Möglichkeit einer gründlichen Kritik am Neukantianismus, d. h. an der Trennung zwischen Geistes- und Naturwissenschaften.

Für Lukács ist der Standpunkt der Allgemeinheit nur derjenigen Klasse zugänglich, der es »von ihren Klasseninteressen, von ihrem Klassenbewußtsein aus möglich ist, das Ganze der Gesellschaft diesen Interessen gemäß zu organisieren«. Die Bourgeoisie ist eben dessen fähig, weil »der Kapitalismus die erste Produktionsordnung ist, die der Tendenz nach die ganze Gesellschaft ökonomisch vollständig durchdringt, so daß die Bourgeoisie demzufolge befähigt sein müßte, von diesem zentralen Punkt aus ein zugerechnetes Bewußtsein über die Gesamtheit des Produktionsprozesses zu besitzen«. »Andererseits jedoch machen die Stellung, die die Kapitalistenklasse in der Produktion einnimmt, die Interessen, die ihr Handeln bestimmen, es ihr trotzdem unmöglich, ihre eigene Produktionsordnung – selbst theoretisch – zu beherrschen.« Der Hauptgrund hierfür ist wohl, »daß im Kapitalverhältnis selbst das individuelle und das gesellschaftliche Prinzip – also die Funktion des Kapitals als Privateigentum und seine objektiv-ökonomische Funktion (als gesellschaftliche Macht, G. R.) – in unauflösbarem dialektischen Widerstreit miteinander stehen«. Daraus entsteht »das Dialektischtragische der Klassenlage der Bourgeoisie«, d. h. der Widerspruch zwischen allgemeinen

Ideologien, die dem bürgerlichen Interesse an einer Organisation der ganzen Gesellschaft entsprechen, und der lebenspraktischen Notwendigkeit, das Partikulare dieses Interesses zu verdecken. Der Bourgeois möchte alles wissenschaftlich beherrschen, versucht dies aber mit abstrakt allgemeiner Wissenschaftlichkeit zu realisieren. Er bezieht den Standpunkt des Verstandes, der eben die vollständige Versöhnung des Partikularen mit dem Allgemeinen für unmöglich hält und vielmehr an der Trennung zwischen Objekt und Subjekt, am Dualismus von jetzt möglicher Wissenschaft und erst künftig erreichbarem, absolutem Wissen festhält. So können die unbeherrschten Widersprüche als Naturgesetze gedeutet werden, denen nicht nur der Bourgeois, sondern jedermann ausgeliefert ist. Daß es »so ist und nicht anders«, daß in erster Linie die Arbeit nicht anders ausfallen kann, und daß die jetzige Organisation der Arbeit für die bloße Erscheinung des »Wesens« der Arbeit gilt, das hat Marx bereits in den *Pariser Manuskripten* als den in der klassischen politischen Ökonomie herrschenden Standpunkt des Verstandes kritisiert.
Was also die objektiv-reale Hermeneutik als Standpunkt des Produzenten geltend macht, ist eine Vermittlung von Objekt und Subjekt, die deren bloß verständige Trennung überwindet. Der Kommunismus ist deshalb nicht nur die Ideologie der Unterdrückten, sondern die Forderung einer neuen, vermittlungsfähigen Praxis. Erst aufgrund solcher Praxis, Wissenschaft und Technik tritt die Natur nicht mehr als fremde Macht dem Menschen entgegen, sondern eröffnet vielmehr die Ära der Naturalisierung des Menschen und der Humanisierung der Natur.

4. *Überwindung der technokratischen Ratio*

Erst aufgrund solcher Praxis, Wissenschaft und Technik wird auch der Kommunismus imstande sein, die Täuschungen der westlichen Technokratie zu überwinden.
Deren Ideologie beruht auf der Behauptung, daß die wissenschaftliche Rationalisierung uns befähigt, unsere Willkür sowohl der physischen als auch der gesellschaftlichen Wirklich-

keit aufzuzwingen. Auf Technik und Wissenschaft wird die Hoffnung einer vollkommenen Rationalisierung der Geschichte gesetzt. Aber, wie Habermas feststellt, arbeitet nicht »das System, das die materielle Grundlage der modernen Gesellschaften darstellt, . . . nach den koordinierten Plänen handelnder Subjekte. Der dynamische Zusammenhang, zu dem Wissenschaft, Technik, Industrie, Militär und Verwaltung heute verflochten sind, strukturiert sich über den Köpfen der Menschen.« Der technische Fortschritt wird gleichsam zu einem Naturprozeß, und dies infolge einer bis auf weiteres unberechtigten Gleichschaltung der Technik und der Praxis.

Weil der technokratische Ansatz alle Prozesse auf seine Methoden und das von ihm akkumulierte Wissen reduziert, weil er dadurch diese Prozesse vergegenständlicht, sinkt alles Unbeherrschte in Naturwüchsigkeit zurück. Nicht nur die Rede von Naturgesetzen, sondern auch der auferstehende Dualismus technischer Verfügung und hermeneutischen Verstehens der Geschichte drücken diese Situation technokratischer Ohnmacht aus. Da diese technokratische Ideologie nichtsdestoweniger – aufgrund immer umfassenderer technischer Verfügungsmittel – Anspruch auf Allgemeinheit erhebt, scheint es schon berechtigt, gegen solch falsche Versöhnung den Dualismus auszuspielen, unter der Bedingung, daß dem Rückgriff auf das hermeneutische Verstehen eine rein kompensatorische Funktion zugeschrieben wird und daß er in Hinsicht auf eine höhere Einheit des Wissens unternommen wird. So bedeutet bei Habermas der Gegensatz von Arbeit und Interaktion keineswegs abstrakte Ablehnung der Technik überhaupt. Interaktion versteht sich vielmehr im Hegelschen Sinne einer dialektischen Einigung von Arbeit und Sprache im Lebenszusammenhang einer Gemeinschaft. Dadurch wird einerseits die Technik an den ganzen gesellschaftlichen Lebenszusammenhang zurückgekoppelt, während andererseits die Beschränkung der Hermeneutik auf Sprache oder gar ihre Verwandlung in Sprachontologie zurückgewiesen wird.

Die Habermassche Lehre von den »zwei Versionen« in Marx'

Werk ist deshalb ebensowenig dualistisch wie Blochs Unterscheidung zwischen »zwei Weisen Rotsein«. Intendiert wird vielmehr ein Erkenntnisvorgang, in welchem der hermeneutische Ansatz sich dem analytisch-empirischen zugesellt und ihn von Grund auf ändert. Denn Bloch selbst hat mehrmals, etwa im Hinblick auf den *Geist der Utopie* oder im Aufsatz »Die Angst des Ingenieurs« (1929), folgende scheinbar dualistische, gar kantische Forderung gestellt: »Viel eher wäre noch eine Erinnerung an Kant zuständig, an dessen moralische und ästhetische Vernunft, die in der rein mathematisch-physikalischen seiner Zeit nicht vorkommt, nicht unterkommt«. Entscheidend ist für Bloch nicht die moralische Vernunft, sondern die ästhetische. Aber wie bei Kant bleibt Blochs Ästhetik, genauer seine materialistische Semiotik der Auszugsgestalt das bloße *Symbol* des Zieles. Die Auszugsgestalt ist nie ein »fertiges Haus«; ihr haftet im Gegenteil noch Unfertigkeit an. Bei aller materialistischen Umdeutung, Umbetonung, bei aller Objektivierung der bloß subjektiven Kantschen Ästhetik ist die Auszugsgestalt dem Symbol Kants darin verwandt, daß sie eine vorläufige, im Prozeß begriffene, d. h. immer schon die eigene Aufhebung implizierende Synthese des Besonderen und des Allgemeinen ist, so wie für Marx der Lebenszusammenhang einer besonderen Gesellschaftsformation, wie ihn die dialektische Methode in der *Einleitung zur Kritik der politischen Ökonomie* 1857 wiederzugeben vermochte, von Widersprüchen durchzogen war, die innerlich auf Selbstauflösung drängten.

Die Auszugsgestalt erwächst als provisorische, innerlich widersprüchliche Synthese aus der Dialektik der menschlichen Praxis und der Natur. Sie stellt zweifelsohne in Blochs »Epistemologie« – in dem Sinn, den *Experimentum mundi* dieser Disziplin verleiht – einen grundlegenden Begriff dar, von dem sich das Verständnis etwa der Gedankenkonstellationen oder der Kunstformen ableiten läßt. Als Produkte einer theoretischen oder künstlerischen Praxis sind letztere nur Modifikationen, Sonderfälle, oder genauer, untergeordnete Erscheinungen der

Auszugsgestalten, welche die menschliche Praxis in ihrem dialektischen Verhältnis zur Natur hervorbringt, obwohl diese Unterordnung selbstverständlich keine lineare, vulgärmarxistische Bedingung des Bewußtseins durch das Sein bedeutet. Aber jeder Erkenntniszusammenhang, jede »Konstellation« von Subjekt und Objekt ist die Konkretion von bestimmten Erkenntnisbedingungen, die selbst von dem Entwicklungsgrad der Technik und allgemeiner der Produktivkräfte abhängen.
Gerade deshalb lehnt Bloch Adornos Bilderverbot ab. Eine Konstellation, soweit sie eine Auszugsgestalt ist, hebt nicht nur den Gegensatz des Bilderverbots und des Gestaltens für einen Augenblick auf: Sie ist vielmehr die materielle, durchaus konkrete und sinnliche Spur der Dialektik, *einer Dialektik, die sich nicht nur an ihr, sondern in ihr vollzieht.* Keine bloß negative Dialektik also, die sich nur weigern würde, im Gegensatz zu Hegel bei einer vermeintlichen konkreten Allgemeinheit stillzustehen, und die zu diesem Zweck jedem Werk seine Materialität absprechen würde – eher eine Dialektik, die nicht am und durch das Werk stattfindet, sondern in der Auszugsgestalt als innerlich widersprüchliches Werk, als Konstellation von Produktivkräften und bereits überholten Produktionsverhältnissen oder Ideologien.
Aus jedem materiellen Werk geht die Sache selbst nicht als ausgestaltete Allgemeinheit, sondern als »Invariante der Richtung« hervor. Diese Invariante macht sich nicht in der Form eines desinkarnierten Seinsollens geltend. Sie entspringt aus den inneren Widersprüchen der Auszugsgestalt, ist also jeweils das Negative der Tendenz, die über das Bestehende hinausweist. Um dieses materiell Negative zu erfassen, braucht zunächst einmal der Historische Materialismus, wie wir gesehen haben, ein hermeneutisches Moment: das Moment, das mit der versuchten Nachkonstruktion der Totalität die unmögliche Geschlossenheit dieser Totalität aufweist. Diese unmögliche Totalität weist wiederum auf den Widerspruch zwischen dem Denken und der Wirklichkeit hin, der selbst ein Aspekt der inneren Widersprüchlichkeit des untersuchten Zusammenhangs ist.

Einen ähnlichen Widerspruch wie das hermeneutische Moment stellt dann – ebenfalls hermeneutisch – jeder utopische Entwurf dar. Utopische Entwürfe sind ja zum einen Produkt der Widersprüchlichkeit einer bestimmten Produktionsweise und zum anderen (abstraktes) Bewußtsein des Ziels. So versteht Marx die kommunistische Literatur seiner Zeit im *Kommunistischen Manifest*. Sie gehört zu den »ideologischen Formen, worin sich die Menschen des Konflikts bewußt werden und ihn ausfechten«. Es gibt offensichtlich zwei mögliche Weisen, den Konflikt auszufechten: Entweder indem man ihn ideologisch ausklammert und verdeckt, oder indem man ihn – wie immer ideologisch und unangemessen – aktiviert. Eine Ideologie erfüllt immer mehr oder weniger *beide* Funktionen. Deshalb gilt es, sie ideologiekritisch zu durchschauen. Diese ideologiekritische Entlarvung verhindert jedoch nicht, daß die jeweilige Ideologie den Konflikt manifestiert und daß in ihr ein durchaus erbbarer Überschuß – wie Bloch sagt – vorhanden ist. Und gerade auf solche Überschüsse muß der Marxismus zurückgreifen, um Tendenzwissenschaft zu sein. So folgert Marx schon 1842 in einem Leitartikel für die *Rheinische Zeitung* über »Den Kommunismus und die *Augsburger Allgemeine Zeitung*« auf die »Europäische Wichtigkeit« des Kommunismus, weil der Kommunismus, wie er ironisch sagt, »die europäische Wichtigkeit besitzt, von der Augsburger Zeitung zu einer Phrase benutzt worden zu sein«. Als bloße Phrase, »doktrinäre Abstraktion«, Schlagwort oder gar Schimpfwort – wie es in den vierziger Jahren so häufig der Fall gewesen ist –, kurzum als »Gespenst« (theoretisch wie praktisch) ist hier der Kommunismus das Symptom einer Tendenz. Seine ideologischen Erscheinungen bringen den jungen Marx auf die Spur seiner praktischen Wirklichkeit.

Blochs »neue Wissenschaft« ist also eine Wissenschaft, die sich an Widersprüchen, vornehmlich an solchen zwischen Denken und Wirklichkeit, orientiert, ohne das Moment des relativen Ausgestaltetseins dabei zu verkennen. Oder genauer: Sie ist dialektisch, weil sie sich, wie Marx es gefordert hat, vor allem auf Totalitäten konzentriert. Solche Totalitäten sind die Auszugsgestalten. Sie befinden sich »an der Front«, sind in sich bewegte, im Prozeß begriffene und sich immer schon innerlich auflösende Ganzheiten. Ohne das Moment der Totalität würde die Wissenschaft Prozesse und Tendenzen auf gegenständliche Zusammenhänge reduzieren, während gerade die Konstruktion der Totalität die Widersprüche aufdeckt. Hermeneutische Erinnerung der utopischen Entwürfe und Ideologiekritik an ihnen dienen hier zur Aneignung der Überschüsse und zur Entdeckung der Tendenzen, wobei sie nur in bezug auf die ›Totalität‹ der Auszugsgestalt einen Wert haben. Denn erst in ihr begegnen sie der Front des Prozesses: Erst in ihr werden sie Bestandteil einer Bewegung, zu deren Erfassung sie mitgeholfen haben, und von welcher sie wiederum dialektisch aufgehoben werden. Sind sie doch selber nur ein Moment der inneren Widersprüchlichkeit der untersuchten Totalität. Als solche sind sie darum auch nicht bloße regulative Prinzipien der Praxis, wenn sie auch immer in gewissem Maße diese Funktion erfüllen. So überwindet Blochs Hermeneutik der Auszugsgestalten sowohl die empirisch-analytische Wissenschaft als auch eine rein regulative praktische Philosophie, die in den überlieferten dualistischen Wissenschaftsbegriff zurückfallen würde.

II
WIE EMANZIPATORISCHE VERNUNFT FRAGWÜRDIG WIRD

Disqualifizierung des Marxismus und Eintritt in die Postmoderne
Zur Rezeption der Kritischen Theorie in Frankreich

Die Rezeption eines Werkes fügt dem primären Kontext seiner Entstehung einen neuen Zusammenhang hinzu, der wiederum den Zugang zum Werk weitgehend bestimmt und seine Potentialitäten entweder hemmt oder entfaltet, meistens auch neue Potentialitäten erscheinen läßt. So kann sich ein Überblick über die Rezeption einer Theorie keineswegs beschränken auf eine bloße Bilanz der Reaktionen, die sie ausgelöst haben mag, oder der Wirkung, die sie auf andere Werke bzw. Denkströmungen hat ausüben können. Dies gilt besonders, wenn der Zusammenhang der Rezeption von konkurrierenden Theorien beherrscht ist, die eben eine Wirkung der rezipierten Theorie oder Reaktionen auf sie verhindern. In einem solchen Fall würde sich eine Wirkungsgeschichte auf größtenteils nichtssagende Randerscheinungen reduzieren, oder gar – was schlimmer wäre – diese Randaspekte für die eigentlichen, tiefer sitzenden, wirklichen Kräfte der Rezeption halten. Der Versuch, eine Rezeption darzustellen, darf deshalb nicht von der Nicht-Rezeption absehen. Denn diese ist das entscheidende Kriterium, das eine Vergegenwärtigung der beiden potentiell kollidierenden Denkgebilde ermöglicht und so Walter Benjamins Forderung nachkommt, »sich der kritischen Konstellation bewußt zu werden, in der gerade dieses Fragment der Vergangenheit (das Werk, G. R.) mit gerade dieser Gegenwart sich befindet«.[1] Erst auf diesem Weg erfaßt man die an der Oberfläche nicht sichtbaren Gegensätze oder die konkurrierenden und einander ausschließenden theoretischen Positionen, die eine offene Debatte zwischen dem jeweiligen Werk und dem empfangenden Kontext verhindern. Mit »Fragment der Vergangenheit« meint man natürlich keineswegs, daß das rezipierte Werk bloßes Vorbei ist; konträr: Es lebt in und durch Rezeption, so daß eben sein vergangenes Dasein nur Fragment war.

Die Vergegenwärtigung der beiden kollidierenden Horizonte widersetzt sich dem bloß antiquarischen Interesse für das vergangene Werk als einem abgeschlossenen Ganzen. Wenn das auch paradox klingen mag, so wäre eben in der Gegenwart die ausschließliche Bilanzaufnahme wirklich stattfindender Reaktionen und Wirkungen rein antiquarisch, während es in der Rezeption vielmehr darum geht, wiederbelebte oder gar neue Potentialitäten des Werkes zu erfassen. Gerade dies erfordert aber eine umfassende Vergegenwärtigung des Rezeptionskontextes.

Diese allgemeinen Bemerkungen gelten auch für die Kritische Theorie, die bis heute in Frankreich von der Idiosynkrasie der französischen Debatten kaum berücksichtigt worden ist – oder nur, um sofort »disqualifiziert« zu werden. Unsere Überlegungen gehen den tieferen Ursachen dieser Disqualifizierung auf die Spur. Jenseits der (doch nicht ganz unbedeutenden) Reaktionen in Aufsätzen, Rezensionen, ja Monographien [2] wollen wir nach den Interessen fragen, welche die Aufnahme oder das Schweigen bestimmt haben.

Wenn man von Benjamin absieht, dessen Schriften schon in den dreißiger Jahren ins Französische übersetzt wurden – allerdings ohne direkten Bezug auf die Kritische Theorie –, wie auch von den verhältnismäßig frühen Übersetzungen musiktheoretischer Schriften Adornos Anfang der sechziger Jahre,[3] dann fällt auf, daß die Frankfurter Schule in Frankreich zu einer Zeit entdeckt wurde, in der sie bereits nicht mehr existierte: Erst im Herbst 1974 erscheinen Rezensionen in Zeitungen und Zeitschriften höchst verschiedener intellektueller und politischer Prägung – allein die kommunistische Presse wird noch später zur Kritischen Theorie Stellung nehmen.[4]

Die späte Aktualität der Kritischen Theorie zeugt von einem gewissen Widerstand des philosophischen Milieus. Einige Indizien, die sowohl materieller als auch ideologischer Natur sind, bieten sich dem Interpreten: Da sind einmal die langsamen Fortschritte der Übersetzungsprogramme. Zum Teil sind die Verlage und ihre Berater dafür verantwortlich zu machen; andererseits spiegelt diese Haltung ein allgemein mangelndes Interesse für ausländische Denker und Dichter wider und ist deshalb sehr wahrscheinlich eine indirekte Folge der allgemeinen geistigen Lage und der Interessen, die diese beherrschen. Erst 1973 fing mit der Gründung der neuen Reihe »Critique de la Politique« beim Payot-Verlag eine ergiebigere Phase an, während der Verlag Gallimard seinerseits die eigenen Übersetzungsprogramme aktivierte. Unter den ideologischen Umständen, die wohl in letzter Instanz entscheidend gewirkt haben, kann man folgende erwähnen:

(a) Zunächst die meist unausgesprochene, starke Abneigung des orthodoxen Marxismus gegenüber der Kritischen Theorie: Während diese sehr früh an der führenden Rolle des Proletariats im Geschichtsprozeß zweifelte (schon 1934 spricht Max Horkheimer in *Dämmerung* von der »Ohnmacht der Arbeiterklasse«), blieb die KPF noch nach der *liberation* und trotz der Zweifel von Sartre und Merleau-Ponty dem proletarischen Credo treu.

(b) Während die Kritische Theorie infolge ihres Verzichts auf das Proletariat als Adressat den Akzent auf die unversöhnte Subjektivität legte und sich dadurch den Vorwürfen des Idealismus [5] und des Rückfalls in Junghegelianismus [6] oder gar in neukantianische Methodologie (Habermas) aussetzte (s. u. a. den Sammelband *Die Frankfurter Schule im Lichte des Marxismus*, Frankfurt 1970), führte der französische Marxismus seine eigene Subjektivitäts-Debatte mit dem Existentialismus, Lukács' Positionen – vor allem seine polemischen Bücher *Die Zerstörung der Vernunft* und *Existentialismus und Marxismus* – wurden berücksichtigt, nicht aber diejenigen der Frankfurter Schule.

(c) Der Grund, weshalb die Kritische Theorie vom orthodoxen Kommunismus verkannt oder ignoriert wurde, erklärt auch, daß sie nur schwerlich vor jenen linksradikalen Bewegungen Gnade finden konnte, die, sei es maoistisch oder trotzkistisch, die proletarischen Massen heiligten.[7]

(d) Sind im Rahmen des Parteikommunismus zunächst das Phänomen der Partei selber (Merleau-Ponty/Sartre), dann die Polemik mit dem Existentialismus in den Jahren 45–65 vorherrschend, so tritt ab 1965 die Marx-Lektüre von Louis Althusser in den Vordergrund. Sie stellt zum einen eine unverkennbare Erneuerung der marxistischen Philologie dar, zum anderen aber auch eine »Epistemologie der Exkommunikation«, die in den Jahren politischer und akademischer Restauration nach 1968 mächtig zur Wiederherstellung der Autorität der marxistischen (Partei-)Intellektuellen beitrug – sowohl in rein intellektueller Hinsicht als auch in den akademischen Gremien.[8]

(e) Die hemmende Wirkung der Philosophie Althussers wäre aber nicht so stark gewesen, wenn sie sich nicht der Terminologie und Methodologie des damals in fast allen Wissensbereichen vorherrschenden Strukturalismus bedient hätte.[9] In der zweiten Hälfte der sechziger Jahre wurde der Strukturalismus zum Hauptprotagonisten des Marxismus. Nicht nur als solcher, sondern auch und vor allem als Erneuerung der marxistischen Erkennistheorie bedeutete der strukturalistische Marxismus Althussers ein weiteres Hindernis für die Rezeption der Kritischen Theorie. Nicht von ungefähr werden noch am Anfang der siebziger Jahre einige der sogenannten »Neuen Philosophen« an ihn anknüpfen.

(f) Mit diesen stoßen wir auf einen dritten entscheidenden Faktor, der neben einer starken Kommunistischen Partei und der soliden marxistischen Literatur einerseits, dem Strukturalismus und seinen Modifikationen andererseits die französische Bühne beherrscht hat: die französische Liebe zu den Modeerscheinungen, der Hang zum Star-System und mehr noch der Humbug eines unendlich verzweigten Mode- und Cliquenwe-

sens, deren Vertreter den Marxismus immer mehr als toten Hund behandeln und das Kind mit dem Bade ausschütten, indem sie ihn mit Stalin und dem Gulag gleichsetzen.
Diese Indizien bleiben Hypothesen, solange man nicht die Entwicklung des französischen geistigen Lebens nachkonstruiert hat, um plausibel zu machen, wie das Zusammenwirken dieser ideologischen Kräfte eine aktive Rezeption der Kritischen Theorie verhinderte.

1. Vor Mai 1968: Permanente, bzw. Permanentendebatten

Die Jahre 45–65 kennzeichnen sich durch die Beharrlichkeit alter aporetischer Debatten: Existentialismus und Marxismus, Marxismus und Christentum; Debatten, hinter denen immer das marxistische Humanismusproblem steht. Erst 1965 fiel vom Katheder der Schiedsspruch: Althussers »Für Marx« und »Das Kapital lesen, I« setzten der jahrelangen Verwechslung von Ideologie und marxistischer Wissenschaft ein Ende. Endlich wurde man das alte, immer wieder auferstehende Humanismusproblem – scheinbar – los.
Die lange Polemik über die Abenteuer der Dialektik,[10] die von der unmittelbaren Nachkriegszeit bis zum Erscheinen von Sartres *Critique de la raison dialectique* (1960) dauerte, orientierte sich an zwei zusammenhängenden Grundproblemen der marxistischen Philosophie und Praxis: dem Phänomen der Partei und der Rolle des revolutionären Bewußtseins des Proletariats als Maßstab des Rechten in der Geschichte. Diese Debatte wurde bekanntlich von den Problemen ausgelöst, vor welche sich die marxistische Praxis nach dem Zweiten Weltkrieg gestellt sah: zum einen die stalinischen Prozesse, die in Koestlers Buch *Das Null und das Unendliche* ein Echo fanden, und zum anderen die Zweifel der französischen Marxisten angesichts der politischen Entwicklung Frankreichs und des Scheiterns aller Hoffnungen auf eine proletarische Machtergreifung. In seinen Aufsätzen aus den Jahren 1945 und 1946,

die er dann unter den Titeln *Humanismus und Terror* (1947) und *Sinn und Unsinn* (1948) veröffentlichte, fragt Merleau-Ponty nach dem Sinn der proletarischen Revolution[11]:

»Es besteht die Möglichkeit eines ungeheuren Kompromisses, eines Verfaulens der Geschichte, in welcher der Klassenkampf stark genug wäre, um zu zerstören, aber nicht stark genug, um aufzubauen, so daß die Leitfäden der Geschichte, so wie sie das Kommunistische Manifest entworfen hatte, verschwinden würden. Haben wir nicht heute allem Anschein nach diesen Punkt erreicht?«[12]

Merleau-Ponty zweifelt an der Fähigkeit des Proletariats, »ein autonomer Faktor der Geschichte zu sein«,[13] und befürchtet, daß das »Wesen der Geschichte« sich jetzt in eine kontingente Abfolge von Akzidenzien auflösen könnte.[14] Er fügt allerdings hinzu, daß Marx selber die Alternative Sinn oder Unsinn der Geschichte offen gelassen hatte,[15] was uns verbiete, aufgrund unseres Erlebnisses scheinbarer Sinnlosigkeit den Marxismus abzudanken. Geschichte ist konsequent und kontingent zugleich;[16] es gibt in ihr keine Notwendigkeit, sondern eher eine grundsätzliche Äquivozität des menschlichen Handelns, der Merleau-Ponty sein Buch *Humanismus und Terror* widmet, indem er in diesem Licht die Verantwortung der Opfer Stalins untersucht. Die Doppeldeutigkeit ihrer geschichtlichen Taten, so meint er, kann letzten Endes nur vom Proletariat, am Maßstab des Sinns solcher Handlungen *für das Proletariat* entschieden werden. Damit wird aber für die Gegenwart die Frage keineswegs gelöst, da die proletarische Klasse eben nicht mehr imstande zu sein scheint, jegliche Entscheidung zu treffen. Es sei denn, daß das Proletariat selber jene Doppeldeutigkeit und Unentschiedenheit auch erlebt, die Kennzeichen allen menschlichen Handelns sind; wenn es so ist, dann muß sich derjenige, der Geschichte treibt, in jene Haltung flüchten, die Merleau-Ponty in *Die Abenteuer der Dialektik* (1955) ein »marxistisches Zuwarten« nennt. Zweideutige Fakten oder Taten, oder gar der scheinbare Untergang der proletarischen Entschiedenheit disqualifizieren nicht den Marxismus, sondern lassen eher jede Entscheidung in der Schwebe. Außerdem bleibt *der proletarische Humanismus*, selbst da, wo er so tief gesunken zu sein scheint, »stark genug, um andere Lösungen zu diskreditieren«.[17] In *Humanismus und Terror* stellt der Marxismus also eine Art negative Totalität dar – die Sinntotalität, die er vertreten sollte und an welcher die gegenwärtige Zweideutigkeit und Kontingenz nichtsdestoweniger gemessen werden soll. Aber obwohl sie keine Zuversicht, sondern nur noch eine Gewißheit zuläßt, wird diese Auffassung in *Abenteuer der Dialektik* dennoch revidiert.

Und gerade hier tritt in der Polemik mit Sartre das Phänomen der *Partei* in den Vordergrund, ohne welches der französische Marxismus der Nachkriegszeit unverständlich bleibt. Wie Merleau-Ponty spricht auch Sartre von Doppeldeutigkeit, reduziert sie aber auf die Fakten und macht aus ihr eine ontologische Beschaffenheit, während sie für Merleau-Ponty eine historische Bestimmung der Handlung ist. Davon leitet Sartre, wie Merleau-Ponty ihm vorwirft, ein letztinstanzliches Entscheidungsvermögen *der Partei* ab.[18] Bei Merleau-Ponty unterliegt die Partei selber der Äquivozität, indem sie das Negative des Proletariats in positive Bestimmungen umzusetzen versucht.[19] Hingegen wird die Partei bei Sartre von der unentscheidbaren Äquivozität grundsätzlich gerechtfertigt: Da zuletzt doch entschieden werden muß, bleibt nichts übrig außer dem Vertrauen in die Partei, die solche Entscheidungen trifft. Wir können hier nicht auf die Grundlegung dieser Philosophie detailliert eingehen; eine Stelle aus *Abenteuer der Dialektik* ermöglicht trotzdem eine Verdeutlichung des Zusammenhangs zwischen Sartres Philosophie der Freiheit und seiner Philosophie der Partei:

»... etwas beweist, daß wir hier im Rahmen einer Philosophie des Subjekts bleiben: die Feststellung, daß die Partei wie der einzelne Militant pure reine Handlung ist. Wenn alles von der Freiheit kommt, sind die Arbeiter nichts, und nicht einmal Proletarier, solange sie nicht eine Partei gebildet haben; diese Partei beruht nicht auf Vorgegebenem und nicht einmal auf der gemeinsamen Geschichte der Arbeiter. Entweder wird sie nie existieren, oder, wenn es eine Partei geben soll, dann wird sie eine kontinuierliche, unaufhörliche Schöpfung sein und das Emblem des Nicht-Seins

– reine Tat oder reine Beziehung, wie der kategorische Imperativ, dem sie entsprang. Es kann also nur eine einzige Partei geben und in ihr keine Fraktionen.«[20].

Die philosophische Grundlage der Sartreschen Parteiauffassung ist die »liberté engagée« (engagierte Freiheit), wie er sie in dem kleinen Traktat aus dem Jahre 1946 *Der Existentialismus ist ein Humanismus* schlagwortartig definiert hatte. Unseres Erachtens setzt sich diese Auffassung bis zur *Kritik der dialektischen Vernunft* aus dem Jahre 1960 fort, wo Sartre die Entstehung der Partei aus den einzelnen Freiheiten erklärt.
Aus dieser Vergegenwärtigung der Polemik zwischen Sartre und Merleau-Ponty ergibt sich eine eigenartige, typisch französische Konstellation: Die marxistische Debatte, auch da, wo sie die neue Lage der proletarischen Bewegung ins Auge faßt, artikuliert sich um das Phänomen der Partei – im Gegensatz zu Westdeutschland, wo die kommunistische Partei für verfassungswidrig erklärt wurde und nicht mehr existierte.
Das Problem des marxistischen Humanismus hängt in doppelter Hinsicht mit diesem Ansatz zusammen: zunächst in praktischer Hinsicht, insofern als Sartre das Problem des Engagements und der Parteibildung durch die liberté engagée, d. i. durch den humanistischen Existentialismus begründet, dann ebenfalls in theoretischer Hinsicht, insofern als er in den »Fragen zur Methode« – als deren erster Teil in die *Critique de la raison dialectique* aufgenommen – die Notwendigkeit des Existentialismus auf die Mängel des offiziellen Marxismus zurückführt. Dadurch wird der Kreis geschlossen und der Zusammenhang von Theorie und Praxis wiederhergestellt: Befindet sich augenscheinlich der Marxismus in einer Sackgasse, dann braucht er jene philosophische Ergänzung durch den Existentialismus, die ihn wieder in den Stand setzt, den Zugang zur Praxis zu finden.
Unter ganz anderen Umständen und mit ganz anderen Prämissen war die Kritische Theorie in Deutschland mit ähnlichen Fragen beschäftigt wie die Polemik zwischen Sartre und Merleau-Ponty; auch sie war einer Problematisierung des proletari-

schen Bewußtseins konfrontiert, die sie ohne den Anhaltspunkt einer Partei zu bewältigen hatte. Als eine Ablehnung der Rolle der Partei darf übrigens dieser Satz aus Horkheimers *Autoritärer Staat* verstanden werden:

»Wem an der menschlichen Einrichtung der Welt liegt, der kann auf keine Appellationsinstanz blicken: weder auf bestehende noch auf zukünftige Macht.«[21]

Zwischen Lukács und Korsch einerseits und der Kritischen Theorie andererseits vollzieht sich im marxistischen Denken ein nie wieder zu überbrückender Bruch. Denn früher als der französische Marxismus hat auch das Institut für Sozialforschung die Wandlung der kapitalistischen Strukturen erkannt. Das amerikanische Exil und das in den fünfziger Jahren einsetzende »Wirtschaftswunder« bestätigten diese Einsicht, während die Verhärtung der ideologischen und ökonomischen Trennung zwischen dem West- und dem Ostblock, dann aber auch bald die »Konvergenz« beider Lager der proletarischen Hoffnung einen tödlichen Schlag versetzte.

Wenn man nach dem Grund fragt, warum diese Einsichten der Kritischen Theorie in Frankreich kein Echo fanden, dann ist wohl vor allen Dingen die ganz verschiedene Entwicklung der kapitalistischen Strukturen in Betracht zu ziehen. Auf sie sind wahrscheinlich in letzter Instanz die Idiosynkrasie der französischen philosophischen Debatten einerseits und andererseits die vordergründige Rolle, welche die starke KPF in ihnen gespielt hat, zurückzuführen. Die langsamere Entwicklung des französischen Kapitalismus hat allem Anschein nach bis in die sechziger Jahre hinein das geistige Klima beeinflußt; daß dieser langsame Aufstieg sich in der Form eines verstaatlichten Monopolkapitalismus vollzog, den die kommunistische Partei selber in der unmittelbaren Nachkriegszeit akzeptierte, dürfte nicht belanglos sein. Der ökonomische Ausschuß des PSU faßte 1977 in seinem Buch *L'Utopie réaliste* diesen Kontext so zusammen:

»Im Gegensatz zur Entwicklung insbesondere in den USA und in Deutschland hat sich die Finanzbourgeoisie zu jener Zeit (am Ende des 19. Jh., G.

R.) nicht durchgesetzt. Unter dem II. Kaiserreich entstanden, wird sie erdrückt durch das Bündnis zwischen den ›besitzenden Klassen‹, das durch den Fall des Kaiserreichs und die Erwürgung der Pariser Kommune besiegelt wurde. Aus diesem Bund erwuchs der republikanische Staat, ein Produkt der besonderen Weise, nach der die besitzenden Klassen sich organisieren, um ihre zerstückelten Interessen und ihre inneren Konflikte zu verwalten und zu schlichten, und sich auch ihrer Herrschaft über die Arbeiterklasse zu vergewissern. Die intellektuelle Bourgeoisie – Rechtsanwälte, Ärzte, höhere Verwaltungsbeamte, Lehrer ... – bildet die führende Schicht dieses Staates. Diese republikanische Hegemonie dauert bis zum Ende der 4. Republik. Sie erklärt den Rückstand des französischen Kapitalismus; die Umwälzung der Produktionsbedingungen stößt gegen die ständische Organisation des französischen Kapitalismus und gegen das Hindernis, welches das Privateigentum an Produktionsmitteln der Entwicklung angemessener Formen der Finanzierung im Hinblick auf Kapitalanhäufung entgegensetzt. Die politische Krise vom Jahre 1958 bedeutet das Ende dieser Bündnisse und den Anfang – unter De Gaulles Herrschaft – einer neuen Phase von Umwälzungen. Die Geburt und dann das Erstarken einer ›präsidentialistischen Republik‹ führt zur Vorherrschaft einer Industrie- und Bankbourgeoisie ..., (deren) politisch tätiger Teil im Staate – d. h. ihr führender Teil – die intellektuelle Bourgeoisie von der Macht entfernt ... Von nun an mußten sich auch neue Formen sozialer Hegemonie entwickeln, um sich den neuen Produktionsbedingungen anzupassen. Diese Notwendigkeit drückt das Programm einer ›neuen Gesellschaft‹ aus, die Jacques Chaban-Delmas förderte. Es setzt eine radikale Änderung der alten Klassenbündnisse voraus: die besitzenden Klassen von gestern müssen einigermaßen den neuen geschäftsführenden Klassen Platz machen und insbesondere der technokratischen Bourgeoisie weichen ...«[22]

So mußte de Gaulle abdanken, um die Fortschritte des technokratischen Kapitalismus – unter Pompidou und dann unter Giscard d'Estaing – zu ermöglichen. Von 1945 bis heute blieb ihrerseits die KPF dem Programm eines Staatskapitalismus treu.[23] Der von de Gaulle konsequent durchgeführte Gedanke des fünfjährigen Wirtschaftsplans und die planwirtschaftlichen Überzeugungen der Kommunistischen Partei machten aus dem Plandenken ein allgemein angenommenes Postulat, sowohl links als auch zum Teil rechts, und zwanzig Jahre lang wurde die Untersuchung des Phänomens des Staates dadurch verhindert. Erst in den letzten Jahren, mit den neuen Schwierigkeiten des technokratischen Modells und den Zweifeln an der Planwirtschaft ist eine Debatte mit Positionen, wie sie Habermas in *Strukturwandel der Öffentlichkeit* und in *Legitimationsprobleme im Spätkapitalismus* bezogen hat, prinzipiell möglich und auch wünschenswert geworden.[24] Daß sie dennoch nicht stattfindet, ist auf Gründe zurückzuführen, die wir im dritten Teil unserer Überlegungen eingehender behandeln wollen.

Bereits hier, am Ende dieser Erwägungen zum geistigen Klima der Jahre 45–65, tritt die Eigenart einer Geschichte der französischen Rezeption besonders deutlich hervor: Nach den philosophischen oder allgemeinen ideologischen Gründen der Rezeption fragen, bedeutet in diesem besonderen Fall, daß man zu erkennen versucht, warum *keine* Rezeption stattfand oder mindestens warum sie bis heute recht kümmerlich geblieben ist. So sehen wir uns vor ein beinahe unlösbares Problem gestellt. Um unser Vorhaben realisieren zu können, brauchten wir im Grunde die Vorstruktur einer mindestens negativen Rezeption, in welcher die Gegensätze und Konflikte zum Vorschein kommen würden. Nun kennzeichnet sich Frankreich im großen und ganzen durch eine fast ausnahmslose Nicht-Rezeption oder in jüngerer Zeit, etwa ab 1974, durch eine Art halbierter Rezeption, die offensichtlich darum bemüht ist, jegliche Debatte zu umgehen. Entweder bleibt dieses eigenartige Verhältnis zur Kritischen Theorie völlig passiv, oder die innere Kohärenz der Kritischen Theorie geht verloren wegen typisch französischer Prismen und latenter Interessen, deren Funktion darin zu bestehen scheint, eine wirkliche Konfrontation zu verhindern. Passiv darf man eine Rezeption nennen, die, von einer gar nicht unbedeutenden Anzahl von Übersetzungen, Vorworten oder Monographien ermöglicht, trotzdem ohne Wirkung auf die einheimische geistige Produktion geblieben ist; ganz selten sind die französischen Veröffentlichungen, die sich mit den Frankfurter Positionen auseinandersetzen. Unter diesen Umständen zwingt eine Geschichte der Rezeption eher zur Erforschung der konkurrierenden Positionen, die den französischen Geist für ausländische Anregungen blind gemacht haben. Anstatt von erklärten Spannungen und Gegensätzen auszugehen, muß man also den inneren Zusammenhang des französischen Kontexts hermeneutisch rekonstruieren, um die Ursachen der Nicht-Rezeption zu erfassen. Allerdings handelt es sich auch dann um *ausgeprägte ideologische Interessen.*

Dadurch werden nun unserem Unternehmen Grenzen gesetzt: Es wird nicht möglich sein, die ganze Geschichte der französischen Philosophie und Soziologie seit Kriegsende zu schreiben. Ich werde also die hemmenden Interessen in Form von Hypothesen herausarbeiten.

Ob Althusser und seine Schule überhaupt von der Kritischen Theorie Kenntnis genommen haben oder nicht, mag dahingestellt bleiben; Althussers Projekt lagen jedoch theoretische und praktische Interessen zugrunde, die stark genug waren, um jegliche Beschäftigung mit der Frankfurter Schule überflüssig zu machen. Doch finden sich bei Althusser Anklänge etwa an Gramsci. Auch daraus mag sich der Mangel an Interesse für die Kritische Theorie vielleicht erklären lassen. Wichtiger scheint mir jedoch der Umstand, daß die massive Selbstsicherheit der Althussergruppe diese von einer Debatte mit anderen *dispensierte* und daß die zentralen Thesen dieser Philosophie sich beinahe Wort für Wort denjenigen der Kritischen Theorie gegenüberstellen lassen. Und genau dann hört die ideologische Unschuld der Nicht-Rezeption, sei sie gewollt oder nicht, auf.

(a) Die Definition der Kritischen Theorie erfolgt durch ihre Abgrenzung von der traditionellen Theorie (1937). Diese Abgrenzung schließt eine marxistische Kritik an der Wissenschaft und die Bestimmung der marxistischen Wissenschaftlichkeit ein. Althussers Unternehmen vollzieht auf zwei Ebenen eine ähnliche Bestimmung: Der Historische Materialismus wird zur Wissenschaft des Marxismus erklärt, die Philosophie des Marxismus – für Althusser der Dialektische Materialismus – erweist sich vor allem als eine epistemologische Instanz, sozusagen als das oberste Tribunal, das über die Wissenschaftlichkeit der Begriffe und Methoden der jeweiligen Wissenschaften entscheidet.[25]

(b) Althussers »epistemologischer Bruch« betrifft nicht nur die Entstehung der sog. marxistischen Wissenschaft aus vorhandenen Ideologien (der klassischen politischen Ökonomie, dem Humanismus Feuerbachs), von denen sie sich abhebt. Er bildet auch die Grundlage einer Theorie der Ideologien, insbesondere durch die Unterscheidung zwischen theoretischen und praktischen Ideologien. Darüber hinaus führt er zur Ablehnung jeder dynamischen Beteiligung der Ideologien am Vollzug der marxistischen wissenschaftlichen Erkenntnis. Zwar betont Althusser die Notwendigkeit einer ständigen Aktualisierung des epistemologischen Bruchs (so wie er zunächst von Marx vollzogen wurde, mußte er etwa gegen das Anschwellen humanistischer Ideologien nach dem XX. Parteikongreß der Sowjetunion erneut vollzogen werden); im Grunde handelt es sich aber dabei um eine ständig wiederholte *Selbstbestätigung der Wissenschaft*, die deshalb ein gleichsam konkret erfaßbares theoretisches Gebilde darstellt.

Demgegenüber muß in der Kritischen Theorie die unaufhörliche Spannung zwischen Interesse und Idee hervorgehoben werden, wobei das Interesse freilich als ideologisch erklärt wird, die Wissenschaft aber eine rein utopische, nirgends vorgefundene höhere Rationalität darstellt. Die Idee hat sich immer blamiert, wenn sie dem Interesse überlegen zu sein meinte. Daraus ergibt sich die Auffassung der »Wissenschaft« *als Ideal oder als Aufgabe*.[26] Sie entsteht erst aus der Verbindung – so Habermas – dreier *Interessen*: des sonst zur bloßen Kontemplation verleitenden theoretischen Interesses der traditionellen Wissenschaft, des technischen Interesses an Verfügung über Gegenstände und des praktischen Interesses am Verstehen von Sinn- und Lebenszusammenhängen.

(c) Althusser wurde der Vorwurf gemacht, den von ihm so genannten »Kontinent der Geschichte« – Strukturalismus hin oder her – zuletzt doch nur positivistisch zu erfassen, insofern seine »Wissenschaft« weder bloße Aufgabe ist noch selber im Fluß der Bewegung, d. h. einer tendenziellen Erfassung von Tendenzen mit Hilfe von Ideologien, begriffen ist.[27] Ausgeblendet bleibt *die konstitutive Funktion der Ideologie* im Historischen Materialismus. So geht Marx' Manifest der Kommunistischen Partei, das man zu Recht für den ersten konsequenten Versuch einer systematischen Anwendung des Historischen Materialismus hält, von Ideologien aus, die alle die Latenz des Kommunismus verraten, und erst durch das Organisieren materieller *und ideologischer* Erscheinungen wird die wissenschaftliche Einsicht des Historischen Materialismus in den Gang der Geschichte gewonnen.[28] Hier versteht Marx die Aufgabe seiner Wissenschaft keineswegs als *Bestätigung* bereits gewonnener Einsichten, sondern vielmehr als eine ideologiekritische Organisation vorgefundener (utopischer oder dogmatischer) Sozialismen, die alle unangemessen, aber nichtsdestoweniger anschaulich, *einen* Widerspruch ausdrücken. Erst die ideologiekritische Rekonstruktion ihrer Konvergenz konstituiert den Historischen Materialismus als eine Wissenschaft, die ihrem Objekt angemessen ist. Positivistisch ist hingegen eine Wissenschaft, die ihre Angemessenheit anders als immanent gewinnt. Althusser scheint sich zu widersprechen, wenn er einerseits betont, daß bei Marx der »wissenschaftliche Erkenntniseffekt« von der kritischen Arbeit über Ideologien bewirkt wurde, und andererseits, daß er im selbstbewußt gewordenen Historischen Materialismus »autonom« aus einer systematischen Kombination von Begriffen resultiert, die nichts mehr mit den Bedingungen ihrer Entstehung zu tun haben. Die Wiederholung des »epistemologischen Bruchs« ändert nichts an diesem Widerspruch, da sie nur dieses systematische wissenschaftliche Gebilde wiederholend behauptet. Eine nicht positivistische, eine dialektische Wissenschaft muß vielmehr immer an der Krise teilhaben. Ihr kritisches Potential rettet sie nur, wenn sie es immer wieder rekonstituiert. Sonst verfällt sie dem absoluten Begriff Hegels, von dem Marx sagte, er übersehe den Widerspruch zwischen der Theorie und der Wirklichkeit –

das also, wodurch sich der Historische Materialismus von der Phänomenologie des Geistes unterscheidet.
Weitere Gegensätze zwischen Althusser und der Kritischen Theorie möchte ich jetzt bündiger erwähnen:
(d) Aufschlußreich scheint Althussers *Auffassung des Prozesses ohne Subjekt* zu sein. Sie bedeutet aber bei Althusser keineswegs, daß das Proletariat als Träger des geschichtlichen Prozesses zurückgetreten ist, sondern genau das Gegenteil. Unter der Bedingung, daß das Subjekt der Philosophie nunmehr rein »strukturalistisch« aufgefaßt wird, gleichsam als ein subjektivitätsloses Subjekt, als *Klasse*, bleibt Althusser dem traditionellen Schema des Proletariats als Träger (nicht Subjekt) der Geschichte treu. Es wird zum Träger der Geschichte, weil der Klassenkampf – also eine Struktureigenschaft der vorhandenen Gesellschaft – gewisse Schichten der Gesellschaft zu Klassen konstituiert und die Geschichte in Bewegung setzt.[29]
(e) Schließlich konkurriert die Althussersche Lehre der ideologischen *Staatsapparate* mit Habermas' Modell der Verhältnisse zwischen Staat und Gesellschaft.[30] Hier wie dort ist die Auffassung dieser Verhältnisse das Ergebnis der epistemologischen Grundsätze des Philosophen. Sie hängt bei Althusser von der These einer relativen Autonomie der Wissenschaft und der Ideologien gegenüber der sie bedingenden Basis ab (»strukturelle Kausalität«), bei Habermas von der Unterscheidung zwischen den Sphären der Arbeit und der Interaktion, denen jeweils ein verschiedenes Erkenntnisinteresse entspricht.
Weil sie die Fragen prinzipiell entschied, die man mit Hilfe der Kritischen Theorie hätte untersuchen können, aber auch wegen ihres massiven Dogmatismus, den ihre Vorrangstellung in der marxistischen Intelligentsia noch verstärkte, schloß die Philosophie Althussers eine Rezeption der Kritischen Theorie aus.

2. Nach 1968 – Disqualifizierung des Marxismus

In seinen unmittelbar auf die Mai-Revolte reagierenden Aufsätzen schätzte der spätere »Neue Philosoph« J. M. Benoist vom Standpunkt des Strukturalismus aus die französische philosophische Lage triftig ein.[31] Die Mai-Revolte diagnostiziert er einerseits als »Inflation des Zeichens«; daneben stellt er Marcuse als einen *Aufklärer* dar und faßt so die beiden damals kollidierenden großen Tendenzen zusammen: auf der einen Seite eine Ästhetisierung der politischen Erfahrung, auf der anderen die Dimension der Geschichtsphilosophie. Seine Untersuchung orientiert sich an *einer* Frage: »Wie stehen Sie zur westlichen Metaphysik?«[32] Marxens Tod, den er mit unverhohlener Freude begrüßt, besiegelt – wegen der »Abhängigkeit Marxens und seiner Epigonen vom Denkraum der westlichen Metaphysik«[33] – das Ende jener Tradition, die vom deutschen Idealismus herkommt, ihre Ablösung durch die »strukturalistische Revolution«. Benoists Lob auf Althusser, dem er dafür dankt, den Marxismus von seiner Mystik und Metaphysik befreit zu haben, um Marx endlich wie Plato oder Parmenides zu lesen, läßt die Paradoxie des Althusserschen Unternehmens noch krasser hervortreten:[34] innerlich widersprüchlich war der Versuch, eine Rückkehr zu Marx strukturalistisch zu untermauern; er konnte nur in Aporien versanden und sich vor allem den Weg zur Geschichte und zur Praxis versperren. Da, wo Gefahr ist, wächst das Rettende auch – und umgekehrt! Indirekt trug Althusser zur allgemeinen Disqualifizierung des Marxismus bei, die andernorts durchaus bewußt und absichtlich unternommen wurde.

Auf eine ähnliche Diagnose der französischen Entwicklung läuft Foucaults Antrittsvorlesung im Collège de France 1970 hinaus:

> »Sei es in der Logik oder der Epistemologie, *mit Marx* (hervorgehoben von G. R.) oder mit Nietzsche ist unsere Zeit insgesamt darum bemüht, sich von Hegel loszulösen.«[35]

Ähnlich äußert sich auch Gilles Deleuze 1968 in seiner Habilitationsschrift, die mit einem Inventar der herrschenden geistigen Strömungen anfängt:

»(Alle) können einem um sich greifenden Anti-Hegelianismus zugeschrieben werden: Differenz und Wiederholung sind an die Stelle des Identischen und des Negativen, der Identität und des Widerspruchs getreten.«[36]

Fing die Rezeption von Marcuses Werk früher an als die der übrigen Vertreter der Kritischen Theorie und erreichte sie um 1968 einen Höhepunkt, so beruhte sie im Grunde doch auf Mißverständnissen; Marcuses »Freudo-Marxismus« war zu hegelisch, um mit dem dominierenden Strukturalismus und Lacanismus anders als oberflächlich vereinbart werden zu können. Und vor allem: In den Jahren nach 1968 bemächtigte sich die Kritik an der Vernunft als Herrschaft des ganzen französischen Denkens; fremd mußte ein Vorhaben bleiben, das vom Inneren der Rationalität her deren Selbstmord denunzierte und das in ihr verdrängte emanzipatorische Potential zu aktivieren suchte. Als einer der ersten hat J. M. Benoist in *Marx ist tot* Marcuse ins Licht des deutschen Idealismus gestellt, um ihn aus eben diesem Grund zusammen mit Marx zu verdammen.[37]
Hat Foucault in den sechziger Jahren begonnen, die Funktion der Vernunft als Machtapparat zu untersuchen, und dadurch die Gleichsetzung von Vernunft und Herrschaft vorbereitet,[38] hatte Lacan aus anderen Gründen dieselbe Identifizierung vorgenommen und so, zu der Zeit, als Marcuse bekannt wurde, die Vermittlung von Marx und Freud untergraben, so erklären Lyotard und Deleuze um 1970 den Historischen Materialismus, seine Lehre vom Klassenkampf, in denen sie Formen dieser Vernunft in der Geschichte sehen, als obsolet: Für Deleuze gibt es in der Geschichte eine einzige Klasse, die der Knechte und Sklaven, die sich gegenseitig unterdrücken.[39] Im Gefolge dieser erneuten Disqualifizierung des Marxismus verschwindet bei Lyotard, der in *Dérive à partir de Marx et Freud* und in *Economie libidinale* (1974) von ähnlichen Ansätzen ausgeht, die

Geschichte selbst. So wie Deleuze nicht imstande ist, die geschichtliche Perspektive zu retten[40], weil dieselbe Klasse und dieselben Individuen ihre Begierde bald in schizoid revolutionärer Form, bald in paranoid reaktionärer Form ausdrücken, verzichtet Lyotard auf eine Geschichtsphilosophie in praktischer Absicht.
Lyotard stellt seine »Libidinale Ökonomie« so vor:

»Warum ›libidinale Ökonomie‹? Um das Triebhafte der Politischen Ökonomie und *gelegentlich* (hervorgeh. v. mir) das Politische der Triebe aufzuzeigen. Wir setzen hier jenseits einer Philosophie des Subjekts und jenseits jeglichen Materialismus an . . . Wir brechen also mit jeglicher Semiotik, Dialektik oder gar Kritik, die allesamt ein Denken des Negativen sind. Wir pochen auf Intensitäten von Affekten, die sich im ›Denken‹ verbergen . . .«

In diesem Sinn war die Wahrheit des revolutionären Denkens ein bloßes Ideal – gar keine Wahrheit, sondern eher der Ausdruck einer »Wahrheitsbegierde«, die sich ihrem Wesen nach keineswegs von dem religiösen Glauben an die Wahrheit unterschied.[41] Und so war auch die Geschichte selbst bloß erdichtete Erzählung, die von dieser Begierde erzählte:

»Die Welt wird zu einer Fabel, die Welt als solche ist nur Fabel: mit Fabel meint man etwas, was erzählt werden kann und nur in der Erzählung existiert; die Welt ist etwas, was man erzählt, ein erzähltes Ereignis und demzufolge eine Interpretation: Religion, Kunst, Wissenschaft, Geschichte sind ebenso viele verschiedene Weltdeutungen, ebenso viele Variationen der Fabel.«[42]

Was man Logos nannte, war also nur Mythos. Gegen den Universalitätsanspruch des Logos fordert Lyotard den Polytheismus und in seinen »Anweisungen zum Paganismus« eine »Logik des Kairos« (der Gelegenheit).[43] Vergebens wird man dieser Rede vom »Ende der Geschichte« entgegnen, daß sie nur die besondere Lage des Spätkapitalismus ontologisiert, daß die Skepsis gegenüber der Geschichte einem Defizit an Motivationen entweder traditioneller Art oder noch metareligiöser und vernünftiger Art entspricht,[44] daß sie in anderen Worten die scheinbare Aussichtslosigkeit des Spätkapitalismus mangels angemessener Analysen fabelt, vergebens wird man einwenden, daß die Logik des Kairos in der heutigen Lage einer wirklich zersplitterten Emanzipation in den Dienst einer neuen Logik der Geschichte, mit Berücksichtigung fragmentarischer Widersprüche und Revolten, gestellt werden kann,[45] sie hat uns schon – *disqualifiziert*.

Das Unheil dieser »Überwindung der Geschichte« besteht darin, daß sie in den nächsten Jahren allen möglichen reaktionären Bewegungen Argumente liefern wird. Der »Neuen Rechte« dient der Überwinder Nietzsche zur Aufblähung des »ungleichen Individuums«, des einzigen Menschen, der nach Deleuze selber sich von den sklavischen Massen absondert[46]. Auch die »Neuen Philosophen« werden das Bedürfnis durch die Begierde ersetzen und sich das Ökonomische ersparen.

Eines sei hier immerhin klar: Wir zitieren niemanden vor das oberste Gericht der Geschichte; wir bestellen nicht den Historischen Materialismus zum Richter, als handelte es sich um eine Person, die andere richten könnte. Person bedeutet Identität, und die Identität möchten wir aus geschichtlichen Gründen dahingestellt lassen. Um so weniger identifizieren wir Foucault, Lyotard, Deleuze, die Neuen Philosophen und, um gutes Gewicht zu geben, die Neue Rechte. Was wir vor Augen haben, ist weniger eine Schule als die große Ebbe des Historischen Materialismus. Auf dem bloßgelegten Sand machen sich die verschiedenartigsten Unternehmen breit, sowohl beachtenswerte als auch der ausgetretenste Abklatsch der Rechten.

Aber auch eine Ebbe ist eine Flut. Von allen Seiten her eilen dem *Mythos* und dem Anti-Monotheismus Verstärkungen entgegen. Es ist gar nicht so einfach und leicht, wie man denken könnte, den Punkt zu entdecken, wo konsequente und ehrliche Forschungen plötzlich eine Modeerscheinung anpacken, sie ausnutzen und gleichzeitig auch gedeihen lassen. Auf jeden Fall werden Anregungen zu Denkschemata, die sich verbreiten und bald auf allen Ebenen des geistigen Lebens, von den solidesten bis zu den vulgärsten, sich breitmachen. Der Gedanke des Polytheismus findet sich etwa bei einigen der Neuen Philosophen (Bernard Henri Lévy) wieder. Er findet sich jüngst auch am Ausgang der Forschungen Gilbert Durands über die Strukturen des Phantastischen, und einer von den Ideologen der Neuen Rechten stimmt auf ihn in der traditionellen Zeitung der Rechten – *Le Figaro Magazine* – einen Lobgesang an. »Der Mythos ist das Vorbild der Geschichte«, schreibt Durand, »und nicht umgekehrt. Ohne die mythischen Strukturen wäre gar kein historisches Wissen möglich gewesen.« Durand lehnt also den Logos und jede Art von dualistischem Denken – Trennung des Leibs und der Seele, des Geists und der Materie – entschieden ab, weil sie das Abendland zur Schizophrenie verurteilten. Den Monotheismus zeiht er der Entstehung der autoritären modernen Staaten und polemisiert auch gegen die nivellierende Utopie des Sozialvertrags, die der vereinheitlichende Universalitätsanspruch des Logos begründet hat. Es sind Gedanken, die einerseits an Deleuze und Lyotard erinnern, aber auch an die Neuen Philosophen, die sich Metaphysiker nennen, weil ihre neue Denkart an der traditionellen Metaphysik des Leibs und der Seele rüttelt.[47]

Zwar hat die Kritische Theorie selber, in der *Dialektik der Aufklärung* (1944), im *Autoritäten Staat* (1942) sowie in *Eclipse of Reason* (1947) die Vernunft für einen tief in der Menschenseele und in den Denkstrukturen verankerten Totalitarismus verantwortlich gemacht, aber ohne aus diesem Grund die Geschichte zu *disqualifizieren*. In der *Dialektik der Aufklärung* wird vielmehr gezeigt, wie der Mythos selbst die spätere Entwicklung der Vernunft in nuce enthielt, so daß auch hier keine prinzipielle Wesensverschiedenheit von Mythos und Logos behauptet wird. Ganz im Gegenteil setzt die heute notwendig gewordene »Reform des Denkens«, d. h. die Reform einer instrumentalistisch und dualistisch halbierten Vernunft die Anerkennung der Einbildungskraft, der Phantasie voraus.[48] Die vom Interesse an der Verfügungsgewalt geleitete Vernunft hat sich dermaßen universalisiert, daß sie heute nicht mehr imstande ist, das Unterschiedliche, Besondere, Einzelne zu erfassen. Deshalb fordert Adorno als Erkenntnismodell die »Konstellation«, die zwar den Universalitätsanspruch des Logos und seines allmächtigen Subjekts bestreitet, aber nichtsdestoweniger Subjekt-Objekt ist; Adorno hält mit seinem Erkenntnismodell fest an Hegels Kritik bloß verständig fixierter Dualismen, ohne deswegen den Logos zu hypostasieren.

In dem Vorwort zur Neuauflage seines Buchs *Der unauffindbare Marxismus*[49] drückt Daniel Lindenberg die völlige Erschöpfung des Historischen Materialismus in Frankreich unumwunden aus; 1973–74 habe er mit seinem Buch bezweckt, »den Historischen Materialismus zu öffnen«, »ihn zum Gärungsmittel einer erneuerten Linken« zu machen; 1979 scheint ihm ein solches Vorhaben einfach unzeitgemäß. Was hier zur Sprache kommt, ist die Bilanz der Disqualifizierung des Marxismus.

In Wahrheit sind nicht einige Starkgeister, die auf der geistigen Bühne das große Wort führen, dafür verantwortlich zu machen. Weniger noch eine kleine Schar von reaktionären Denkern, die die philosophische Macht erobert hätten. Weder die Neuen Philosophen noch die Neuen Rechten (bei denen wir nicht verweilen wollen)[50] haben den Marxismus »getötet«. *In gewissem Maße hat dieser vielmehr Selbstmord begangen* oder ist jedenfalls an Krankheiten gestorben, die er sich selbst zuzog. So haben wir bereits oben verdeutlicht, wie bei Althusser das Rettende zur Gefahr wurde, indem der Historische Materialismus dem strukturalistischen Feind Rechnung tragen mußte. Schlimmer noch war die absolute Macht, die die Althussersche Deutung nach 1968 ganz im Sinne einer Restauration über die marxistische Philosophie ausübte oder ausüben wollte. Der Bumerang-Effekt ließ nicht auf sich warten, den keine »Biegung des Stocks« – um Althusser zu parodieren –[51] mildern konnte. Bei aller Reinigung der Atmosphäre hatte nämlich der Althusserismus die hemmende Wirkung übernommen, die früher die massive Orthodoxie der KPF ohne ihn ausgeübt hatte. Die Konflikte zwischen Althusser und der Partei, die ihn bald in seinem Ghetto sitzen ließ und bald ihm nähertreten schien, verraten die politische Bedeutung seines Unternehmens: Es ging um das Verhältnis der Partei zu ihren Intellektuellen.[52] Aus diesem Grund wurde das Althussersche Regiment so unerträglich wie die KPF selber. Eine Zeitlang herrschte zwar noch eine schöne Harmonie; aber nach der Niederlage der linken Union bei den Parlamentswahlen von 1978 stellten selbst die Intellektuellen die Strategie der Partei in Frage. Althusser veröffentlichte die Flugschrift: »Was in der KPF nicht mehr dauern kann«.[53] Paradoxerweise wahrte er so den Schein – nur diesen. Denn nur die große Hoffnung der linken Union konnte noch die traurige Lage des französischen Marxismus verbergen. Dieses Aufflackern der letzten Lebenskräfte des Marxismus konnte sich nicht mehr auf eine epistemologische Wiederbelebung stützen wie die Althussers im Jahre 1965; man mußte sich mit Jean Ellenstein abfinden. Auf der philosophischen Bühne unauffindbar geworden, erleidet der französische Marxismus, der ebenfalls die Stunde der Geschichte verpaßt hat, »eine Panne mitten auf der Landstraße«, wie V. Descombes gesagt hat.[54] Am Horizont läßt sich nichts erblicken – weder an dem der politischen Strategie, noch an dem der Theorie. Indem sie für die Auferstehung der linken Union kämpfen, verraten die Intellektuellen, daß die politische Strategie oder Taktik die Eiserne Lunge des Historischen Materialismus war. Man darf mit V. Descombes sagen:

»Was beunruhigt denn diejenigen, deren Denkweise in Jean Ellenstein ihren treuen Wortführer findet? Zuerst und vor allem gar nicht die zunehmende Arbeitslosigkeit, die wachsende Kriegsgefahr, usw., sondern vielmehr der Umstand, daß Arbeitslosigkeit und internationale Spannungen in dem Augenblick zunehmen, wo die Ideale verkümmern. Für sie gibt es also neben Krieg und Arbeitslosigkeit noch Schlimmeres: daß das Unglück gerade zu der Zeit geschieht, wo wir es nicht mehr im Rahmen einer ›Weltanschauung‹ beherrschen können ... Da begnügt sich Ellenstein mit wenig: der eurokommunistische Kommunismus ist sein Mann ... Garaudy ist hingegen derjenige, der am wenigsten mit den Mitteln knausert: um die große Lücke auszufüllen, genügen ihm alle vergangenen und gegenwärtigen Ideale der Menschengeschichte kaum ... Die Aufgabe, vor welche sich die Intellektuellen oder diejenigen, die sich so nennen, gestellt sehen, ist klar ... Sie besteht darin, in aller Eile die Idole wieder aufzurichten, damit der Motor der Geschichte nicht stillstehe.«

3. Herr und Herrschaft – die Neuen Philosophen – Kritik der Herrschaft – der Eintritt in die Postmoderne

Die Neo-Metaphysiker, wie sie sich selbst nennen,[55] haben vor diesem auffälligen Bankrott des Marxismus von der tiefen Erschöpfung des Historischen Materialismus profitiert und sich nach der strukturalistischen und Althusserschen Mode bemüht, durch eine wiederum neue Mode jede Erneuerung des Marxismus zu verhindern. Das ab 1975 einsetzende Zurücktreten des Althusserismus kam ihnen ebenso zugute wie der mächtige Kreuzzug gegen die Vernunft als Herrschaft.[56] Sie stellen sozusagen die populärphilosophische Form dieser philosophischen Kampagne dar. In den Jahren 1977–78, vor den Parlamentswahlen, hat man zunächst glauben können, daß die Neue Philosophie ein bloßes politisches Manöver bzw. Wahlbeeinflussung war. Auch engagierte sie sich mit massivem Einsatz der Medien und des ganzen Reklamewesens für Giscard d'Estaing und gegen die Linke Union.[57] Deleuze nahm als einer der ersten gegen die Neuen Philosophen Stellung und denunzierte dieses Engagement in einem kurzen Pamphlet, das mit der Zeitschrift *Minuit* verbreitet wurde. Aber weit mehr als man damals zugeben mochte, war die Neue Philosophie in der wirklichen französischen Entwicklung verankert, was nur die Fülle von Wahldebatten verborgen hat. Was sie ausposaunte, war der Generalnenner der geistigen Lage in Frankreich: *die Disqualifizierung des Marxismus*, wie es damals Oskar Negt in *Alternative* hellsichtig betonte.[58] In einem Gespräch mit Maurice Clavel, dem Papst der Neuen Philosophen, meinte Philippe Sollers, der selber eine Zeitlang der Neuen Philosophie nahestand:

»Das XX. Jahrhundert würde ich deuten als das Zeitalter des Verrats, den die Marxisten selber am Marxismus begingen, als die Entartung und Verzerrung des Marxismus.«[59]

Für die einen ist der Marxismus schon tot und seine politischen Organisationen im Zustand der Zersetzung (vgl. J. M. Benoist, *Chronique de décomposition du PCF,* 1979); für die anderen (vgl. Lévy, *La Barbarie à visage humain*, 1977) geht es ihm besser als nie zuvor. Aber alle nutzen dieselbe Zweideutigkeit aus und setzen die politischen Praktiken mit den Theorien gleich. Mehr denn je wird hier das Essen des Puddings zum Beweis erhoben. Pathetisch inszenieren sie ohne politische Analyse den Stalinismus, den Faschismus, Mai 1968 und den Gulag, die so zu einer bloßen Bühnenausstattung oder gar zu Mythen werden (s. u. a. Lévys Vorwort zu *La Barbarie à visage humain*). Sie geben sich weniger für Theoretiker als für Essayisten und *Moralisten* aus (ebd.), was an die lange Tradition der Pamphletisten und Moralisten von rechts erinnert. Geschah in den bis jetzt dargestellten Theorien die Disqualifizierung des Marxismus auf eine Weise, die doch noch eine Auseinandersetzung mit ihm voraussetzte, so ist sie hier bloßer Gewaltstreich, aber sie kann sich freilich auf die bereits allenthalben vollzogene Entkräftung des Historischen Materialismus stützen. Dies leuchtet aus den Mottos der Neuen Philosophen hervor: 1. Alles ist Sprache (»discours«; vgl. hierzu Foucault). 2. Die Sprache der Vernunft ist die der Gewalt – Vernunft ist nichts anderes als Herrschaft. 3. Der Marxismus ist die Barbarei. 4. Jede politische Weltanschauung ist zu verwerfen.[60]

Besondere Aufmerksamkeit soll freilich den Büchern von André Glucksmann geschenkt werden, dem einzigen, der gegen seine Mobilmachung im Dienste der Neuen Philosophie protestiert hat (*L'Express*, 18. 7. 1977). Aber auch Glucksmann identifiziert Vernunft und Herrschaft: Die philosophische Tradition des Abendlandes ist von jenem Willen zur Macht beherrscht, der sich in den modernen Staaten als Terror niederschlägt. Darauf fußt seine Ablehnung des Marxismus.[61] Die Vernunft war immer die Wissenschaft vom Staate; so ist denn auch der Marxismus die Wissenschaft vom sowjetischen Staat. Durch solche pauschalen Gleichsetzungen verhindert die Neue Philosophie eine ernste Untersuchung der politischen Rationalität und ihrer Verhältnisse zu bestimmten Formen der Wissenschaft. Glucksmann sagt uns nie, ob er die Hegelsche Staatswissenschaft meint oder die stalinistische Kodifizierung oder noch den wissenschaftlichen Historischen Materialismus Althussers; er sieht vielmehr all das zusammen und fügt offenbar auch noch die technokratische Rationalität, sowohl die westliche als auch die östliche, hinzu. So wird jene Kritik der Rationalität umgangen, die den zentralen Beitrag der Kritischen Theorie darstellt. Der pauschale Angriff gegen die Wissenschaft ersetzt die genaue Destruktion, zu welcher die Kritische Theorie uns verholfen hätte.[62]

Dem Staat und seiner »Wissenschaft« stellt Glucksmann das Volk der armen Leute gegenüber; gleichzeitig aber spricht er diesem die Fähigkeit ab, Träger der Geschichte zu sein. Bei Lévy wird dasselbe Glaubensbekenntnis leicht variiert: Für ihn sind die geschichtliche Zeit und die Zeit der Herrschaft gleicher Natur, so daß Herrschaft und Geschichte eins sind. Und an diesem Punkt taucht das Thema des *Endes der Geschichte* auf: Es erst würde der Herrschaft ein Ende setzen (was Lyotard allerdings nie sagte). Auf ein ähnliches Diktat laufen Gluckmanns und Lévys Argumente hinaus: »Eine Geschichte, die der Ort und die Entwicklung eines Revolutionsplanes wäre, existiert nicht.« (*La Barbarie* . . ., S. 73)

Alle Neuen Philosophen sind darum bemüht, den Gedanken einer historischen Befreiung zu diskreditieren, und alle sprechen sich gegen den trügerischen Optimismus der Geschichtsphilosophien und insbesondere des Marxismus, für einen hellsichtigen *Pessimismus* aus. Nach solchen Sophismen, die zum Teil der karikierte Abklatsch tiefer Entwicklungslinien der ganzen Moderne und der französischen Philosophie seit 1968 sind, konnte die Wiederaufnahme der Antithese Monotheismus-Polytheismus nicht ausbleiben: Der Optimismus der Geschichtsphilosophie wird verworfen, weil er die säkularisierte Form der christlichen Eschatologie darstellt (ebd., S. 205). Der autoritäre Staat hebt nicht die Religion auf, sondern macht sie sich in profaner Form zu eigen (ebd., S. 162). Deshalb ist die einzig mögliche Revolte ein »moralischer und religiöser Widerstand gegen das Böse«. Aber so radikal sind die Neuen Philosophen

dann auch wieder nicht: Sie greifen nicht auf den Polytheismus zurück, sie suchen vielmehr, wie Philippe Némo in seinem Hiob-Buch oder B. H. Lévy im »Testament de Dieu«[63], innerhalb der monotheistischen Tradition das Vorbild ihrer Revolte gegen das heiliggesprochene Gesetz.
Bevor wir auf andere Konstruktionen der Revolte eingehen, muß auf die konkurrierenden Deutungen der Kritischen Theorie hingewiesen werden – Deutungen, deren Rezeption ausgeschlossen wird sowohl vom Pessimismus und Anti-Marxismus der Neuen Philosophie als auch und vor allem von dem Nietzscheanismus Deleuzes und von seiner und Lyotards Disqualifizierung jeder optimistischen Geschichtsphilosophie. Die Revolte gegen das Böse stellt das Problem der Theodizee, das einerseits Ernst Bloch und andererseits der Begründer der Kritischen Theorie, Max Horkheimer, in ganz anderem Sinne behandelt haben. Sucht Bloch in der Bibel »den roten Faden der Revolte«, so handelt es sich eben bei ihm um einen Leitfaden, der sich durch die ganze *Geschichte* hindurchzieht und aus der Bibel das große Buch der Beladenen und Erniedrigten macht. Hier setzt das Hiob-Thema keineswegs eine Anerkennung des metaphysisch Bösen voraus, sondern erhebt vielmehr den Proleten zum »Dritten Hiob«, nach dem des Alten Testaments und nach Voltaires Candide. Der Frage, ob dieser zeitbeständige Glaube an das Proletariat bei Bloch noch zeitgemäß ist, möchte ich hier nicht nachgehen; ich begnüge mich mit dem Hinweis, daß er die utopische Aktivierung anderer Formen des Widerspruchs nicht verhindert. Bei Horkheimer finden wir jedenfalls diesen unberührten Glauben nicht mehr, wie schon im ersten Teil dieses Textes bemerkt wurde. Seit den dreißiger Jahren und bis hin zu seinen letzten Texten (etwa *Kritische Theorie gestern und heute*), an denen man öfters und zu Unrecht Revision und Resignation nachweisen wollte, nehmen die Motive des Pessimismus, des Bösen und der Theodizee in Horkheimers Werk eine zentrale Stellung ein. So darf er 1968 im Vorwort zur Neuauflage von »Traditionelle und Kritische Theorie« behaupten: »Der metaphysische Pessimismus, impli-

zites Moment jedes genuinen materialistischen Denkens, war seit je mir vertraut.« Im folgenden Kapitel[64] wird gezeigt, daß man diesen Hinweis ernst nehmen muß: Als theoretischer Pessimismus (Pessimismus gegen die Theorie) und praktischer Optimismus ergänzen sich beide dialektisch; der Pessimismus hütet die Kritische Theorie vor der optimistischen Täuschung eines Scheinsiegs, den sie *in der Geschichte* noch lange nicht davongetragen hat.

Anstatt den Historischen Materialismus zu *ersetzen*, wird hier das Metaphysische selbst in den Dienst der Kritischen Theorie gestellt. Äußerungen Adornos über Spengler im Jahre 1938 (»Spengler nach dem Untergang«, in *Prismen*)[65] belegen ebenfalls, daß die Einsicht in die bisherigen Auswirkungen der *Vernunft als Herrschaft*, jenes allgemeine Motiv der ganzen französischen Entwicklung seit 1968, keineswegs die Dialektik und den Historischen Materialismus entkräften, da ohnehin *diese* Vernunft das Resultat einer *Dialektik* der Vernunft gewesen ist. Deshalb muß auch der Versuch, ihr zu entgehen, dialektisch und historisch sein.

Aber die Auffassung der Revolte setzt bei den Neuen Philosophen ganz anders an und bedient sich hier wieder der philosophischen Themen, die vor ihnen Lacan und Foucault, dann Deleuze und Lyotard entwickelt haben.

Immer wieder pochen die Neuen Philosophen auf ein Wort: *Begierde*. Bei Jean-Paul Dollé handelte es sich 1974 um die »Revolutionsbegierde«: Was Marx bewog, wenn wir Dollé glauben wollen, war die »Begierde«, »die mächtigen und reichen Staaten, welche die anderen und deren Bürger unterdrükken, loszuwerden«.[66] Dollé scheint sich um eine konsistente Bestimmung dieser pauschalen »Begierde« wenig zu kümmern. Es geht ihm eher darum, in seiner Darstellung des Marxismus das materialistische Thema des *Bedürfnisses* durch die Begierde zu ersetzen und sich so – wie so viele andere vor ihm – das Ökonomische zu ersparen. Diese hochtrabende Begierde findet sich mit bescheideneren Zügen bei Glucksmann wieder; sie wird rein negativ bestimmt und bedeutet bloß den *Wunsch*,

»nicht mehr unterdrückt zu werden«. *(Köchin und Menschenfresser)* Daß man mindestens seit Freud der Begierde eine Ökonomie zuerkannt hat, schert den Neuen Philosophen nicht. Seine Begierde begehrt ja nichts – ist nur eine Begierde »gegen« etwas, in diesem Fall gegen die Herrschaft: ein bloß reaktives Moment, der Reaktion Kompression-Auspuff nicht unähnlich. Von einer Begierde, die noch versuchen würde, etwas geltend zu machen (wie dies noch bei Deleuze der Fall war), ist hier überhaupt nicht mehr die Rede. Die neue Auffassung der Begierde, die Deleuze und Lyotard vorgeschlagen hatten – die Rede von »Triebapparaten«, in welchen Impulse und Intensitäten zirkulieren[67] –, finden die Neuen Philosophen noch allzu positiv (vgl. Lévy, *La Barbarie à visage humain*, wo er gegen Deleuze und Lyotard Stellung nimmt). Diese Zirkulation von Intensitäten wollen die Neuen Philosophen an Unsituierbarkeit überbieten; alles erscheint bei ihnen als unumgänglich und unsituierbar zugleich: die Macht, die Herrschaft, der Herr (eine Erinnerung an Foucault), aber auch umgekehrt die Dissidenz, die Rebellion.[68] In *Le Monde* (19./20. 6. 77) wies Deleuze darauf hin, daß die Neuen Philosophen immer mit pauschalen Begriffen – DER Herr, DIE Herrschaft, usw. – zu Felde ziehen, Entitäten, die gerade deshalb sowohl unsituierbar als auch unumgänglich sind. Worauf Régis Debray in *Le Nouvel Observateur* vom 13. 6. 1977 erwiderte, sie hätten immerhin auf einen bedeutenden Mangel der marxistischen Theorie aufmerksam gemacht, nämlich auf den nicht ausgeführten Unterschied zwischen Herrschaft und Ausbeutung.[69]

Dieser Unterschied, der, ohne Zweifel, der Kritischen Theorie nicht fremd ist, wirkt sich nun auf ihre Rezeption mächtig aus, dort nämlich, wo diese Rezeption im Zeichen einer *Kritik der Herrschaft* unternommen wird. Wir sehen uns hier zugleich mit den einzigen isolierten Ansätzen einer solchen Rezeption konfrontiert, während wir bis jetzt unsere Hermeneutik der Rezeption gar nicht an einer Wirkungsgeschichte orientieren konnten.

Unter den wenigen Ansätzen einer aktiven Rezeption ist zunächst Miguel Abensours Reihe »Critique de la Politique« beim Payot-Verlag zu erwähnen. Da wurden seit 1975 wichtige Übersetzungen sowie auch historische und kritische Untersuchungen veröffentlicht (etwa Martin Jays *Dialectical Imagination* oder Trent Schroyers *Critique of Domination*). Die Ziele der Reihe drücken sich in einem kurzen programmatischen Text aus, der jedem Band beigefügt wird. Aber gerade in diesen Texten läßt sich erkennen, daß man im Namen einer Kritik der Herrschaft das Verhältnis zur Kritischen Theorie *instrumentalisieren* möchte, anstatt sich mit ihr auseinanderzusetzen. Schlimmer noch: Der Vorsatz, die Kritische Theorie als Kritik der Herrschaft darzustellen, verändert deren Absicht der Neuformulierung und Wiederbelebung des Historischen Materialismus – so als wollte man vor allem verhindern, daß die Kritische Theorie in Frankreich zu einer Erneuerung des – wie gezeigt – weitgehend disqualifizierten Marxismus anregt. Rein tautologisch schließt man hier, indem man die Originalität einer Kritik der Herrschaft behauptet, jede Neuformulierung des Historischen Materialismus aus, die auf dieses vermeintlich neue Unternehmen einen Schatten werfen könnte. Erklärt das Manifest der Reihe seine Intention, die verschüttete Dimension einer »Kritik der Politik« herauszuarbeiten, so meint es dieses Vorhaben *gegen* die Kritik der Politischen Ökonomie, die »eine solche Kritik der Politik weder umfaßt noch umfassen kann«. Obwohl sie u. a. aus der Reaktion gegen Althusser erwuchs, scheint diese Auffassung die Althussersche These eines Bruchs in Marx' Entwicklung zu unterschreiben und gerade an das wiederanknüpfen zu wollen, was mit dem Bruch verlorenging: jene Kritik der Politik, von der Marx in seiner Einleitung zur Kritik der Hegelschen Rechtsphilosophie 1843 spricht. Auf jeden Fall denkt Abensour, daß auch Althussers »relative Autonomie des Politischen« der Spezifizität der Herrschaft nicht gerecht wird. Denn

»die Kritik der Politik beruht auf der prinzipiellen Unterscheidung zwischen Ausbeutung und Herrschaft. Andere Zusammenhänge erfassend und mit einem anderen Konzept arbeitend, kann sich die Herrschaft weder auf die Ausbeutung reduzieren noch für eine sekundäre Form derselben gehalten werden, selbst wenn einige die relative Autonomie des Politischen zugeben«.

Die bis jetzt erschienenen Studien zu dieser spezifischen Dimension haben dennoch die genau umgekehrte Reduktion der Kritik auf Herrschaft nicht vollzogen. So etwa das Buch von Trent Schroyer. Zwar schreibt er:

»Jede zeitgemäße kritische Theorie muß mit einer Kritik an Marx beginnen. Während Marx glänzend eine epochemachende Theorie der Krise *(Das Kapital)* zu entwerfen wußte (...), können wir uns heute der Einsicht nicht entziehen, daß die Natur der Herrschaft in der verwissenschaftlichten Zivilisation unserer Zeit sich nicht auf Entfremdung und wirtschaftliche Ausbeutung beschränkt.«

Aber er fügt sofort hinzu:

»Fast alle Theoretiker, die die marxistische kritische Theorie umformuliert haben, bemühten sich darum, ihr eine soziokulturelle Tragweite wieder zu verleihen und füllten so eine bei Marx so auffällige Lücke aus.«[70]

Schroyer will weder Marx diskreditieren (S. 14), noch dessen Mängel verschweigen. Der Hinweis auf die »kritischen Theoretiker« zeigt dennoch, daß er die Kritische Theorie nicht in den Dienst einer Disqualifizierung des Marxismus stellen will. So erörtert er auf S. 158 eindeutig, daß »eine dialektische kritische Theorie weder durch Marx noch durch Habermas allein, sondern erst durch Marx *und* Habermas ermöglicht wird«. »Wir sollen uns weiter auf die umfassendste aller Theorien der geschichtlichen Tendenzen stützen, nämlich auf Marx.« (S. 160)

Man kann in Wahrheit nicht leugnen, daß auch die Kritische Theorie, aufgrund der Einsicht, daß »die objektiven Kräfte der kapitalistischen Entwicklung nicht mehr automatisch den Klassenkampf erzeugen« (Schroyer, S. 13), die Kritik der Herrschaft und deren Rationalität als eine notwendige Komponente, bzw. unerläßliche Ergänzung des Historischen Materialismus auffaßte. Daraus entsprang die *Dialektik der Aufklä-*

rung; auch Habermas' *Erkenntnis und Interesse* (1976) kämpft gegen die ökonomistische Halbierung des Marxismus (vgl. Schroyer, S. 135). Eine solche Reduktion des Historischen Materialismus war übrigens schon in *Traditionelle und Kritische Theorie* (Nachtrag) entschieden abgelehnt worden (ohne deshalb mit der Kritik der Politischen Ökonomie zu brechen, wie Schroyer auf S. 126 mit Recht betont). Die Kritik der herrschenden Rationalität, die man dann aus diesen Ansätzen entwickelte und die heute bei Habermas ihre aktuellste Formulierung erhalten hat, wollte weder auf die Vernunft verzichten (sondern vielmehr ihre Selbstzerstörung überwinden) noch das Ökonomische ausschalten. Die dialektische Überwindung der reduzierten (technisch-wissenschaftlichen) Rationalität erfolgt vielmehr – so in Habermas' *Legitimationsprobleme* – im Rahmen einer konkreten historischen Dialektik der Herrschaftsdimension (Beherrschung der inneren Natur) und der Beherrschung der äußeren Natur (Produktivkräfte).[71] Die Kritische Theorie der Frankfurter Schule weist also jede Reduktion der Herrschaft auf Ausbeutung zurück und versucht, ihre Verhältnisse zu rekonstruieren, insofern als die Wandlung des Kapitalismus in den letzten Jahrzehnten eine angemessene Erfassung solch entscheidender Erscheinungen wie Staat, Bürokratie, Wissenschaft und Technik *als Ideologien und erste Produktivkraft* erfordert (s. hierzu Schroyer, S. 137 u. 233). Widersinnig wäre heute die Auffassung der Herrschaft als sekundäre Erscheinung der Ausbeutung; umgekehrt wäre aber auch eine Trennung zwischen Ausbeutung und Herrschaft unsinnig. Die Gefahr einer programmatischen Kritik der Politik besteht also *unter den heutigen französischen Umständen* darin, daß sie zur Abkehr vom Historischen Materialismus beitragen könnte.

Unter den wenigen Kreisen, die sich in den letzten Jahren aktiv mit der Kritischen Theorie beschäftigt haben, ist zweitens die Zeitschrift *Esprit* zu erwähnen. Auch hier bleibt der Ansatz ziemlich zweideutig, obwohl er ausdrücklich auf eine Kritik der Politik und die Beförderung einer »neuen Kultur« abzielt. Vor allen Dingen soll hier mit Dank die Arbeit in den Reflexionsgruppen der Zeitschrift begrüßt werden, zumal wiederholt (insb. 1977 und 1979) der Beitrag der Kritischen Theorie herangezogen wurde. Bezieht man sich aber ausschließlich auf die Sondernummer über die Frankfurter Schule vom Mai 1978, so wird man ziemlich enttäuscht sein. Vor allem wegen der undeutlichen Vorstellung, die die Autoren von der »Frankfurter Schule« haben; es wird nicht versucht, diese anhand eines theoretischen Kerns und Grundanliegens namens »Kritische Theorie« zu bestimmen. Einige der Beiträge verfallen dem Anekdotischen (über die Verhältnisse zwischen Landsberg und *Esprit*); andere, die einen nicht unbedeutenden Teil der Nummer ausmachen, legen den Akzent auf jene mythische Figur, die Benjamin für die französische Rezeption immer gewesen ist.[72] Ein rein literarisches Interesse einerseits, die Frage des Judentums andererseits ersetzen eine eingehende Beschäftigung mit der Kritischen Theorie und ihrer Bedeutung für *Esprit* im Hinblick auf die Kritik der Politik und eine neue Kultur. Dies ist wohl auf den Umstand zurückzuführen, daß diese neue Orientierung der Zeitschrift damals noch verhältnismäßig jung war. Aber in den Beiträgen von O. Mongin und von P. Thibaud, dem neuen Leiter der Zeitschrift, wird einigermaßen klar, was man hier von der Kritischen Theorie erwartet. So sucht O. Mongin in ihr »eine neue Analyse des Politischen und der Geschichte«. Der Hinweis auf Claude Lefort dürfte für das Verhältnis der Kritik der Herrschaft zur ökonomischen Geschichte nicht belanglos sein. 1977 gründete Claude Lefort mit Miguel Abensour (dem Leiter der Reihe »Critique de la Politique«) und Marcel Gauchet eine neue Zeitschrift, *Libre*. In der ersten Nummer dieser Zeitschrift betonte Lefort, daß es ihm nicht darum ging, die Geschichte und die Gesellschaft (als ökonomische Formation verstanden) zu den Akten zu legen, sondern nur das überlieferte Modell der Weltgeschichte. So zieht Mongin aus den letzten Schriften Horkheimers die Folgerung, daß man »von der Geschichte (der philosophischen Weltgeschichte, G. R.) nichts mehr erhoffen kann«. Was also hier wiederum unterstellt wird, ist jene Disqualifizierung des Historischen Materialismus als *praktische Geschichtsphilosohie*, und gerade sie möchte man beim letzten Horkheimer bestätigt finden. Mongin versucht also, Horkheimers Entwicklung als *Scheitern* zu deuten – als ein Scheitern an der Geschichte, die er nicht zu verwerfen wußte. Eine Kritik der Herrschaft (jene Kritik, die Horkheimer nach Mongin eben nicht zustandezubringen vermag) müßte also, um heute in Frankreich rezipiert zu werden, die lästig gewordene Hülle der historischen Dimension ablegen.

Daneben – oder genauer gleichzeitig – geht die *Esprit*-Gruppe auf die Suche nach einer neuen Kultur. In der Sondernummer über die Frankfurter Schule präzisiert Paul Thibaud sein Anliegen und definiert es als den Versuch, »neue Projekte geschichtlich zu aktivieren«. Es geht also vielmehr um ein neues Verständnis der Geschichte als um eine bloße Absage an die Geschichte überhaupt. Soweit die neuen Formen des Widerspruchs und die heute vordergründige Dimension der Herrschaft auch eine neue Auffassung der Geschichte erfordern, könnte doch wohl die *Esprit*-Richtung eine Form der Rezeption darstellen, die wirklich der Kritischen Theorie angemessen wäre. Die Anregungen zu einer neuen Strategie, die in Habermas' *Stichworten zur geistigen Situation der Zeit* (deren Einleitung 1979 in *Esprit* übersetzt wurde) enthalten sind, entsprachen durchaus dem, was man damals von einer aktiven Rezeption der Kritischen Theorie hätte erwarten können, wenn die Disqualifizierung des Marxismus und der historischen Emanzipation nicht bereits zu groß gewesen wären.

Am Ende desselben Jahres wird Lyotard in *La condition postmoderne*, wo er sich als einer der ersten ausdrücklich mit der Kritischen Theorie auseinandersetzt, unverwandt zum Ausdruck bringen, warum das französische Denken sich nicht mehr für diese interessieren konnte: weil sie trotz der faktischen Fragwürdigkeit der Emanzipation nach wie vor an die Vernunft in der Geschichte glaubt. Sie hätte also den Eintritt in die Postmoderne nicht wahrgenommen.

Anmerkungen:

1 Walter Benjamin, »Eduard Fuchs, der Sammler und der Historiker«, in *Gesammelte Schriften*, Bd. II Frankfurt 1977, S. 468.

2 S. *Esprit*, Mai 1978, G. Hoehn/G. Raulet, »L'Ecole de Francfort, bibliographie critique«.

3 Ebd., S. 136f. u. 142.; über Adorno s. S. 137f. u. 143.

4 R. Crevier, »Pour une lecture de l'esthétique d'Adorno«, in *La Nouvelle Critique*, n° 92, März 1976.

5 Zu diesem Problem, vgl. P. L. Assoun/G. Raulet, *Marxisme et théorie critique*, Paris 1978.

6 R. Bubner, »Was ist ›Kritische Theorie‹?« in *Philosophische Rundschau*, 16. Jg., 1969, S. 213ff.

7 Vgl. die größtenteils trotzkistische Argumentation von J. M. Vincent, *La théorie critique de l'Ecole de Francfort*, Paris 1976.

8 Vgl. J. Rancière, *La Leçon d'Althusser*, Paris 1974.

9 Vgl. H. Lefebvre, *L'Idéologie structuraliste*, Paris 1971.

10 Wir meinen das Thema, nicht das Buch *Les Aventures de la dialectique*, das erst 1955 erschien.

11 Vgl. C. Lefort, *Sur une colonne absente*, Paris 1978, S. 73ff.

12 Merleau-Ponty, *Sens et Non-sens*, Paris 1948, S. 339.

13 Ebd. S. 244.

14 Ebd.

15 Ebd. S. 331.

16 Ebd. S. 242.

17 *Humanisme et terreur*, Paris 1947, S. 165.

18 *Les Aventures de la dialectique*, Paris 1955, S. 141f.

19 Ebd. S. 99.

20 Ebd. S. 147.

21 »Autoritärer Staat«, in *Gesellschaft im Übergang*, Fischer-Athenäum 1972, S. 30.

22 *L'Utopie réaliste*, Paris 1977, S. 44f.

23 Über das Verhältnis der KPF zum Staat vgl. ebd. S. 61; s. auch J. M. Vincent, Hrsg. *L'Etat contemporain et le marxisme*, Paris 1975, S. 8 bis 12.

24 Vgl. Raulet, »Retour du religieux et rationalité technocratique«, in *Lumière et Vie*, n° 148, 1980.

25 S. Karsz, *Théorie et politique: Louis Althusser*, Fayard 1974, S. 302.

26 S. in diesem Band das erste Kapitel sowie *Humanisation de la nature, Naturalisation de l'homme – Introduction à la méthode d'Ernst Bloch*, Paris 1982.

27 Vgl. Henri Lefebvre, *L'Idéologie structuraliste*, Paris 1973.

28 S. Raulet, *Humanisation de la nature* . . ., Kap. I, II, 4.

29 Althusser, *Réponse à John Lewis*, Paris 1973, S. 28/30.

30 S. Habermas, *Legitimationsprobleme im Spätkapitalismus*, Frankfurt.

31 *Marx est mort*, Paris 1970; s. das Vorwort, S. 7.
32 Ebd. S. 65.
33 Ebd. S. 247.
34 Ebd., Kap. V u. VI.
35 *L'Ordre du discours*, Paris 1971, S. 74.
36 *Différence et répétition*, P. U. F. 1968, S. 1.
37 »Marcuse, un Aufklärer contre les Lumières«, zuerst in *Critique*, n° 258, Nov. 1958 erschienen.
38 Foucault hält Sokrates für den »Erfinder der abendländischen Vernunft und der kulturellen Unterdrückung«. Die Wurzeln der späteren Gleichsetzung von Vernunft und Macht bei den »Neuen Philosophen« reichen bis in diese Jahre zurück.
39 *L'Anti-Oedipe*, Paris 1972; dt. Frankfurt 1977.
40 Vincent Descombes, *Le Même et l'Autre*, Paris 1979, S. 209f.
41 Lyotard, *Economie libidinale*, Paris, Ed. de Minuit 1974, Kap. »Un désir nommé Marx«.
42 Klossowski, *Un si funeste désir*, Paris 1963, S. 193, dessen Nietzscheanische Thematik Lyotard übernimmt, wie V. Descombes es überzeugend zeigt (a. a. O., S. 210ff.).
43 *Instructions païennes*, , S. 28.
44 Habermas erhebt diesen Einwand gegen Foucault in unserem Gespräch »Où en est le débat public dans les pays occidentaux?«, in *Allemagnes d'Aujourd'hui*, n° 73, 1980, S. 39.
45 S. P. Furter/G. Raulet (Hrsg.), *Stratégies de l'utopie*, Paris 1979, insb. Marins Überlegungen, S. 246ff. sowie meine Einleitung, S. 20ff.
46 *L'Anti-Oedipe*, a. a. O., S. 303. Über die Neue Rechte, s. G. Michaud, in *Critique*, n° 392, Jan. 1980.
47 Über G. Durand, s. *Le Figaro Magazine* vom 4. 10. 1980; über diese These der Neuen Philosophen, s. Aubral/Delcourt, *Contre la Nouvelle Philosophie*, Paris 1977, S. 18.
48 S. die *Dialektik der Aufklärung* und auch Max Horkheimer, *Zur Kritik der instrumentellen Vernunft*, Frankfurt 1967, Vorwort, S. 13: »Mit der Erweiterung des Denk- und Handlungshorizonts durch das technische Wissen, (scheint) die Autonomie des Einzelsubjekts, sein Vermögen, dem anwachsenden Apparat der Massenmanipulation zu widerstehen, *die Kraft seiner Phantasie*, sein unabhängiges Urteil zurückzugehen« (hervorgeh. v. mir). Damit wäre auch Adornos Begriff einer »ästhetischen Erfahrung« (die weder auf Kunsterfahrung noch auf ästhetische Theorie zu beschränken ist) zu verbinden.
49 Daniel Lindenberg, *Le marxisme introuvable*, U. G. E. 1979.
50 Guy Michaud, »Dernier avatar de la frénésie du nouveau: la ›Nouvelle‹ Droite«, in *Critique*, n° 392, Jan. 1980, insb. S. 37–40.
51 »Courbure du bâton«, in Althusser, *Positions*, Paris 1976, S. 133.
52 S. Geerlandt, *Garaudy et Althusser*, Lille 1978.

53 Althusser, *Ce qui ne peut plus durer dans le Parti Communiste Français*, Paris 1978.
54 S. V. Descombes, »La panne en rase campagne«, in *Critique*, n° 392.
55 B. H. Lévy, France Culture, Gespräch mit J. Paugam; zitiert nach Aubral/Delcourt, Paris, Gallimard 1977, p. 18.
56 Den Neuen Philosophen erscheint auch Althusser als eine Gestalt des »Herrn«, der Macht gewordenen Vernunft; s. Aubral/Delcourt, S. 46.
57 So reagierte damals die internationale Presse; auch Aubral und Delcourt legen meines Erachtens einen allzu großen Wert auf diesen Aspekt der Neuen Philosophie (a. a. O. S. 28f. u. S. 33).
58 Oskar Negt, »Intellektueller Abgesang«, in *Alternative* Nr. 116, Oktober 1977.
59 Clavel/Sollers, *Délivrance*, Paris 1977, S. 26.
60 S. Aubral/Delcourt, S. 27.
61 Über Fichte, Hegel, Marx, s. *L'Express* 18. 7. 77; s. auch *La Cuisinière et le mangeur d'hommes*, S. 67f.
62 Über die Wissenschaft, s. Dollé in Aubral/Delcourt, S. 53ff.; die Wissenschaft ist nur Wissensbegierde – populärwissenschaftliche Form einer These, die sowohl Lacan als auch Foucault oder Lyotard zuzuschreiben wäre.
63 B. H. Lévy, *Le Testament de Dieu*, Paris 1979.
64 S. in diesem Band, S. 95ff.
65 Adorno, *Prismen*, Frankfurt a. M. 1955, vgl. insb. S. 48.
66 S. Aubral-Delcourt, S. 56f.
67 S. Baudrillard, *Oublier Foucault*, Paris 1977, S. 21ff.
68 Über das Verhältnis Lardreaus zu Foucault, s. Aubral-Delcourt, S. 64f.
69 Ähnliches bei O. Mongin in *Esprit*, 12, 1977, S. 62–78.
70 Trent Schroyer, *Critique de la domination*, Paris 1980, S. 13.
71 S. Raulet, »Consensus et légitimité«, in *Esprit*, 1, 1980.
72 S. Höhn-Raulet, in *Esprit*, 5, 1978.

Muß es das Ganz-Andere sein? Kritik der Vernunft und kritischer Gebrauch des Pessimismus bei Max Horkheimer

Die öfters verlegene, zwischen Unbehagen, Verschweigen und Aggressivität schwankende Rezeption des späten Horkheimer wird heute im Kontext der postmodernen Absage an den geschichtsphilosophischen Vernunft- und Wahrheitsbegriff und im Gefolge eines erneuten Interesses für die »Dialektik der Aufklärung« zu einer strategisch wichtigen Frage kritischen Denkens. In diesem Interesse liegt nicht nur die aktuelle Bedeutung und das Fortwirken der Kritischen Theorie, sondern u. U. auch deren Reformulierung unter dem Druck neuer gesellschaftlich-ideologischer Verhältnisse. Auf Horkheimer bezogen, lautet das Problem: Wie weit geht in seinem Werk die Bilanz eines historischen Scheiterns der Vernunft? Wie verhält sich in der seit den ganz frühen Aufsätzen als kritische Geschichte der Rationalität konzipierten »Kritischen Theorie« die auf Schopenhauer zurückgreifende Kritik der Vernunft zu jener »pessimistischen Lehre«, von der Horkheimer 1972 meint, sie sei »ein Trost«?[1] Nimmt mit diesem Trost die kritische Selbstreflexion der gescheiterten Vernunft ein Ende, oder besitzt noch der »tröstende Pessimismus« selber eine kritische Funktion, die gleichsam die Kritik der Vernunft radikalisiert? Wenn wir diese Frage bejahend beantworten, dann muß auch sofort eingeräumt werden, daß eine solche Radikalisierung nicht unbedingt eine endgültige Disqualifizierung der früheren Selbstkritik der Vernunft bedeutet. Es gilt vielmehr zu zeigen, daß die Hinwendung zum »Ganz Anderen« und die skandalierende Rückkehr in den Schoß der Theologie auf ihre Weise die Ansprüche der Vernunft aufrechterhalten, wenn angesichts der sich in einem unerhörten Maßstab verbreitenden Irrationalität die Ratio – auch diejenige, die an sich selber Kritik übt – ihrer Legitimität beraubt wird. Um der Provokation willen könnte man in dieser Hinsicht Horkheimers späte »theologische Wendung« mit Habermas' Konstruktion einer »idealen Sprechsituation« vergleichen – wobei Habermas' großes Verdienst darin besteht, zwischen dem idealen Sprechen-Sollen und dem Verzerrt-Sein herrschender Kommunikation Brücken zu schlagen. In beiden Fällen geht es darum, in einem Zustand bodenloser, scheinbar nicht mehr zu bewältigender Irrationalität ein »Moment von Unbedingtheit«[2] noch zu retten, von dem die disqualifizierte Vernunft ihr Heil erhofft. Heil ist tatsächlich in bezug auf Horkheimer das angemessene Wort.

Man soll sich sicher auch der konservativen Implikationen jeder Rückkehr zur, bzw. der Religion bewußt sein; was sie als Zeichen des Zerfalls der herrschenden Ratio bedeutet, haben wir andernorts untersucht.[3] Aber gerade eine Theorie, die dieses Moment einbezieht und ihre Praxisferne reflektiert, ist eminent praktisch, weil sie das Bestehende keineswegs verschwiegen sanktioniert: Sind doch auch die Manifestationen der Rückkehr des Religiösen die durchaus konkret-praktischen Male des Zerfalls, an dem der etablierte Praxisbegriff scheitert. Nur mit Rücksicht darauf läßt sich die Formel eines »praktischen Optimismus«, der ohne »theoretischen Pessimismus« nicht auskommt[4], richtig verstehen. Damit ist eindeutig gemeint, daß die Selbstkritik der Ratio bis zur Selbstverneinung getrieben werden muß; daß der Pessimismus gegen die Theorie als solche zu wenden ist. Denn erst dann können sich in der neuen Situation neue praktische Perspektiven eröffnen. Auf Horkheimers »späte Resignation« ließe sich die Formel anwenden, die Merleau-Ponty auf die eigene Sitation gemünzt hatte: sie sei ein »marxistisches Abwarten« angesichts der »Vielseitigkeit« eines gesellschaftlichen Zustands, der nicht mehr auf einen eindeutigen, vernünftigen Sinn der Geschichte hinweist. Was Merleau-Ponty mit dem Weberschen Begriff der »Vielseitigkeit« ausdrückt,[5] deutet gerade auf den historischen Zerfall der Vernunft hin, den Horkheimer und Adorno in ihrer *Dialektik der Aufklärung* bereits diagnostiziert haben und dem sich heute die sogenannte Postmoderne konfrontiert sieht. Unter diesen Umständen kann die Kritik der Vernunft über die Kulturkritik hinaus zum Kulturpessimismus führen.[6] Der Pessimismus kann in umgekehrter Weise auch eine kritische Funktion erfüllen und sich gleichsam in den Dienst der Kritik der Vernunft stellen: diese ablösen und fortführen, ohne die Vernunft zu disqualifizieren, selbst wenn sie sozusagen im Gewand des Irrationalismus, mit ihm abrechnend, auftreten muß. Dies sind Fragen, die eine aktuelle Rezeption der Kritischen Theorie nicht verschweigen darf.

1. Ein Rückblick auf Horkheimers Werk legt allerdings die Vermutung nahe, daß zwischen den Schriften der 30er und denjenigen aus den 50er bis 70er Jahren kein so eindeutiger Bruch besteht, wie häufig angenommen wird. Vielleicht sollte man – durchaus kritisch – der Kontinuität, die Horkheimer selbst in seinen letzten Aufsätzen betont, mehr Aufmerksamkeit schenken.

Gegen die Annahme eines Bruchs zwischen dem Früh- und dem Spätwerk lassen sich zwei gewichtige Feststellungen wenden:

a) Schon in den 30er Jahren kann man jene Wahrheit, die in den späten Sechzigern ihre Zuflucht im religiösen Jenseits findet, wegen des bereits registrierten und reflektierten Bruchs zwischen Theorie und Praxis, der ja von der Kritischen Theorie untrennbar ist, als »utopisch« bezeichnen – selbst wenn noch nicht ausgeschlossen wird, daß sich die Vernunft in der Geschichte realisieren kann.

b) Schon in den dreißiger Jahren beruft sich Horkheimer ausdrücklich auf Schopenhauer, indem er darauf hinweist, daß der Materialismus »bei allem Optimismus, den er im Hinblick auf die Veränderung der Verhältnisse aufbringen mag, bei aller Einschätzung des Glücks, das aus der Arbeit an der Veränderung und aus der Solidarität hervorgeht, einen pessimistischen Zug an sich trägt«.[7] Und vor allem wird schon damals die Hoffnung auf eine bessere Gesellschaft dem kritischen Blick des Pessimismus unterzogen: Sie ist, schreibt Horkheimer 1968 im Vorwort zur Neuausgabe von *Traditionelle und Kritische Theorie*, »ein Ziel, das mit der Vorstellung von Schuld sich verschränkt«.[8] Gerade dieses Gefühl der Schuld motiviert in den späten Schriften angesichts einer Geschichte, die sich im Bösen zu vollenden scheint, die Sehnsucht nach der Gerechtigkeit Gottes:

»Daß auf Erden an so vielen Stellen Ungerechtigkeit und Trauer herrschen und die Glücklichen, die es nicht leiden müssen, davon profitieren, daß ihr Glück vom Unglück anderer Kreaturen, heute wie in der vergangenen Geschichte abhängt, die sogenannte Erbschuld, ist offenbar: Den im eigentlichen Sinn Denkenden ist all das bewußt, und ihr Leben, selbst in glücklichen Momenten, schließt die Trauer ein. Wenn die Tradition, die religiösen Kategorien, insbesondere die Gerechtigkeit und Güte Gottes nicht als Dogmen, nicht als absolute Wahrheit vermittelt werden, sondern als die Sehnsucht derer, die zu wahrer Trauer fähig sind, eben weil die Lehren nicht bewiesen werden können und der Zweifel ihnen zugehört, läßt theologische Gesinnung, zumindest ihre Basis, in adäquater Form sich erhalten.«[9]

1937 meinte auch Horkheimer, daß die Geburt der gelungenen Gesellschaft selber keineswegs die Erinnerung an die Leiden des Kreißens auslöschen würde:

»Selbst nach dem Errichten der neuen Gesellschaft böte das Glück ihrer Mitglieder kein Äquivalent für die Not derer, die in der heutigen zugrunde gehen.«[10]

So daß es zum Wesen der Theorie gehört, daß sie ihren Trägern nie »Seelenruhe« (ebd.) verschafft. Was man »Wahrheit« nennt, befindet sich immer jenseits des schon Erreichten; und schon die Schriften aus den 30er Jahren scheinen deshalb eine restlose Verwirklichung der Vernunft in der Geschichte auszuschließen. Ob sich der Geschichtsprozeß zum Guten wendet oder umgekehrt in einem Sieg des Bösen gipfelt, scheint unter diesem Gesichtspunkt fast gleichgültig zu sein, denn der Blick des Gewissens und des Eingedenkens, den der bewußte Geist auf die Geschichte wirft, ist immer der einer jenseitigen Wahrheit.

Wenn dem so ist, dann ist die Auffassung eines unmißverständlichen Bruchs in Horkheimers Entwicklung alles andere als eine Selbstverständlichkeit. Horkheimers »Kritische Theorie« geht nicht vom Optimismus zum Pessimismus über; ihr archimedischer Punkt liegt vielmehr von vorn herein anderswo als im Gedanken einer »Vernunft in der Geschichte«, der die frühen Schriften noch hoffnungsvoll anhingen, während ihr Zusammenbruch sich auf die späten im Ton des Pessimismus auswirken würde: »Der metaphysische Pessimismus, implizites Moment jedes genuinen materialistischen Denkens, war seit je mir vertraut.«[11] Dieser Berichtigung zufolge wäre viel eher der Pessimismus »seit je« der Angelpunkt gewesen, um den – um eben »kritisch« zu sein – die Ökonomie der Kritischen Theorie sich gedreht hat.[12]

Damit wollen wir allerdings nicht jene ›Wende‹ bagatellisieren, die in der Geschichte der Kritischen Theorie von der *Dialektik der Aufklärung* und Horkheimers *Eclipse of Reason* markiert wird. Denn gerade in dem geschichtsphilosophischen Hauptwerk der Frankfurter Schule geschieht tatsächlich eine jähe Wendung, die bereits auf Adornos *Negative Dialektik* und die Aufsätze des späten Horkheimer hindeutet: Da weicht die Hoffnung auf eine historische Realisierung des Guten der Einsicht in die Vollendung des Bösen. Wie schon angedeutet, vertreten wir trotz dieser Umkehrung die Auffassung, daß die Vernunft, die sich nun als Unvernunft verwirklicht, viel früher, nämlich in den 30er Jahren, zu der eigenen Verwirklichung Distanz wahrte. Ihr fällt es nun sicher noch schwerer, ihre Identität zu behaupten – selbst wenn weder Adorno, der von Utopie weiter spricht, noch Horkheimer, der die »theologische Gesinnung« ausdrücklich geltend macht, auf den Namen »Vernunft« ganz verzichten.

2. Erst auf diesem Hintergrund wird verständlich, welche Rolle der Pessimismus in den Aufsätzen der 30er Jahre gleichsam im Dienste der Kritik der Vernunft spielt. Er wird dort gegen den beruhigenden Glauben an einen Sinn der Geschichte ausgespielt – gegen die Auffassung, nach der es eine Garantie der Entwicklung gäbe, d. h. sowohl gegen Hegel als auch gegen Kants Teleologie. Bereits damals ist der Pessimismus eine Waffe gegen einen Optimismus, der des Heils sicher seinen Frieden mit dem herrschenden Unheil schließt und aus diesem Grund als Verblendung oder – wie Adorno später sagt – als »Zynismus« bezeichnet werden darf:

»Die Behauptung eines in der Geschichte sich manifestierenden und sie zusammenfassenden Weltplans zum Besseren wäre nach den Katastrophen und im Angesicht der künftigen zynisch.«[13]

So verstanden schützt der Pessimismus, jenes »implizite Moment jedes genuinen materialistischen Denkens«, die vom

Ausbleiben ihrer praktischen Erwartungen verunsicherte Theorie vor der spekulativen Überhebung, der sie allzuleicht verfallen würde, nachdem sich die programmatische Schrift *Traditionelle und Kritische Theorie* der bedenklichen Fragwürdigkeit des Lukácsschen Modells, von der sie ausgeht, bewußt geworden ist. Wie Lukács in *Geschichte und Klassenbewußtsein* ist Horkheimer am Anfang seines Essays um eine Überwindung der charakteristischen Dualismen der traditionellen Theorie bemüht: Die Spezifizität der »Kritischen Theorie« besteht in ihrer Fähigkeit, den Standpunkt der Totalität zu gewinnen, ohne welchen die wirtschaftliche und soziale Organisation des Wissens undenkbar bleibt. Nun muß Horkheimer feststellen, daß die ökonomisch-sozialen Verhältnisse der Theorie kaum noch zu einem solchen Standpunkt verhelfen können. Hing dieser mit der sozialen Erkenntnissituation des Proletariats zusammen, dann sieht er sich zu der ernüchternden Feststellung gezwungen, daß »auch die Situation des Proletariats in dieser Gesellschaft keine Garantie der richtigen Erkenntnis bildet«.[14]

Diese Verunsicherung des Totalitätsanspruchs der Theorie entspricht der Diagnose, die Horkheimer in den zwischen 1926 und 1931 verfaßten und unter dem Decknamen »Heinrich Regius« veröffentlichten Aufzeichnungen gestellt hatte; der Titel – *Dämmerung* – und der Untertitel dieser 1934 in Zürich erschienenen Notizbücher ziehen eine schonungslose Bilanz: »Die Ohnmacht der Arbeiterklasse«. Diese Bilanz ergibt sich vor allem aus der empirischen, 1929 – also fast zehn Jahre vor der Gründungsschrift der Kritischen Theorie – von Erich Fromm angeregten Erforschung der Bewußtseinslage der Arbeiterklasse. In dieser Untersuchung manifestierte sich zum ersten Mal auf die krasseste Weise »das Auseinanderklaffen zwischen ökonomischer Lage und erwartetem Klassenbewußtsein nach dem Scheitern der Novemberrevolution«.[15] So daß »die geschichtsphilosophisch-spekulative Vermittlung von Theorie und Praxis (. . .), in der (bei Lukács) das Proletariat als Subjekt-Objekt des Geschichtsprozesses die objektive Vernunft realisieren soll, für Horkheimer angesichts der offensichtlichen ›Ohnmacht der Arbeiterklasse‹ und der unaufhaltsamen Machtergreifung der Nationalsozialisten schon allein aufgrund der veränderten Umstände höchst problematisch erscheinen (mußte)«.[16] Schon 1937 ist also die Hoffnung auf eine »vernünftige Gesellschaft«, soweit sie von der bereits fragwürdig gewordenen Hypothese eines »allgemeinen historischen Umschlags«[17] abhängt, mehr denn je eine *Utopie* geworden, die nur noch in der theoretischen Phantasie zu Hause ist:

»Das Ziel einer vernünftigen Gesellschaft, das heute freilich nur in der Phantasie aufgehoben scheint, ist in jedem Menschen wirklich angelegt.«[18]

Gerade deshalb soll hier gefragt werden, ob die »Theologie« der letzten Lebensjahre Horkheimers, mit ihrer desinkarnierten Sehnsucht nach dem »Ganz Anderen«, nicht die angemessene und unabwendbare Radikalisierung dieser frühen Erfahrung ist.

3. Der eigentliche Stein des Anstoßes ist das hier schon ansatzweise relativierte Bekenntnis des späten Horkheimer zur Voraussetzung des »radikal Bösen«. Um dies richtig zu verstehen und die kritische Funktion des Geschichtspessimismus zu belegen, gilt es deshalb, Horkheimers »Logik« nachzukonstruieren und zu zeigen, wie die Kritik der Vernunft als solcher und des praktischen Rationalismus insbesondere schon in den 30er Jahren zu einer radikalen Problematisierung eines »Sinns« der Geschichte führt und auf diesem Weg die Möglichkeit des »radikal Bösen« impliziert. Diese Möglichkeit wird vom Rekurs auf Schopenhauer vorgezeichnet.
In seinem Aufsatz *Materialismus und Metaphysik* lobt Horkheimer Kant dafür, »das Geheimnis der Metaphysik überhaupt«[19] zum Ausdruck gebracht zu haben, nämlich »daß (. . .) ›in der Erkenntnis a priori den Objekten nichts beigelegt werden kann, als was das denkende Subjekt aus sich selbst hernimmt‹«.[20]

Darüber hinaus hat Kant auch zu Recht betont, daß die Erkenntnis eine »unendliche Aufgabe« ist[21] – eine Unendlichkeit, der sich auch der wahre Materialismus bewußt sein soll, da – wie schon zitiert – »selbst nach dem Errichten der neuen Gesellschaft« das Glück ihrer Mitglieder das Unglück der Geopferten nicht ausgleichen würde. Nun wird dieses »Geheimnis der Metaphysik« von Schopenhauer negativ uminterpretiert – auf eine Weise, die man durchaus mit der »negativen« Vernunft der *Negativen Dialektik* und der späten Schriften Horkheimers in Verbindung setzen kann. Im Zuge einer grundsätzlichen Problematisierung der Übereinstimmung zwischen Objektivem und Subjektivem wird bei Schopenhauer – wie später, aus geschichtlichen Gründen, bei Adorno – das Subjekt so zentral, daß man nicht mehr über den Subjektivismus hinausgehen kann. Die Erscheinung, von der Kant nachdrücklich sagt, sie sei »kein Schein«, wird wieder zum Phänomen – im griechischen Sinne.[22] Daraus begründet sich auch Schopenhauers Vorliebe für die erste Fassung der *Kritik der reinen Vernunft* (1781). Von ihr unterscheidet Schopenhauer die zweite Fassung aus dem Jahre 1787 dadurch, daß Kant in der ersten wirklich ein Idealist gewesen sei, während er in der zweiten Ausgabe dem Realismus einen keineswegs schuldigen Tribut gezahlt habe. Als Mißgriff deutet Schopenhauer den Angriff der zweiten Ausgabe auf Berkeley, der ja bereits erkannt hatte, daß »alles, was für die Erkenntnis da ist, also diese ganze Welt, nur Objekt in Beziehung auf das Subjekt ist, Anschauung des Anschauenden, mit einem Wort: Vorstellung«.[23] Kant sagt, daß die Materie der Anschauung dem Verstand von außen gegeben wird; andererseits zeigt er aber, »daß dies alles nicht ein unabhängig von unserm Kopfe Vorhandenes sei, sondern seine Grundvoraussetzungen in unsern Gehirnfunktionen (habe), *mittelst* welcher und *in* welchen allein eine solche objektive Ordnung der Dinge möglich ist«.[24] Demzufolge tadelt Schopenhauer Kants Versuch, die Existenz der objektiven Welt auf das Gesetz der Kausalität zu gründen, als einen Mangel an Konsequenz, da er andererseits »ausführlich und gründlich dargetan« hat, daß »Zeit, Raum und Kausalität, auf welchen alle jene realen und objektiven Vorgänge beruhen, selbst nichts weiter als Funktionen des Gehirnes sind« (ebd.):

»Kant gründet die Voraussetzung des Dinges an sich, wiewohl unter mancherlei Wendungen verdeckt, auf einen Schluß nach dem Kausalitätsgesetz, daß nämlich die empirische Anschauung, richtiger die Empfindung in unsern Sinnesorganen, von der sie ausgeht, eine äußere Ursache haben müsse. Nun aber ist nach seiner eigenen und richtigen Entdeckung das Gesetz der Kausalität uns a priori bekannt, folglich eine Funktion unseres Intellekts, also subjektiven Ursprungs.«[25]

Indem er Kants Kausalitätsbegriff einen rein subjektiven Charakter zuschreibt, leugnet Schopenhauer zwar nicht die Kausalität als solche, aber er nimmt ihr wohl die Ursache, auf der sie beruhen könnte, spricht ihr also jede substantielle Begründung ab. Was für den Verstand ein Kausalverhältnis ist, muß dem Willen, um den es ja in Schopenhauers Destruktion der Kantschen Philosophie geht, als eine kontingente Sukzession erscheinen. Mit der Finalität verhält es sich ganz ähnlich: So wie die Kausalität ihrer Ursachen beraubt wird, wird der Finalität ihr Zweck entzogen. Die Zwecke, die wir in der *erscheinenden* Natur beobachten können, weisen nicht auf einen sinnvoll gerichteten Weltplan hin: Wenn es einen solchen gibt, dann ist er erst der »Einsicht in das innere Wesen der anscheinenden Zweckmäßigkeit«, also in den »Willen in der Natur«, und nicht dem Urteil zugänglich – auch nicht dem teleologischen.[26]

Die Folge davon ist die radikale Infragestellung aller optimistischen Geschichtsauffassungen, die einen kohärenten allgemeinen Plan der Schöpfung voraussetzen. Aus ihr ergibt sich auch die Problematisierung der ausstehenden Versöhnung des Begriffs mit der Welt. Und daraus kann eben eine Kritische Theorie, die sich der Irrationalität der Welt konfrontiert sieht und seit Marx sehr wohl weiß, daß diese die verkehrte Welt der kapitalistischen Wirtschaft ist, die Motive ihrer kritischen Entlarvung der *Illusionen* des herrschenden Rationalitätsbegriffs

schöpfen. Diese Kritik entwickelt sich bei Horkheimer in drei Richtungen: gegen die »traditionelle Theorie«, als Besinnung des Abgrunds, der nunmehr Theorie und Praxis trennt, und schließlich als Einsicht in das Unversöhnte bzw. Unversöhnliche.
Die Wissenschaft der traditionellen Theorie ist, so formuliert es Horkheimer 1972 in seinen *Bemerkungen zu Schopenhauers Denken*, »für Schopenhauer (. . .) ein *bloß* empirisches Urteil über die Welt der Erscheinung, über das Verhältnis von Mensch und Universum, nicht über die metaphysische Substanz«.[27] Denn die metaphysische Substanz selber bleibt wie »jede *echte*, also wirklich ursprüngliche Naturkraft (. . .) wesentlich qualitas occulta«.[28] An diesem Punkt wäre wohl nach Horkheimers eigenem Materiebegriff zu fragen, denn im Grunde scheint bei ihm die Natur-Materie keinen grundlegenden Anteil an der Definition des »Materialismus« zu haben. Was nach Horkheimer den »Materialismus der Gegenwart« vor allem kennzeichnet, ist sein »Inhalt«: »die ökonomische Theorie der Gesellschaft«;[29] daß das »Wesen der Dinge« nicht unmittelbar erkennbar ist, wie es die Empiriokritizisten und Positivisten glauben,[30] ist darauf zurückzuführen, daß die Objekte der Erkenntnis nicht sich selbst gleich bleiben: »Die theoretische Aktivität der Menschen, ebenso wie die praktische, ist nicht die unabhängige Erkenntnis eines festen Gegenstands, sondern ein Produkt der sich verändernden Realität«.[31]
Die Unerkennbarkeit der »Substanz« ergibt sich also aus deren Geschichtlichkeit wie auch aus der Geschichtlichkeit des Erkenntnisvermögens, genauer noch: des Erkenntnisinteresses und der ganzen Erkenntnisapparatur, d. h. der gesellschaftlich und ökonomisch bestimmten Forschungsmethoden, Werkzeuge und Orientierungen. Horkheimers Auffassung des Materialismus ist eher die des »Historischen« als die des »Dialektischen Materialismus«.
In ihr wird jedoch der Zusammenhang der drei Richtungen seiner Kritik am Rationalitätsbegriff, denen wir hier nachgehen, deutlich: Zum einen bedeutet die soeben dargestellte Bestim-

mung der Erkenntnis, daß deren Schranken geschichtliche sind: Sie verweisen also auf das Verhältnis der Theorie zur Praxis, auf welches wir jetzt kurz eingehen wollen. Zum anderen faßt sie die Natur, bzw. die Materie, als einen nie ganz aufzuholenden substantiellen Rest auf, der aus diesem Grund eine vollständige und endgültige Versöhnung des Subjekts mit dem Objekt ausschließt:

»Sogar in einer frei sich selbst bestimmenden Gesellschaft müßte die wenn auch noch so allmählich sich verändernde Natur einen der Identität widerstrebenden Faktor bilden.«[32]

So wie etwa bei Ernst Bloch in der endlich erreichten klassenlosen Gesellschaft die echten, naturhaft-metaphysischen Fragen (in erster Linie die Macht der bisher verkannten Natur, zu der auch die Macht des Todes gehört) in ein grelles, weil nicht mehr von den Verzerrungen verkehrter Produktionsverhältnisse verdunkeltes Licht rücken, offenbart auch bei Horkheimer die Natur ihr wahres, weiterhin unversöhntes Gesicht. Was also beim ersten Blick als ein Mangel erscheinen mochte, nämlich daß sein »Materialismus« gleichsam die Materie entbehrt, erweist sich jetzt als Prioritätsfrage: Der Materialismus muß vorerst ein historischer sein, solange ihm der Zugang zur tieferen Undurchsichtigkeit der Natur als solcher versperrt bleibt; diese wird aber von vornherein mitgedacht. Soweit zur grundsätzlichen Unversöhnlichkeit, die, wie man sieht, gar nicht von der Geschichte aufgehoben werden kann. Wir ahnen auch, daß dieses Wissen um eine ungelöste Aufgabe etwas mit jenem Gefühl der Schuld zu tun hat, das nicht einmal vom Gelingen der historischen Hoffnungen gelöscht werden kann – noch viel weniger von der gescheiterten Vernunft.
Die Unerkennbarkeit der Substanz hat nun vor allem praktische Folgen. Das Verhältnis zur Praxis wird in *Materialismus und Metaphysik* im Gegensatz zu dem der traditionellen Theorie so geschildert: »Ein dialektischer Prozeß ist dadurch gekennzeichnet, daß er sich nicht als Wirkung aus einzelnen gleichbleibenden Faktoren begreifen läßt . . .« In anderen Wor-

ten kann nicht aus der Summe empirisch angesammelter Kenntnisse auf die Ganzheit des Wirklichen geschlossen werden, da dieses ein Prozeß ist, in dem die »Begebenheiten« bzw. Faktoren sich ständig ändern, und vor allem sich gegenseitig verändern.

»... Trotz der Notwendigkeit für die Wissenschaft, den subjektiven Anteil fortwährend zu bestimmen und dadurch die Differenzen zu überwinden, läßt sich nie das Subjekt vom Objekt vollkommen reinlich scheiden oder, was dasselbe heißt, Wissen und Gegenstand radikal zur Deckung bringen.«[33]

Daher soll sich der echte Materialismus stets dessen bewußt sein, daß es »eine unaufhebbare Spannung zwischen Begriff und Gegenstand« gibt.[34] Weil sie diese Spannung vergessen, sind die instrumentalen Eingriffe der traditionellen Theorie zum Scheitern verurteilt. Weil sie hingegen diese Spannung bedenkt, kann die Kritische Theorie kritisch sein und sogar, wenn es dazu kommt, ihre Praxisferne in Kauf nehmen. Was in dieser Hinsicht u. U. schon von ihrer Lage in den 30er Jahren gilt, läßt sich um so mehr auf die Situation der 60er Jahre übertragen:

»Unbedachte und dogmatische Anwendung kritischer Theorie auf die Praxis in der veränderten historischen Realität vermöchte den Prozeß, den sie zu denunzieren hätte, nur zu beschleunigen.«[35]

Dieser Satz drückt keine Resignation aus: Er zeugt vielmehr von dem Festhalten an jenem selbstkritischen Moment, durch welches sich die Kritische Theorie von der traditionellen unterscheiden konnte. Ihr war von vornherein der Übergang der Theorie in Praxis alles andere als selbstverständlich – im Gegensatz zur Illusion einer bruchlosen, linearen, kausalen Wirkungsfähigkeit der Theorie. Und gerade diese Fähigkeit zum Zweifeln[36] verrät Schopenhauers Einfluß; nach Schopenhauer hat Kant »einen großen, bahnbrechenden Schritt« getan, »indem er die unleugbare moralische Bedeutung des menschlichen Handelns als ganz verschieden und nicht abhängig von den Gesetzen der Erscheinung, noch diesen gemäß je erklär-

bar (. . .) darstellte«.[37] Aber er erkannte noch nicht dahinter die Macht des unbegreiflichen Willens. Für Horkheimer wie für Schopenhauer bricht hingegen auch das Vermögen der moralisch-praktischen Vernunft zusammen. In ihm sieht die *Dialektik der Aufklärung* einen bloßen Notbehelf, die im dualistischen Modell der Aufklärung unentbehrliche Ergänzung des in praktischer Hinsicht unzureichenden, an die empirische Erkenntnis der Erscheinungen gebundenen Verstandes.
Wie Horkheimer wegen der dialektischen Beschaffenheit des Wirklichen dem verstandesmäßigen Erkenntnisvermögen jegliche Fähigkeit zur Prognose abspricht, verweigerte Schopenhauer den Plänen des menschlichen Verstandes jegliche Verläßlichkeit:

»Es ist im Leben wie im Schachspiel: Wir entwerfen einen Plan; dieser bleibt jedoch bedingt durch das, was im Schachspiel dem Gegner, im Leben dem Schicksal, zu tun belieben wird. Die Modifikationen, welche hierdurch unser Plan erleidet, sind meistens so groß, daß er in der Ausführung kaum noch an einigen Grundzügen zu erkennen ist.«[38]

Schopenhauers Gründe sind allerdings andere als die Horkheimers. Die praktische Ohnmacht ergibt sich bei ihm einerseits aus der Allmacht des Schicksals – die er jedoch, wie Horkheimer es mit Rücksicht auf das ständige dialektische Sich-Verändern der Welt tut, als »die Wirkung der Zeit und die Wandelbarkeit der Dinge« auffaßt – und aus »gewissen angeborenen konkreten Grundsätzen, die (jedem) in Blut und Saft stecken« und derer er »erst beim Rückblick auf sein Leben gewahr« wird.[39] Diese Wirksamkeit unbewußter Motive schließt bei Schopenhauer Ideen wie die der »unbedingten Pflicht« oder eines »Gesetzes für die Freiheit« aus.[40]
Der Kantsche Unterschied zwischen dem allgemeingültigen moralischen Gesetz und den subjektiven Maximen wird geleugnet. Schon in der frühen Schrift *Materialismus und Metaphysik* ist Horkheimer offensichtlich bereit, über die Kritik an den praktischen Fähigkeiten des Verstandes hinaus Schopenhauers Ablehnung der moralisch-praktischen Vernunft sich zu eigen zu machen. Auch er verwirft jene moralische Selbstsi-

cherheit der Vernunft, die aus der Not des Verstandes eine Tugend der Vernunft macht. Große Tugenden, große Fehler:

»Indem er diese Hoffnung, die auf Glückseligkeit geht (»denn alles Hoffen geht auf Glückseligkeit« [*Kritik der reinen Vernunft*, B. 834]), nicht bloß konstatiert, sondern philosophisch unterbaut, nähert sich seine ursprünglich aufklärerische Vernunftanalyse beträchtlich dem von ihm bekämpften System einer dogmatischen Metaphysik.«[41]

Gerade an diesem Punkt kippt die von Schopenhauer inspirierte Kritik der Vernunft in einen kritischen Gebrauch des Pessimismus um, der ebenfalls Schopenhauers Erbe antritt.

4. Die Kritik des herrschenden Rationalitätsbegriffs wird jetzt nicht nur zu einer Kritik des Geschichtsoptimismus überhaupt,[42] sondern führt auch mit äußerster Konsequenz zur Rehabilitierung der These vom »radikal Bösen«. Horkheimer hält gar nicht bei Schopenhauers Kritik der Vernunft inne, er zögert nicht, wie der 1955 verfaßte Aufsatz *Schopenhauer und die Gesellschaft* dokumentiert, sich mit deren pessimistischen Implikationen auseinanderzusetzen. Im Zuge der Kritik an den praktischen Ansprüchen nicht nur des Verstandes, sondern auch der moralischen Vernunft rezipiert Horkheimer vornehmlich Schopenhauers »Ablehnung der Geschichtsphilosophie«[43] – ein nach der *Dialektik der Aufklärung* in den Vordergrund rückendes Motiv der Kritischen Theorie selber. Von Schopenhauers Abweisung des *metaphysischen* Optimismus der Leibniz-Wolffschen Philosophie und von seiner Kritik der praktischen Philosophie Kants ausgehend, erhebt er Einspruch gegen alle philosophischen Konstruktionen der Geschichte, insbesondere diejenigen von Kant und Hegel. Auf diesem Weg wird die Wiedereinführung der *metaphysischen* Lehre vom ursprünglichen Übel, das beide Denker zu vergeschichtlichen und dadurch zu legitimieren vermochten, unabwendbar. Daher gehört zu den Fragen, die unsere Untersuchung zu klären hat, auch diese: Kommt Horkheimers Absage an die Geschichtsphilosophie einem Bekenntnis zum *metaphysischen* Pessimismus gleich?

Denn nur die Vergeschichtlichung der Kategorien des Optimismus und des Pessimismus befreien sie bei Hegel wie bei Kant von ihrer metaphysischen Absolutheit. Bei Kant verhalten sich Pessimismus und Optimismus schon dialektisch zueinander:

»Was hilft's, die Herrlichkeit und Weisheit der Schöpfung im vernunftlosen Naturreiche zu preisen und der Betrachtung zu empfehlen: wenn der Teil des großen Schauplatzes der obersten Weisheit, der von allem diesen den Zweck enthält – die Geschichte des menschlichen Geschlechts –, ein unaufhörlicher Einwurf dagegen bleiben soll, dessen Anblick uns nötigt, unsere Augen von ihm mit Unwillen wegzuwenden, und, indem wir verzweifeln, jemals darin eine vollendete vernünftige Absicht anzutreffen, uns dahin bringt, sie nur in einer anderen Welt zu hoffen?«[44]

Von den zahlreichen Stellen, die bei Horkheimer dieselbe Erfahrung ausdrücken, führen wir nur ein einziges Beispiel an: »Jeder Mensch müßte erschrecken, der die Zeitgeschichte kennt.«[45] Wie Kant es eindeutig ausspricht, scheint dann die Flucht in die Theologie der einzig mögliche Ausweg zu sein und gleichsam das Pendant zum Pessimismus zu bilden. Daher ist sie wieder an der Tagesordnung, nachdem Schopenhauer Kants Lösung zurückgewiesen hat.

Kant selber sucht bekanntlich sein Heil in der reflektierenden Deutung des empirischen Schauspiels mit Hilfe eines »philosophischen Versuchs, die allgemeine Weltgeschichte nach einem Plane der Natur, der auf die vollkommene bürgerliche Vereinigung in der Menschengattung abziele, zu bearbeiten«, selbst wenn diese optimistische Postulation als »ein befremdlicher und, dem Anscheine nach, ungereimter Anschlag« erscheinen mag.[46] Optimismus und Pessimismus werden im Zusammenhang des reflektierenden Urteils zu funktionellen Werten und legen ihre metaphysische Bedeutung ab: Der metaphysische Pessimismus verwandelt sich in einen empirischen, der metaphysische Optimismus in ein Postulat. Trotz dieses Statuswechsels führt aber Kant nach Horkheimers Meinung nichts anderes als eine neue metaphysische Rechtfertigung ein:

»Auch Kant sieht mit Rousseau, daß im Gang der Zivilisation das Wohl der einzelnen sich nicht stetig verbessert hat, es erscheint nicht als Ziel der

Geschichte. Er aber und die Nachfolger (. . .) haben Geschichte trotzdem gerechtfertigt, ja die Rechtfertigung zur Aufgabe umfassender Konstruktionen gemacht. Schopenhauers Philosophie dagegen (. . .) habe der Realität den Tribut vorenthalten, sie in einen Goldgrund der Ewigkeit einzubetten.«[47]

Denn zum einen beruht Kants praktischer Optimismus auf einer Teleologie, und Schopenhauers Kritik der Finalität hat gezeigt, daß Kants »Leitfaden a priori« eben apriorisch bleibt; die jeweils gegenwärtigen, beobachtbaren Zustände reichen nie aus, um das Postulat in empirische Gewißheit zu verwandeln – daher gibt ja Kant den Vorrang der Moral nie auf. Zum anderen vermag sich Kant nur durch den Rückgriff auf einen Plan der Vorsehung darüber hinwegzusetzen; die Teleologie wird ausdrücklich zur »Propädeutik der Theologie« (die er zunächst, wie gesehen, ablehnte) und Kants Geschichtskonstruktion bezieht letzten Endes ihre Legitimität von Gott. Daher Horkheimers Schlußfolgerung: »Ein weiteres Beispiel für den Versuch, den trostreichen Gedanken an das Sein des Allgütigen zu bewahren, bildet die Kantische Philosophie.«[48]
Versucht man, dem circulus vitiosus des Kantschen Denkens zu entgehen, dann muß aber mit Schopenhauer das radikal Böse in seinen früheren Status wiedereingesetzt werden, während es bei Kant genauso relativ wurde, wie der Pessimismus und der Optimismus funktionelle Kategorien waren:

»Der Satz: der Mensch ist böse, kann (. . .) nichts anders sagen wollen, als: er ist sich des moralischen Gesetzes bewußt, und hat doch die *(gelegentliche)* Abweichung von demselben in seine Maxime aufgenommen.«[49]

An die Stelle des radikal Bösen trat bei Kant die *Gelegenheit*: Das Böse entstand von nun an an der Kreuzungsstelle der Anlage zur Moral und der Triebe. Die Vergeschichtlichung des Bösen zur Gelegenheit soll nach Kant die Antinomie der Geschichtsphilosophie überwinden, mit der seine Schrift über »Die Religion innerhalb der Grenzen der bloßen Vernunft« anfängt: daß nämlich für die einen »die Welt im Argen liege« und sich vom goldenen Zeitalter zum Schlechten entwickle, während sie für die anderen »gerade in umgekehrter Richtung, nämlich vom Schlechten zum Bessern, unaufhörlich fortrücke«[50]. Nun läßt sich dieser neue Status des Bösen ebensowenig wie die Umfunktionierung des Optimismus und des Pessimismus von dem Verhältnis zwischen Natur und Moral trennen: Was dort die Spannung zwischen Teleologie und Moral war, ist hier die zwischen der Moral und einer Anthropologie, die keine fundamentale sein darf noch kann. Weil in Kants Gedankengang die Moral letzten Endes die Oberhand erhält und erhalten muß, bleibt seine Auffassung ein Postulat und, wie im Falle seiner *Idee einer allgemeinen Geschichte in weltbürgerlicher Absicht*, fällt sie in letzter Instanz in Religion zurück – so sehr sie auch eine »Religion der Vernunft« sein will:

»Die Existenz des höchsten Wesens ist für Kant damit bewiesen, sie folge letzten Endes aus den der Vernunft einwohnenden Geboten. Nur der Schöpfer könne sie gegeben haben. Der Beweis scheint mir nicht zwingender als der von Descartes. Bei den meisten großen Denkern nimmt der Scharfsinn ab, wenn sie zur Begründung der Gewißheit eines positiven Jenseits übergehen, wenn sie optimistische Ideen als berechtigt demonstrieren wollen.«[51]

So daß nach dem Scheitern der philosophischen Versuche das augenfällige Schauspiel der Unvernunft sich als die einzige Wahrheit erweist: »Schopenhauer hat mit Recht die Lehre von der Erbsünde als tiefe Wahrheit akzeptiert. Durch das Verhalten in vielen Lebensbereichen wird sie jeden Tag aufs neue bestätigt.«[52]

Was derart von Kant gilt, tritt im Falle Hegels noch krasser hervor. Horkheimers Bekenntnis einer »Schuld« der bisherigen Geschichte widerspricht wortwörtlich folgendem bekannten Auszug aus Hegels Einleitung zu seinen »Vorlesungen über die Philosophie der Weltgeschichte«:

»Das Übel in der Welt, das Böse mit inbegriffen, sollte begriffen, der denkende Geist mit dem Negativen versöhnt werden; und es ist in der Weltgeschichte, daß die ganze Masse des konkreten Übels uns vor die Augen gelegt wird (...) Diese Aussöhnung kann nur durch die Erkenntnis des Affirmativen erreicht werden, in welchem jedes Negative zu einem Untergeordneten und Überwundenen verschwindet, – durch das Bewußtsein, teils was in Wahrheit der Endzweck der Welt sei, teils daß derselbe in ihr verwirklicht worden sei und nicht das Böse neben ihm ebensosehr und gleich mit ihm sich geltend gemacht habe (...) Dabei, daß einzelne Individuen gekränkt worden sind, kann die Vernunft nicht stehen bleiben; besondere Zwecke verlieren sich in dem Allgemeinen.«[53]

In der Kritischen Theorie der 30er Jahre ist das Übel der *historische* Zustand einer unvernünftigen und ungerechten Gesellschaft, welche die Geschichte von ihrer Verkehrtheit zu heilen hat. Wenn sie aber in diesem Sinn am Modell einer praktischen Philosophie festzuhalten scheint, die das Erbe der säkularisierten Theologie des 18. Jahrhunderts und das der Hegelschen Theodizee[54] antritt, gibt schon damals die Kritische Theorie aus den hier dargelegten Gründen deren *positive* Züge auf. Sie ist bereits *rein negative Philosophie:*

»Man konnte sagen, was an der gegenwärtigen Gesellschaft das Schlechte ist, aber man konnte nicht sagen, was das Gute sein wird, sondern nur daran arbeiten, daß das Schlechte schließlich verschwinden würde.«[55]

Diese »negative Formulierung«, wie Horkheimer am Ende des Aufsatzes *Traditionelle und kritische Theorie* sagt,[56] entspricht schon – in nicht theologischer Form – der jüdischen Theologie, die sich in den späten Essays ausdrücklich zum Alten Testament bekennt (und nicht zu dem Neuen, welches das Bilderverbot nicht kennt und dessen Eschatologie sich andererseits sehr gut mit geschichtlicher Hoffnung verträgt):

»›Du sollst dir kein Bild machen von Gott.‹ Darunter verstehen wir: ›Du kannst nicht sagen, was das absolut Gute ist, du kannst es nicht darstellen.‹ Damit komme ich zurück auf das, was ich vorher schon sagte: Wir können die Übel bezeichnen, aber nicht das absolut Richtige. Menschen, die in diesem Bewußtsein leben, sind mit der Kritischen Theorie verwandt.«[57]

Um diese offensichtliche Kontinuität in der Entwicklung der Kritischen Theorie noch zu untermauern, braucht man nur die Übereinstimmung zwischen dem Schlußparagraphen der programmatischen Schrift vom Jahre 1937 und dieser Stelle aus Adornos *Negativer Dialektik* festzustellen:

»Solche Bilderlosigkeit konvergiert mit dem theologischen Bilderverbot. Der Materialismus säkularisierte es, indem er nicht gestattete, die Utopie positiv auszumalen; das ist der Gehalt seiner Negativität. Mit der Theologie kommt er dort überein, wo er am materialistischsten ist.«[58]

Für Horkheimer war die

»negative Formulierung . . ., auf einen abstrakten Ausdruck gebracht, der materialistische Inhalt des idealistischen Begriffs der Vernunft. In einer geschichtlichen Periode wie dieser ist die wahre Theorie nicht so sehr affirmativ als kritisch, wie auch das ihr gemäße Handeln nicht ›produktiv‹ sein kann«.[59]

Es ist gerade das, was nach Horkheimer in *Materialismus und Metaphysik* den »echten Materialismus« auszeichnet, das, was er mit dem Pessimismus gemeinsam hat.
Wie hätte sich die Kritische Theorie der 30er Jahre die Zukunft positiv vorstellen können, wo sie doch keinen Adressaten mehr fand, sondern sich einer Gesellschaft konfrontiert sah, in der es keine gesellschaftliche Klasse mehr gab, »an deren Zustimmung man sich halten könnte«: »Das Bewußtsein jeder Schicht vermag unter den gegenwärtigen Verhältnissen ideologisch beengt und korrumpiert zu werden, wie sehr sie ihrer Lage nach auch zur Wahrheit bestimmt sei.«[60] Außerdem gehört es ja auch zu den Grundsätzen der Kritischen Theorie, daß sie immer der Gefahr widerstehen soll, ein positives Abbild herrschender Interessen zu werden.[61]
Entscheidend ist aber schon im Jahre 1937 die These der total verwalteten Welt, die beim späten Adorno und beim späten Horkheimer als ein mächtiger Beweggrund des Pessimismus in den Vordergrund tritt: »Wir sind zu der Überzeugung gelangt, daß die Gesellschaft sich zu einer total verwalteten Welt entwickeln wird.«[62] Diese Perspektive wird 1937 in folgender Äußerung vorgezeichnet, obwohl Pollocks These des Staatskapitalismus erst im amerikanischen Exil debattiert und übernommen wurde: »Der Inhalt des Massenglaubens, an den niemand recht glaubt, ist ein unmittelbares Produkt der herrschenden Bürokratien in Wirtschaft und Staat . . .«[63] In dieser Auffassung hat sich zweifelsohne Max Webers Einfluß, der

noch ungenügend untersucht wurde, niedergeschlagen. Auch die Verteidigung des Individuums, die von einigen Interpreten als ein charakteristischer Aspekt von Horkheimers Spätphilosophie mit seinem Bekenntnis zum Liberalismus[64] in Verbindung gesetzt wird, ergibt sich aus denselben Überlegungen über den Zerfall der liberalistischen Periode,[65] denn »unter den Verhältnissen des Spätkapitalismus und der Ohnmacht der Arbeiter gegenüber den Unterdrückungsapparaten der autoritären Staaten ist die Wahrheit zu bewunderungswürdigen kleinen Gruppen geflüchtet«.[66]
Totale Verwaltung und allgemein herrschende »Korruption« der Geister, mit Ausnahme von isolierten Zeugen der Wahrheit, »angetan mit Trauerkleidern« (Off. 3, 11), stimmen bereits mit Schopenhauers Glauben »an die unendliche Fortdauer und Natürlichkeit einer essentiell repressiven Gesellschaft«[67] überein, so daß der in *Dialektik der Aufklärung* und *Eclipse of Reason* vertretene Gedanke, nach welchem die Geschichte der Vernunft in Unvernunft umschlägt, in der Entwicklung der Kritischen Theorie keinen so jähen Bruch darstellt, wie man des öfteren annimmt.

5. In den 60er und 70er Jahre gebieten nun gerade der Pessimismus, das Schuldgefühl und die Trauer der Verzweiflung, d. h. der totalen Einsperrung durch das System, zu dem sich die verwaltete Welt hinbewegt,[68] Einhalt. Ihre Funktion ist mit derjenigen zu vergleichen, die bei Adorno das Leiden erfüllt: »Das Bedürfnis, Leiden beredt werden zu lassen, ist Bedingung aller Wahrheit.«[69]
Seine Marter ausdrückend vermag noch das vernichtete Subjekt[70] die unterdrückte, schrumpfende Fähigkeit zur Kritik und zum Widerstand zur Sprache zu bringen.
Deshalb bedeutet Horkheimers »Pessimismus«, so wenig wie seine »Sehnsucht nach dem Ganz-Anderen«, keine Resignation. Retten sie vielmehr, wie es bei Adorno heißt,[71] »das spekulative Moment«, das in solchem Widerstand überlebt, dann dient auf nur scheinbar paradoxe Weise der Pessimismus zur

Rettung der Vernunft. Erfolgt er aus einer unerbittlichen Kritik an ihr, so widersteht er am Ende umgekehrt der pauschalen Abdankung der Vernunft, der neuerdings die sog. Postmoderne zu erliegen versucht ist.
Und doch gehen Horkheimer und Adorno ab 1944 in dieser Richtung sehr weit. Das Scheitern der Moderne und der Vernunft ist keine bloße Episode der Weltgeschichte: Es stellt vielmehr das Wesen der Vernunft selbst in Frage. Was die späten Schriften »Erbsünde« nennen, heißt in *Eclipse of Reason* Geburtsfehler der Vernunft:

»Wollte man von einer Krankheit sprechen, welche die Vernunft befällt, so sollte diese Krankheit nicht so verstanden werden, als hätte sie die Vernunft in irgendeinem historischen Augenblick heimgesucht, sondern als untrennbar vom Wesen der Vernunft in der Zivilisation, wie wir sie bis jetzt gekannt haben.«[72]

Es wird mit Kants Interpretation des Bösen als »Gelegenheit« gebrochen. Doch wird die Hoffnung auf »Genesung« nicht ganz aufgegeben:

»Die Krankheit der Vernunft gründet in ihrem Ursprung, dem Verlangen des Menschen, die Natur zu beherrschen, und die ›Genesung‹ hängt von der Einsicht in das Wesen der ursprünglichen Krankheit ab, nicht von einer Kur der spätesten Symptome.«[72]

Gerade diese Einsicht leisten der Pessimismus und die Lehre von der Erbsünde – und hier liegt der Schlüssel zum Verständnis der Theologie des späten Horkheimer.
Indem sie Gott zu töten sich weigert, sträubt sich die Kritische Theorie Horkheimers gegen jene verhängnisvolle Logik, die, in Nietzsches Darstellung, die Moderne zum Sterben-Wollen führt. Auf der anderen Hand hat sie auch nichts mit jenem postmodernen Motto eines neuen Erhabenen gemein, das aus dem Scheitern der Benjaminschen »positiven Barbarei« nicht gelernt hat und sich anmaßt, auch dem Entsetzlichen froh bejahend die Stirn zu bieten. Daß ihre »traurige Wissenschaft« darum weder von unverschämten Verfechtern einer sich über das Grauen ihrer Vollendung hinwegtäuschenden Moderne, noch von den Eiferern einer fröhlichen postmodernen Zerstö-

rung der Vernunft assimiliert werden kann, ist das große Verdienst der Horkheimerschen Kritischen Theorie.
Daher mußte man hier zwischen dem Titel »kritischer Gebrauch des Pessimismus *versus* Kritik der Vernunft« und der nüchterneren Formulierung »*und* Kritik der Vernunft« zögern. Gleichwohl: Indem wir hier so sorgfältig wie möglich (ohne die gebührenden Vorausdeutungen ganz vermeiden zu können) beide Aspekte bzw. Momente des Horkheimerschen Erbes an Schopenhauer getrennt haben, wollten wir implizit vor der naiven Lektüre warnen, die einen späten »Umschwung« in den Pessimismus wahrzunehmen meint, ohne jedoch einzusehen, daß die Auseinandersetzung mit Schopenhauers Pessimismus in der frühen Kritik der Ratio bereits angelegt war und daß sie eher für eine Kontinuität in der Geschichte der Kritischen Theorie Horkheimers spricht. Wird die Geburt der Kritischen Theorie als solcher schon in den 30er Jahren von Zweifeln an der Macht der Vernunft mitgeprägt, dann impliziert sie von vornherein einen *kritischen* Geschichtspessimismus, der die allzu billigen optimistischen Prognosen zurückweist. Horkheimers »Pessimismus« ist unter das Motto zu stellen, das er 1955 in dem Aufsatz *Schopenhauer und die Gesellschaft* formuliert hat: »Philosophischer Pessimismus verträgt sich streng logisch nicht besser mit der rationalen Argumentation für den status quo als mit der Propaganda für den Umsturz.«[73]
Es handelt sich eben um einen »philosophischen«, d. h. theoretischen, gegen die Theorie als rationelle Instanz gerichteten Pessimismus – also um die konsequente, radikale Ausführung der Kritik der Vernunft – und nicht um einen »praktischen« Pessimismus, der einen endgültigen Rückzug in Praxislosigkeit bedeuten würde. Man wird dies kaum eindeutiger ausdrücken können, als Horkheimer es selbst tut im Schlußparagraphen seiner Bilanz *Kritische Theorie gestern und heute* (1970):

»Pessimistisch ist meine Vorstellung in der Tat über die Schuld des Menschengeschlechtes, pessimistisch in bezug auf die Vorstellung, wohin die Geschichte läuft ... Worin besteht aber der Optimismus, den ich mit Adorno, meinem verstorbenen Freunde, teile? Darin, daß man versuchen muß, trotz alledem das zu tun und durchzusetzen, was man für das Wahre und Gute hält. Und so war unser Grundsatz: theoretischer Pessimist zu sein und praktischer Optimist.«[74]

Wäre sie nicht seit den 30er Jahren philosophisch begründet worden, dann dürfte man zu Recht in dieser Äußerung eine feierliche Ausrede, einen Rückfall in die Logik des Herzens sehen. Im Lichte der hier nachkonstruierten Kritik der Vernunft wird hingegen klar, daß der »theoretische«, die Anmaßung der herrschenden »Vernunft« anzweifelnde Pessimismus gerade die Vorbedingung einer noch vernünftigen Beschäftigung mit dem scheinbar heillosen Irrationalismus der Geschichte bildet. Erst die äußersten Konsequenzen des Feldzugs gegen die Vernunft können der in ihre letzten Schanzen verdrängten Vernunft neue Spielmöglichkeiten eröffnen. Darin besteht trotz des historischen Traumas der »praktische Optimismus«: Die im Geschichtspessimismus mündende Kritik der Vernunft gebietet wider alles Erwarten der Versuchung einer maßlosen Disqualifizierung der Vernunft Einhalt. Wie es Horkheimer bereits am Ende seines Essays *Eclipse of Reason* gesagt hatte, »ist die Denunziation dessen, was gegenwärtig Vernunft heißt, der größte Dienst, den die Vernunft leisten kann«.[75] Dies sollte der sogenannten Postmoderne zur Lehre dienen.

Horkheimers Pessimismus gilt der bisherigen »Vernunft«, nicht der Möglichkeit einer »anderen Vernunft«, die allerdings noch zu umreißen wäre. Wo sowohl der Verstand als auch die Moral und die Teleologie sich als nichtig erweisen, deuten Adorno und Horkheimer in der *Dialektik der Aufklärung* und in *Eclipse of Reason* auf eine ästhetische Reform der Vernunft hin: Indem sie beim Besonderen bzw. »Irrationalen« ansetzen würde, wäre diese auch imstande, dem Zerfall eines einheitlichen Weltplans Rechnung zu tragen, insofern als die Moderne sich als allgemeine Zersetzung, Dissonanz und scheinbar nicht mehr zu bewältigende Vielfalt vollendet hat.

Zwar widerspricht Horkheimers Sehnsucht nach dem unnennbaren, ganz anderen *Einen* der fälligen Auseinandersetzung mit dem »Polytheismus der Werte« (Max Weber), den die Postmoderne nietzscheanisch sich zu eigen macht. Dagegen hat Schopenhauers Metaphysik der Illusion die Kritische Theorie Horkheimers auf das postmoderne Bekenntnis zum Mythos vorbereitet: daß die Vernunft in den Mythos zurückfällt, ist ja die zentrale These der *Dialektik der Aufklärung*. Horkheimers befremdende Entwicklung kann jedenfalls die Rezeption der Kritischen Theorie im postmodernen Kontext nicht unberücksichtigt lassen.

Anmerkungen

1 Horkheimer, »Schopenhauers Denken im Verhältnis zu Wissenschaft und Religion« (= *Horkheimer 1972*), in *Sozialphilosophische Studien*, Frankfurt a. M. 1972.

2 Habermas, *Theorie des kommunikativen Handelns,* Frankfurt a. M. Suhrkamp 1981, Bd. 2, S. 586.

3 In »Retour du religieux et rationalité technocratique«, *Lumière et vie*, Lyon 1980, Nr. 148.

4 Horkheimer, »Kritische Theorie gestern und heute« (= *Horkheimer 1970*), in *Gesellschaft im Übergang*, Frankfurt a. M. 1972, S. 175, und »Pessimismus heute« (= Horkheimer 1971), in Sozialphilosophische Studien, a. a. O., S. 143.

5 Merleau-Ponty, *Les Aventures de la dialectique*, Paris 1955.

6 Horkheimer, »Schopenhauer und die Gesellschaft« (= *Horkheimer 1955*), in *Sozialphilosophische Studien*, a. a. O., S. 70ff.

7 Horkheimer, »Materialismus und Metaphysik« (= *Horkheimer 1933*), in *Zeitschrift f. Sozialforschung*, 2. Jg., 1933; zit. n. *Traditionelle und kritische Theorie – Vier Aufsätze,* Frankfurt a. M., S. 78.

8 Horkheimer, Vorwort zur Neupublikation von »Traditionelle und kritische Theorie« (= *Horkheimer 1968*); zit. n. *Traditionelle und kritische Theorie*, a. a. O., S. 10.

9 Horkheimer 1970, S. 167.

10 Horkheimer, »Traditionelle und kritische Theorie« (= *Horkheimer 1937*), in *Zeitschrift f. Sozialforschung*, 6. Jg., 1937; zit. n. *Traditionelle und kritische Theorie*, a. a. O., S. 63.

11 Horkheimer 1968, S. 10.

12 Vgl. Raulet, »What good is Schopenhauer?« in *Telos*, St. Louis (USA), 1980, Nr. 42, und »A quoi peut bien servir Schopenhauer?«, in *Dialogue – Revue de la société canadienne de philosophie*, Ottawa (Canada), 1981.

13 Adorno, *Negative Dialektik*, Frankfurt a. M. 1966 (= *Adorno 1966*), S. 312.

14 Horkheimer 1937, S. 33.
15 Manfred Gangl, »L'Institut de recherches sociales sous la conduite de Carl Grünberg«, in Raulet (Hg.), *Weimar ou l'explosion de la modernité*, Paris 1984.
16 Gangl, »Crise du marxisme et renouveau de la philosophie de l'histoire«, in Raulet (Hg.), *Weimar ou l'explosion de la modernité*, a. a. O.
17 Horkheimer 1937, S. 55.
18 Ebd., S. 63.
19 Horkheimer 1933, S. 79.
20 Ebd.
21 Ebd., S. 80.
22 Schopenhauer, »Die Welt als Wille und Vorstellung«, I, in *Sämtliche Werke*, Stuttgart/Frankfurt a. M., Cotta-Insel 1968, Bd. I, S. 567f.
23 Ebd., S. 31.
24 Schopenhauer, »Die Welt als Wille und Vorstellung«, II, a. a. O., Bd. II, S. 18.
25 Schopenhauer, »Die Welt als Wille und Vorstellung«, I, Anhang, a. a. O., Bd. I, S. 588.
26 Schopenhauer, »Die Welt als Wille und Vorstellung«, II, a. a. O., S. 712–714.
27 Horkheimer 1972, S. 148.
28 Schopenhauer, »Über die vierfache Wurzel des Satzes vom zureichenden Grunde«, in *Sämtliche Werke*, Bd. III, S. 61.
29 Horkheimer 1933, S. 93.
30 Ebd., S. 86f.
31 Ebd., S. 80.
32 Ebd.
33 Ebd., S. 79f.
34 Ebd., S. 79.
35 Horkheimer 1968, S. 7.
36 Horheimer 1970, S. 167.
37 Schopenhauer, »Die Welt als Wille und Vorstellung«, I, a. a. O., S. 570.
38 Schopenhauer, »Aphorismen zur Lebensweisheit«, in *Sämtliche Werke*, Bd. IV, S. 559.
39 Ebd., S. 560.
40 Schopenhauer, »Die Welt als Wille und Vorstellung«, I, a. a. O., S. 376.
41 Horkheimer 1933, S. 76.
42 Horkheimer 1955, S. 71.
43 Ebd.
44 Kant, »Idee zu einer allgemeinen Geschichte in weltbürgerlicher Absicht«, in *Werke*, hrsg. von W. Weischedel, Wiesbaden 1964, Bd. IV, S. 49.

45 Horkheimer 1971, S. 140.
46 Kant, »Idee . . .«, a. a. O., S. 47f.
47 Horkheimer 1955, S. 72; s. auch Horkheimer 1933, S. 76.
48 Horkheimer 1971, S. 139.
49 Kant, »Die Religion innerhalb der Grenzen der bloßen Vernunft«, in *Werke*, hrsg. v. W. Weischedel, Wiesbaden 1956, Bd. IV, S. 680 – Hervorh. von Kant.
50 Ebd., S. 665.
51 Horkheimer 1971, S. 139.
52 Ebd., S. 140.
53 Hegel, *Die Vernunft in der Geschichte*, hrsg. v. J. Hoffmeister, Hamburg, Meiner 1955, S. 48 – Hervorh. von mir.
54 Ebd.
55 Horkheimer 1970, S. 164.
56 Horkheimer 1937, S. 56.
57 Horkheimer 1970, S. 168.
58 Adorno 1966, S. 205.
59 Horkheimer 1937, S. 56.
60 Ebd.
61 Ebd., S. 33f.
62 Horkheimer 1970, S. 165.
63 Horkheimer 1937, S. 52.
64 Horkheimer 1970.
65 Horkheimer 1937, S. 51f.
66 Ebd., S. 52.
67 Horkheimer 1955, S. 70.
68 Adorno 1966, S. 29.
69 Ebd., S. 27.
70 Horkheimer 1937, S. 52.
71 Adorno 1966, S. 27.
72 Horkheimer, *Eclipse of Reason*, New York, Oxford University Press Inc. 1947; zit. n. der deutschen Übersetzung: *Zur Kritik der instrumentellen Vernunft*, Frankfurt a. M. 1967, S. 164.
73 Horkheimer 1955, S. 71.
74 Horkheimer 1970, S. 175.
75 Ebd. S. 174.

Zur Dialektik der Post-Moderne*

(Für C.)

Keine toten Hunde

Daß die marxistische Geschichtsphilosophie selber ein Kind der Moderne ist, oder genauer: aus einer kritischen Auseinandersetzung mit der Modernisierung entstanden ist, läßt sich kaum bezweifeln. So hält der junge Marx in seiner *Einleitung zur Kritik der Hegelschen Rechtsphilosophie* (1843) den Deutschen vor, daß sie »philosophische Zeitgenossen der Gegenwart [sind], ohne ihre historischen Zeitgenossen zu sein« – im Gegensatz zu England und Frankreich als den eigentlich »modernen Völkern« Europas; dieser Vergleich gereicht freilich letzteren nicht zur Ehre: Das einzige Verdienst der französischen und englischen Modernität besteht vielmehr darin, daß sie die krassen Widersprüche der bürgerlichen Gesellschaft unverhüllt an den Tag legt. Nun ist es gerade die Aufgabe einer wirklich aktuellen Philosophie, diese »moderne politisch-soziale Wirklichkeit« zu erfassen und der Kritik zu unterwerfen. Die kritische Entlarvung der Irrationalität der herrschenden Verhältnisse bildet den Leitfaden der Entwicklung vom Frühwerk zu den späteren ökonomischen Schriften: in jenen wird das Irrationale junghegelianisch an den Ansprüchen der Hegelschen Philosophie gemessen, in diesen als die verkehrte Ratio der kapitalistischen Wirtschaft verstanden.

Dadurch zeichnet sich allerdings bei Marx selber ein dialektisches Verhältnis zwischen Rationalität und Irrationalität ab, in dessen Licht die Modernisierung gleichzeitig als Vollendung der Vernunft und – weil diese Verwirklichung auf *Entzweiung* beruht: etwa ganz konkret auf der Arbeitsteilung oder noch der Trennung zwischen den Produktivkräften und dem Privateigentum an den Arbeitsmitteln – als wachsende Unvernünftigkeit erscheint. Letzterer will die marxistische Praxis ein Ende setzen, so daß es auch keinem Zweifel unterliegt, daß der Marxismus die Hoffnung auf eine Verwirklichung der Vernunft teilt und so ganz zur Moderne gehört. Gerade aus diesem Grund unterliegt er der postmodernen Disqualifizierung der Vernunft, deren Offensive in erster Linie gegen die heute tatsächlich fragwürdig gewordene Vernünftigkeit der Geschichte gerichtet ist.[1]

Nun zeigt das angedeutete Verhältnis zwischen Rationalität und Irrationalität, wie auch die ihm implizit zugrunde liegende Unterscheidung zwischen Vernunft und Verstandesrationalität, daß das Bewußtsein der Moderne bei Marx die kritische Erfahrung einer *Krise* der Vernunft ist; ähnliches gilt übrigens bereits von Hegels Philosophieren, der deshalb immer noch nicht als »toter Hund« behandelt werden kann.[2] Solchen Krisenerfahrungen sind weiterhin, im Gegensatz zur pauschalen Disqualifizierung, Motive, Ansätze oder wenigstens Anregungen zu einer kritischen Auseinandersetzung mit dem ausposaunten Ende der geschichtsphilosophischen Vernunft abzugewinnen. Horkheimers und Adornos *Dialektik der Aufklärung* und die *Negative Dialektik* Adornos, die heute nicht von ungefähr wieder im Brennpunkt des philosophischen Interesses stehen, weisen den Weg. Solche Werke sind hartnäckige Versuche, die »Vernunft« nicht schon deshalb zu den Akten zu legen, weil sie allem Anschein nach von ihrer Realisierung dementiert wurde. Selbst der utopisch gewordenen Vernunft dämmert noch der Schimmer einer Utopie – wenn er auch erst von einer erneuten Arbeit am Mythos befreit werden kann. In solchen Versuchen wurden Kategorien und Denkmotive geprägt, die nicht nur wieder aktuell werden, sondern es u. U. erlauben, den »Großen Bruch« mit der Vernunft in der Geschichte zu redialektisieren. Der Durchbruch des postmodernen Zeitbewußtseins hat die Frage aufgeworfen, ob es bei aller radikalen Veränderung der objektiven Umstände mit Hilfe archäologisch belegbarer Krisenerfahrungen und Denkstrukturen bewältigt werden kann. Wird dieses Programm hier selbstverständlich nicht erfüllt, so ist man wenigstens darum bemüht, unter Berücksichtigung der genannten Vorbilder die Dringlichkeit einer produktiven Debatte mit den postmodernen Positionen zu betonen.[3]

Denn auf der anderen Hand verbietet es die neue Phase der Modernisierung, in welche die industriellen bzw. postindustriellen Gesellschaften des Westens eingetreten sind, daß wir mit dem postmodernen Denken genauso kurzen Prozeß machen, wie es dieses mit der Vernunft und der Geschichte tut. Der postmoderne philosophische Diskurs will zwar nur Mythos sein: Er beansprucht keine andere Gültigkeit als die einer »Erzählung« unter anderen; somit entzieht er sich gerade jeder Kritik und jeder echten Auseinandersetzung mit der wirklichen Geschichte. Und doch kann man etwa Lyotards *Condition post-moderne* als »Versuch einer Geschichtsschreibung der neostrukturalistischen Dekonstruktion« definieren.[4] Es muß also gefragt werden, ob das Bekenntnis zum Mythos nicht auch einen Rückfall in die »Allmacht der Gedanken«[5] bedeutet. So verstandene Postmoderne entzöge sich, wenn man sich nicht auf eine Diskussion mit ihr einließe, der (von ihr allerdings vollbewußt aufgehobenen) Unterscheidung zwischen dem Realen und dem Fiktiven! Man täte der postmodernen oder poststrukturalistischen Philosophie Unrecht, wenn man sie nicht daraufhin befragte, inwiefern sie die konkreten Bedingungen ihrer Entstehung mitbedenkt, und wenn man ihr gegenüber in dieser Hinsicht a priori das Vorurteil hegte, sie sei gar nicht ernst zu nehmen. Man soll eher an Marx' Urteil über die »philosophischen Zeitgenossen« anknüpfen: Wenn wir »die Philosophie kritisieren, so steht unsere Kritik mitten unter den Fragen, von denen die Gegenwart sagt: That is the question«.

Modernisierung und Modernität: »Dialektik der Aufklärung«

Über die Grundzüge der Moderne als einer technischen Zivilisation, die vom Vorrang der Technik beherrscht wird, und über diejenigen der »postindustriellen« Gesellschaft, die der Vorrang des *Wissens* kennzeichnet, herrscht trotz divergierender theoretischer Ansätze im Grunde allseitig Einverständnis. Sowohl Habermas wie auch Daniel Bell halten etwa das Wissen für das Hauptagens oder gar die Basis der spätkapitalistischen, bzw. »postindustriellen« Produktionsweise. Vom Strukturalismus französischer Prägung über Foucault oder Lyotards und Deleuzes Behauptung, der Wunsch gehöre jetzt selber zur Infrastruktur, bis hin zu Habermas' »Theorie des kommunikativen Handelns« wurde die Kapitallogik gleichsam »diskursiviert«. Jene »Zirkulation von Intensitäten und Affekten«, von der Lyotard 1974 in seiner *Economie libidinale* spricht, gleicht grundsätzlich der »Linguistik der dekodierten Ströme« im *Anti-Ödipus* von Deleuze und Guattari (1972). Und noch in *Le différend* (1984) bringt Lyotard das »ökonomische Genre« des Diskurses mit dem Kapitalismus als »Hegemonie des ökonomischen Genres« in Zusammenhang;[6] die »Politik der Begierde« der 70er Jahre[7] wird so bloß in die Begrifflichkeit der Sprachpragmatik übersetzt. Erst im Hinblick auf die Konsequenzen dieser philosophisch ausgedrückten Diagnose scheiden sich die Meinungen. Und zwar weniger an der von den meisten festgestellten und bereits auch von Habermas' *Technik und Wissenschaft als Ideologie* unterstellten Unbrauchbarkeit des traditionellen marxistischen Basis–Überbau-Schemas, sondern vor allem an der Frage, ob die Vernunft noch zu retten ist; ob sich noch aus dem Aufgehen der Ideologie in der Wirklichkeit[8] (oder umgekehrt aus dem Aufgehen der Wirklichkeit in Ideologie) Maßstäbe gewinnen lassen, die nichts anderes begründen sollen als die Legitimität des philosophischen Diskurses und seine geschichtsphilosophische Gültigkeit (die er – wie bereits bemerkt – nichtsdestoweniger unterstellt). In Lyotards »libidinaler Ökonomie«, die eher »das Triebhafte der politischen Ökonomie« als »das Politische der Triebe« aufzeigen will, erscheint jede Wahrheit – und insbesondere die historische – als der Ausdruck einer »Wahrheitsbegierde«; die Geschichte selbst wird demgemäß zu einer Fabel, die von dieser Begierde erzählt.[9] Auch Habermas' fragwürdige Theorie des Konsensus[10] entspringt offensichtlich dieser radikalen Infragestellung der Wahrheitskriterien und ihrer historischen Belegbarkeit, wie wir noch sehen werden.

Ist, in anderen Worten, die Postmoderne ein radikaler Bruch, oder kann man sie noch als eine dialektische Krise verstehen? Die Beantwortung dieser Frage setzt – und darauf wird sich dieses Kapitel beschränken – eine Diskussion der Kategorien Bruch und Entzweiung voraus.

Im Gegensatz zu den traditionellen, vorindustriellen Gesellschaften, die nämlich auf dem organischen Zusammenhang einer Lebenswelt beruhen, treten in den modernen industriellen Gesellschaften Spannungen und Spaltungen zutage: zum einen eine Ausdifferenzierung in autonome Sphären (Max Weber), zum anderen eine immer stärkere Polarisierung durch den Klassenantagonismus (Marx). Sie halten doch noch durch die Kraft eines Wahrheitsbegriffs zusammen, der sich in der Geschichte verwirklicht und zunächst die Affirmation der bürgerlichen Klasse, dann die Aussicht auf eine proletarische Emanzipation begründet. Aber in den Jahren zwischen 1920 und 1970 wird diese Fortschrittsideologie von aufeinanderfolgenden Schlägen zerrüttet: durch den Zerfall der westlichen Arbeiterbewegung, durch die anfangende neue Etappe der Modernisierung, die dieser Zerfall schon anzeigt, und – auf einer tiefer liegenden Ebene – durch das Trauma des absolut Bösen (Auschwitz) und der drohenden Möglichkeit einer Zerstörung des Kosmos durch den technischen Fortschritt. Bringt der Fortschritt selber sein Scheitern hervor, so muß man entweder mit der »Großen Erzählung« der Vernunft in der Geschichte brechen oder aber nachweisen können, daß die Postmoderne die dialektische Ausgeburt einer krisenhaften Geschichte ist und daß ihre Aufgabe darin besteht, es mit dieser Krise aufzunehmen – sei es, wie man es ihr gern zum Verdienst anrechnen wird, um den Preis einer grundsätzlichen Reformulierung dessen, was man »Vernunft« genannt hat –, anstatt sie gleichsam »fröhlich positivistisch« gelten zu lassen.

Die direkten oder indirekten Kausalitäten, die jenes kritische Moment bestimmen, sollen hier nicht nachvollzogen werden;

sie erfordern eine postindustrielle oder »postmoderne« Soziologie,[11] die allerdings zum Hintergrund der folgenden vier Abschnitte gehört. Dies erste beschränkt sich darauf, das Einbrechen von Diskontinuität und Entzweiung in die Kontinuität der Moderne als eine typische Situation darzustellen, die gar nicht unerhört ist und von der aus möglicherweise die heutige Zeit befragt werden kann. Ist doch die Moderne für sie die Referenzfolie, die zur Bestimmung des eigenen Standorts dient, indem entweder eine Kontinuität verworfen wird, deren Bankrott erwiesen ist und deren Verteidigung (wie es Habermas' Widersprüche verraten)[12] sicher fraglich ist, oder aber indem man in ihr mit Daniel Bell die unwiderrufliche Vergrößerung einer Entzweiung sieht, die nicht mehr gebannt werden kann und somit auch zu den Voraussetzungen gehört, die eine theoretische Auseinandersetzung mit ihr bestimmen. Dabei kann man sich mit einer gewissen Konsequenz zum Relativismus und zum Eklektizismus bekennen, welche die postmoderne Architektur z. B. zum Programm erhebt. Man kann, wie Lyotard es in *La condition post-moderne* (1979) tut, den absolut agonistischen Charakter aller Sprachspiele behaupten. Man kann noch, wie Daniel Bell, annehmen, daß jene Ausdifferenzierung der traditionellen Lebenswelt in autonome Sphären (Wissenschaft, Recht und Moral, Kunst), in der Max Weber – und nach ihm Habermas – das Wesen der Moderne sieht, auf eine immer schärfere Trennung von Gesellschaftsstruktur (Ökonomie, Technologie, beruflich-gesellschaftlicher Organisation) und Kultur (symbolischem Ausdruck) hinausläuft, welche die westlichen Gesellschaften »in einen ständigen Krisenzustand stürzt« und nur noch von einer »politischen Entscheidung«(?) oder einer neuen, an die Stelle der antinomischen tretenden, gemeinschaftlichen Ethik bemannt werden könnte. Wie dem auch sei, in allen diesen Stellungnahmen drängt sich die Forderung auf, *die Moderne im doppelten Licht von Kontinuität und Riß zu betrachten.* Angestrebt wird eine kritische Prüfung des Bruchs mit dem Modell der Wahrheit in der Geschichte, die u. a. verständlich machen soll, wie Habermas selbst bei aller Verteidigung der Moderne als »unvollendetes Projekt« in seiner *Theorie des kommunikativen Handelns* die Vorstellung eines radikalen, der modernen Episteme ein Ende setzenden Einschnitts bestätigt; wie er den Hegelschen Wahrheits- und Geschichtsbegriff als ein »Defizit« der früheren Kritischen Theorie bezeichnen – und dennoch, wie es uns scheinen will, weder auf die »Wahrheit« noch auf die »Geschichte« verzichten kann. Dazu scheint es auf jeden Fall nützlich, die »Moderne« als einen dialektischen Prozeß aufzufassen, der sich parallel zu der 1944 von Horkheimer und Adorno beschriebenen *Dialektik der Aufklärung* vollzieht.[13] Dabei kommt es vor allem darauf an, den Status einer Erfahrung der Entzweiung als ein dialektisches Moment zu bestimmen, welches von der Kontinuitätsideologie gerade verdunkelt bzw. von den Verfechtern eines nicht wieder zu schließenden Einschnitts umgekehrt verabsolutiert wird.

Die *Dialektik der Aufklärung* von Adorno und Horkheimer sowie Horkheimers *Kritik der instrumentellen Vernunft* radikalisieren den Grundgedanken einer im Mythos mündenden Rationalisierung. Gleichzeitig heben sie hervor, daß sich die Modernisierung in Wirklichkeit auf die Verstandesrationalität der Wissenschaft und der Technik gründet. Daher der radikale Schluß der Studie Horkheimers: »Wenn wir unter Aufklärung und geistigem Fortschritt die Befreiung des Menschen vom Aberglauben an böse Kräfte, an Dämonen und Feen, an das blinde Schicksal – kurz die Emanzipation von Angst – verstehen, dann ist die Denunziation dessen, was gegenwärtig Vernunft heißt, der größte Dienst, den die Vernunft leisten kann.«[14] Die Vernunft zieht gegen die Vernunft zu Felde! Sie stellt sich selbst bloß und reflektiert, soweit sie es noch vermag, ihre Verkehrung: »Hier ist es das Ziel, den Begriff von Rationalität zu untersuchen, der gegenwärtiger industrieller Kultur zugrunde liegt [, um aufzudecken, ob dieser Begriff nicht Mängel aufweist, die sein Wesen selbst verkehren].«[15] Wie die gemeinsam mit Adorno geschriebene »Dialektik der Aufklärung« wendet sich die »Kritik der instrumentellen Vernunft« nicht nur gegen eine bestimmte Abart der Rationalität, sondern gegen eine von Natur aus als Veranlagung vorhandene Entartung – gegen eine »Krankheit der Vernunft«, die »in ihrem Ursprung gründet, dem Verlangen des Menschen, die Natur zu beherrschen«.[16] Erst mit dem Industrialismus hat sich allerdings die Schwere dieser Krankheit gezeigt, und zugleich wurde die Kultur in jene wahrhaft kritische Lage versetzt, in der sich die Alternative zwischen Selbstzerstörung und Dämmerung einerseits, Neugestaltung und Befreiung andererseits entscheiden wird. Die gescheiterte Beherrschung der äußeren Natur wird nach der *Dialektik der Aufklärung* mit einer Unterdrückung der inneren Natur erkauft, die am eindeutigsten zeigt, wie Entzweiung zum Wesen der modernen Kultur gehört. Sie ergibt sich – wie wir noch in dem Kapitel »Prolegomena zum postmodernen Subjekt–Objekt« ausführlicher zeigen wollen – aus jener »Entsagung, durch die das Ich, das die Gefahr beherrschen lernt« (Odysseus, der dem Zauber der Sirenen nicht verfällt oder dem Kyklopen Polyphem entrinnt), »seine eigene Identität erringt und zugleich vom Glück des archaischen Einsseins mit der Natur, der äußeren wie der inneren, Abschied nimmt«.[17] »Der gefesselte Hörende«, der »wie irgendein anderer zu den Sirenen will«, muß auch, um der Gefahr zu entgehen, die Trennung von Kunstgenuß und Handarbeit – Kunst und instrumenteller Vernunft – hinnehmen; im Rahmen der von Weber beschriebenen Ausdifferenzierung der substantiellen Vernunft wird von nun an die Kommunikation zwischen den verselbständigten Sphären der Arbeit, des Rechts oder der Moral und der Kunst unmöglich – eine Konsequenz, die den Kern der heutigen Positionen Habermas' ausmacht.

So ist Entzweiung dem Begriff der Vernunft selber einbeschrieben. Das, was äußerlich ihre Kontinuität bildet, wird auf der Grundlage einer unwiderstehlichen Entzweiung errichtet, von der die moderne Kunst z. B. durch den Gestus des ästhetischen Brechens zeugt. Solcher Gestus, wenn er heute auch philosophisch wiederholt wird (vgl. unten das zu Lyotard gesagte), zeugt dann aber sowohl gegen »die Vernunft« wie auch für einen fälligen neuen Begriff von Rationalität.

Als Reflex einer innerlich brüchigen »Kontinuität« sollte er deshalb eher als eine kritische Auseinandersetzung mit ihr verstanden werden. Es ist so gewiß nicht, ob es in Bausch und Bogen der Vernunft und der Geschichte sich zu entschlagen gilt, selbst wenn auf der anderen Hand ebenso wenig sicher ist, ob eine Neugestaltung der Rationalität noch in eine historische Dialektik sich einschreiben kann, welche das »unvollendete Projekt« auf einer neuen Basis wiederaufnehmen würde. Nur eines steht fest, was Foucault mahnend aussprach:

»Man muß die Bescheidenheit aufbringen einzugestehen, daß der Zeitpunkt des eigenen Lebens nicht *der* einmalige, grundlegende und umstürzende Augenblick der Geschichte ist, von dem aus sich alles vollendet und neu beginnt [. . .] Wir müssen uns die Frage stellen: was ist das Heute? Im Anschluß an die kantische Frage: ›Was ist Aufklärung?‹ kann man sagen, daß die Aufgabe der Philosophie darin besteht, zu erklären, was das Heute ist und was wir heute sind. Aber ohne sich ein wenig dramatisch und theatralisch in die Brust zu werfen und von diesem Augenblick zu behaupten, er sei der Augenblick der größten Verdammnis oder der Tagesanbruch der aufgehenden Sonne.« [18]

Wenn nun keine Veranlassung besteht, voreilig auf einen »großen Bruch«, auf das Ende der Vernunft und das Ende der Geschichte zu schließen, so wird jedenfalls deutlich, daß die Geschichte der Moderne – wie ja auch der Versuch einer Geschichtsschreibung der Postmoderne – wohl oder übel ein Moment des Bruches privilegieren muß. Der Gesichtspunkt der Posthistoire vermag einigermaßen diesem methodischen Zwang Rechnung zu tragen.

Geschichte und Mode

Die 11. Geschichtsphilosophische These Walter Benjamins hebt hervor, daß dem Marxismus von 1891 (Erfurter Programm) bis 1933 der Glaube an einen Sinn der Geschichte zum Verhängnis wurde: »Es gibt nichts, was die deutsche Arbeiterschaft in dem Grade korrumpiert hat, wie die Meinung, *sie* schwimme mit dem Strom.« Und Benjamin unterläßt es nicht, daran zu erinnern, daß jener Strom eben der einer bestimmten Rationalität gewesen ist: derjenigen der technischen Entwicklung. Es gilt also, gegen den »Historismus«, den er auch Konformismus nennt, im Marxismus selber das Moment des Bruches zu rehabilitieren. Weil dies versäumt wurde (8. These), war die einzige Reaktion auf den Faschismus »das Staunen darüber«. Den Bruch zu denken ist unmöglich für »die Vorstellung eines Fortschritts des Menschengeschlechts in der Geschichte [. . .]«, die von derjenigen einer »homogenen und leeren Zeit« nicht losgelöst wird (13. These). Die dialektische Erneuerung des Marxismus in den 20er Jahren geht bei Benjamin wie bei Bloch mit der Ablehnung jener homogenen Zeit einher. Benjamin scheint ihr vor allem den Bruch entgegenzusetzen – einen Kairos als plötzlichen Moment der Entscheidung. Leer ist dieser nur scheinbar unvermittelte Augenblick nicht, insofern als er ihn mit einem Gehalt versieht, der aus einer eigenartigen Beziehung zur Vergangenheit geschöpft wird. In diesem Sinn verweist Benjamin auf die Mode, die plötzlich bewußt macht, was der eine oder andere Augenblick der Geschichte an Jetztzeit enthält, die davon sich inspirieren läßt und es aktualisiert: Indem sie einschneidet ins geschichtliche Kontinuum, begründet diese brutale Aktualisierung den Bruch. Solch eine scheinbar gesetzlose Beziehung gehorcht dennoch einer Logik – der der Gegenwart – in gerade dem Augenblick, in dem sie der Vergangenheit sich zuwendet. Genau diese Logik, die uns irrational erscheint, gilt es zu erfassen. Die Moderne ist der geschichtliche Zustand, in dem die Beziehung zur Geschichte nicht mehr die Gestalt homogener Kontinuität annehmen kann, denn die Geschichte der Moderne ist die einer durchgreifenden Entzweiung: Deren Risse bestimmen die Augenblicke, die den Fluß der Geschichte unterbrechen, indem sie sich in ein Bruchstück der Vergangenheit hineinversetzen, welches dadurch plötzlich Sinn gewinnt. Es sind Momente der Entscheidung, *die sich selbst zu denken suchen* und sich nicht mehr mit der Kontinuität identifizieren können, in der sie erscheinen; ihr Verhältnis zur Kontinuität formuliert

die 6. These so: ». . . sich einer Erinnerung bemächtigen, wie sie im Augenblick einer Gefahr aufblitzt.« Etwas, was keinen Namen hat, wird auf flüchtige und doch unverkennbare Weise zugleich einem Bruchstück der Vergangenheit gleichgesetzt; gerade dadurch gewinnt aber diese Vergangenheit Sinn und nicht umgekehrt: Hierin liegt die Perspektive der *Posthistoire*. Ganz wie zu revolutionären Zeiten die Menschen ihre Kostüme den großen Vorbildern entleihen (Marx, *Der 18. Brumaire*), könnte die postmoderne nietzscheanische Geste in *diesem* Sinne eine »Mode« sein – also keine schlechte Nachahmung, sondern die Suche nach einer Identität und einem Gehalt. Und im Lichte dieser Verhältnisse, die den genauen Status des »Bruchs« umreißen, könnte dann wohl die Postmoderne eine weitere, wie immer anscheinend radikalere Krisenerfahrung der Moderne sein.
Das Modell der *Negativen Dialektik* legt denselben Begriff von Posthistoire nahe: Indem sie die scheinbar abgeschlossene Geschichte bedenkt und dadurch die »posthistorische« Perspektive ihrer (zumindest potentiellen) Vollendung übernimmt, sucht da die Gegenwart dem Abschluß zu entkommen, zu dem die Dialektik der Aufklärung sie verurteilt haben soll. Erst dann, wie noch zu zeigen ist, kann der Sinn der Geschichte wirklich entschieden werden, und zwar sowohl gegen diejenigen, die ihn im voraus zu kennen glauben, als auch gegen diejenigen, für die es gar keinen Sinn mehr gibt. Der Umweg über Benjamin, der nicht von ungefähr heute wieder aktuell ist, dürfte auf jeden Fall Zeugnis davon ablegen, daß wir den postmodernen »Bruch« nicht auf die leichte Schulter nehmen können. Ganz im Gegenteil; aber bei Benjamin steht nun auch die inzwischen problematisch gewordene Behauptung, daß das vom Augenblick erleuchtete Gewesene »kraft eines Heliotropismus geheimer Art [. . .] der Sonne sich zuzuwenden strebt, die am Himmel der Geschichte im Aufgehen ist« (4. These). Auch daran scheint die Postmoderne zu zweifeln.[19]

Eklektizismus und Historismus

Wir fangen mit der Architektur an, auf die sich Habermas nicht zu Unrecht kritisch bezogen hat, weil sie gleichsam am Kreuzweg der wirtschaftlichen Sachzwänge und der praxisnahen theoretischen Reflexion sich zu einer Art Karikatur gut eignet. Ihr Bezug auf vergangene Stile hat überhaupt nichts mehr mit dem Benjaminschen »Heliotropismus« gemeinsam; er verwirft gerade jegliche Zentrierung – auch auf ein erst im Aufgehen befindliches Neues. Das Neue ist für sie nicht mehr eine Spannung zwischen Erinnerung, bzw. Aktualisierung, und einer Erwartung, bzw. messianischer Erleuchtung. Das Scheitern der ästhetischen Moderne eröffnet vielmehr die Ära eines Jenseits aller Brüche, die schwimmende Kriterien technisch ausnützt, um die Widersprüche theatralisch-entkräftend zu inszenieren. So Charles Jencks' »Radical eclecticism«.[20] Der von ihm vorgeschlagene Begriff der Mehrfachkodierung soll der Architektur ermöglichen, sich an alle zu wenden, an die breite Masse wie an die Elite, und rechtfertigt also den willkürlichen Rückgriff auf die verschiedenartigsten Stile und Epochen. Historistisch macht der Stilpluralismus »geschichtliche Überlieferungen in idealer Gleichzeitigkeit disponibel und ermöglicht einer unsteten, vor sich selbst fliehenden Gegenwart eine Kostümierung in geliehenen Identitäten«.[21] Dabei verschwindet aber der Sinn, den die Benjaminsche »Mode« solchen identifizierenden Entlehnungen verlieh: Der Historismus macht das Einmalige wiederholbar – unendlich wiederholbar. Man macht es sich im Zerfall der Moderne bequem und sucht nicht mehr, aus diesem Bruch eine Wende zu machen; die profane Erleuchtung, von der Benjamin sprach, verglich hingegen den Augenblick des Bruchs, in dem das Neue ins Kontinuum einbricht, mit dem der Revolution: »Derselbe Sprung unter dem freien Himmel der Geschichte ist der dialektische, als den Marx die Revolution begriffen hat« (14. These) – erst dann offenbarte sich der Sinn der Geschichte, indem er sowohl diejenigen, die ihn im voraus kennen wollten (die ›Historisten‹, von denen Benjamin spricht), als auch die anderen, die ihr jeglichen Sinn absprechen (die neuen Historisten) Lügen strafte. Der Postmodernismus stellt, zumindest in der Architektur, eine Form des Positivismus dar: Er beruht auf der Billigung einer technischen Rationalität, deren Kritik man sich entschlägt.

Auffällige Übereinstimmungen mit der philosophischen Postmodernität eines Lyotard können niemandem entgehen. Die »condition post-moderne« bedeutet für Lyotard, daß man nunmehr weder an die Geschichte als Emanzipationsraum und zielgerichteten Prozeß noch an die Gesellschaft als ein strukturiertes Gebilde glaubt. Wer noch von Sinn, Legitimation oder Konsensus spricht, bleibt im historisch »veralteten, metaerzählerischen Apparat der Legitimation«[22] befangen, während sich inzwischen die »Krise der traditionellen Motivationen« (Habermas) zu einer durchgreifenden »Agonistik« gesteigert hat. Im *Anti-Ödipus* von Deleuze und Guattari oder in Lyotards *Economie libidinale* war bereits der Wunsch, oder die Begierde, zu einer ungebundenen Zirkulation entlokalisierter Intensitäten geworden. Dieser Auffassung entspricht in *La condition post-moderne* die sprachpragmatische »Atomisierung des Sozialen in geschmeidige Netze von Sprachspielen«[23]: »Wir bilden nie feste sprachliche Kombinationen, und die Eigenschaften derjenigen, die wir gegebenenfalls bilden, sind nicht unbedingt kommunizierbar.«[24] Auch die kommunikative Bildung eines Konsensus, wie sie Habermas anstrebt, täte nach Lyotard dieser »Freiheit« der Sprachspiele Gewalt an. Deshalb darf man auch hier insofern von Positivismus sprechen, als das Nebeneinander und rein zufällige Zusammentreffen der pragmatischen »Atome« den Zerfall bloß reflektiert. Der Postmodernismus »hat die Witterung für das Aktuelle, wo immer es sich im Dickicht des Einst bewegt« (Benjamin): dies aber einzig, um einen radikalen Eklektizismus geltend zu machen – genauer: gelten zu lassen.

Wird die von Lyotard beschriebene postmoderne »Lage« anscheinend einfach hingenommen, so liegt doch darin ein Paradoxon: Mit seinen historischen Rückgriffen versichert sich der Eklektizismus auf rein formaler Ebene der Legitimität einer

Tradition – wenn er sich auch weigert, sich explizit auf sie zu berufen –, die in Verbindung mit einer Vielfalt möglicher Lesarten den größtmöglichen, auf ein außerordentlich verschiedenartiges Publikum gestützten Konsensus begründen soll; die Sehnsucht nach dem Konsensus ist also nicht verschwunden. Lyotards Haltung ist beim ersten Blick viel radikaler: Er faßt den Konsensus nur mehr als einstweiligen, lokal begrenzten Vertrag auf, der der feststellbaren Entwicklung des sozialen Handelns entspricht. Man kann trotzdem zeigen, daß er noch implizit an einen Konsens appelliert, insofern als *Le différend* (1984) eine Leserschaft voraussetzt, selbst wenn der eigentliche Adressat ein unvorhersehbares ›Sich-Ereignen‹ (»Arrive-t-il?«)[25] ist. Obwohl der philosophische Diskurs keine andere Gültigkeit beansprucht als die einer mythischen Erzählung, käme er nicht einmal zustande, wenn er nicht auf Motive verwiese, die zur Lebenswelt seiner Leser gehören.
Ihrerseits schlägt die postmoderne Architektur eine Mitbestimmung der Bürger vor, die nicht mehr über die offiziellen Kanäle läuft und so auch dem Begriff des lokal begrenzten Vertrags durchaus entgegenkommt. Dieser soll nach Lyotard als Produkt des freien Spiels der Sprachspiele die größtmögliche Demokratie garantieren; bei näherer Betrachtung führt er aber vielmehr zur politischen Ohnmacht.

Politische Ohnmacht
Gerade weil die technische und technokratische Rationalität fortbesteht, bedrohen die strategischen Sprachspiele (wie sie Habermas nennt) diesen frommen Wunsch. Lyotard muß es symptomatisch erkennen, wenn er am Ende von *La condition post-moderne* eine Alternative offen läßt:

»Die Informatisierung der Gesellschaften [. . .] kann das ›erträumte‹ Kontroll- und Regulierungsinstrument des Systems des Marktes werden, bis zum Wissen selbst erweitert werden und ausschließlich dem Prinzip der Performativität gehorchen. Sie bringt dann unvermeidlich den Terror mit sich. Sie kann auch den über die Metapräskriptionen diskutierenden Gruppen dienen, indem sie ihnen die Informationen gibt, die ihnen am meisten fehlen, um in Kenntnis der Sachlage zu entscheiden. Die Linie, die man verfolgen muß, um sie in diesem letzteren Sinn umzulenken, ist *im Prinzip* sehr einfach: die Öffentlichkeit müßte freien Zugang zu den Speichern und Datenbanken erhalten.«[26]

Insofern als in den etablierten Institutionen (etwa in Unterricht und Forschung) die Performativität vorherrschend ist, muß es die Hoffnung auf Befreiung bei einer bloßen petitio principii belassen. Fragt man nach seinen praktischen Perspektiven, so erscheint der Postmodernismus als das Hinnehmen einer zweiten (oder dritten) Natur, welche geboren ist aus dem Scheitern der emanzipatorischen Vernunft und die zu beherrschen die Vernunft somit nicht mehr beanspruchen kann; die Hoffnungen, die er nicht ganz aufgibt, flüchten sich in eine bis zum Äußersten getriebene eklektizistisch-historische Version des Pluralismus, die letzten Endes mit einer Erneuerung des abgedroschensten Liberalismus zusammentrifft. So wie bei Lyotard die Performativität willig oder unwillig akzeptiert werden muß, bekennt sich Charles Jencks bedenkenloser zu einer gesellschaftlichen »Synthesis«, die bloß das undialektische Nebeneinander aller möglichen Codes sanktioniert – vor allem der Codes einer gemeinen und einer Experten-Lesart, die gleichsam miteinander einen Kompromiß schließen und nicht einmal mehr Lyotards Nostalgie einer wachsenden Selbstbestimmung des Publikums hegen. Mißt man dem »Anti-Ödipus« von Deleuze und Guattari zumindest die soziologische Gültigkeit einer Zeiterscheinung zu (dasselbe gilt allerdings von Lyotards Schriften), dann erscheint die Mehrfachkodierung, die Jencks ausdrücklich als »schizophrenical coding« auffaßt, als die konsequente praktische Antwort auf jene »Dekodierung«, von der Deleuze spricht, auf die Zerstörung der Codes und die Deterritorialisierung also, die der Kapitalismus vollbracht hat.
Weil sich die Vernunft gleichzeitig vollendet und disqualifiziert hat (eine These, die eine postmoderne Aneignung der *Dialektik der Aufklärung* nahelegt), soll ihre wirkliche Disqualifizierung auch ihre faktische Abschaffung bedeuten; demgemäß richtet sich der Postmodernismus im Zerfall ein. Wie paradox

sie angesichts der wachsenden Zersplitterung auch klingen mag, ist Habermas' Meinung, die Postmoderne sei ein Wunsch nach Regression zu ›undifferenzierten‹ Lebensformen, so zu verstehen, daß man der sich steigernden und unübersteigbaren Komplexität schlechterdings ihr Spiel beläßt. Es stimmt übrigens, daß die Versuche zur Verwaltung dieser Komplexität unaufhörlich die Ohnmacht der »Vernunft« bestätigen. Von der Vernunft, die unaufhörlich scheitert, sieht man dann einfach ab; man verzichtet darauf, sie zu kritisieren und womöglich zu retten.

Erhabenheit und Terror[27]

Im Bereich der Ästhetik stellt Lyotard mittels einer erstaunlichen Verknappung dem Terror eine Ästhetik des Erhabenen entgegen – einen Postmodernismus, der »Anspielungen auf ein Denkbares (erfindet), das nicht dargestellt werden kann«.[28] Diese Strategie hängt mit jener ohnmächtigen Hoffnung zusammen, daß die durchaus konkreten und auf breiter Basis bereits funktionierenden technologischen Produktivkräfte des postmodernen Alters »im Prinzip« demokratisch gebraucht werden können. Dieser dubiosen Flucht nach vorne entspricht ästhetisch das Erhabene, das mit der lügnerischen Affirmation schöner Harmonie bricht. Dieser Bruch sei nicht schon deshalb terroristisch; terroristisch sind nach Lyotard eher die strategischen Sprachspiele, die einen Konsens erzwingen und Harmonie mit mehr oder weniger offener Gewalt durchsetzen.

Nun beruht u. E. dieses Argument auf Kategorien, die einer kritischen Differenzierung bedürfen. Lyotard zufolge entstünde der Terror aus der Hegelschen transzendentalen Illusion, die mittels der Verwechslung von Denken und Wirklichem die klar geschiedenen Sprachspiele der drei Kantschen Vermögen zu einer Totalität vereinheitlicht. Wenn man aber so argumentiert, verschwindet der Unterschied zwischen Totalitarismus und Terror. Was bei Hegel sich vollendet, ist nämlich der Totalitarismus – derjenige einer Vernunft, die tatsächlich

ihre Zwiespältigkeit und Unabgeschlossenheit leugnet. Indem er alle Dinge mit der gleichen Elle meßbar macht, setzt dieser Totalitarismus unbewußt oder verschwiegen die Vernunft dem Verstand und somit *einem* Sprachspiel gleich, wie es die *Dialektik der Aufklärung* zeigt. Nur weil es sich dabei um ein besonderes Sprachspiel, das des Begriffes, handelt, wird der Terror zu seinem *Werkzeug;* das hat wohl Georg Büchner in seinem Drama *Dantons Tod* als erster eingesehen, indem er den Verfechtern der terreur bald kantische (Robespierre), bald hegelsche (St. Just) Reden in den Mund legt.[29] Nichtsdestoweniger ist der Terror vor dem Totalitarismus vorhanden. Und eben jener Terror ist untrennbar vom Erhabenen – vom »erhabenen Drama der Revolution« (Büchner). Wenn es zweifellos ist, daß der Wunsch, mit dem Wirklichen Frieden zu schließen, vom Totalitarismus eingegeben wird und ihn am Leben erhält, so erzeugt das Erhabene ihm den Terror.
In Lyotards Motto einer postmodern-erhabenen Kunst ist der Terror der eines Ästhetizismus, der neben dem totalitären Streben des strategischen Sprachspiels besteht und diesem unmöglich ein Ende setzen kann, ohne in eine Dialektik mit der instrumentellen Vernunft einzutreten – was das postmoderne Denken, wie gezeigt, um einer bloßen Alternative oder gar um eines anything goes willen gerade unterläßt. Das gleichzeitige Bestehen einer Verwaltung mit totalitärem Streben und des Terrorismus ist heutzutage nur allzu wirklich. Im Gegensatz zur Ästhetik des Schönen und zur Melancholie der Moderne, die besessen ist vom Verlust des Sinns (Adornos »traurige Wissenschaft«, Benjamins »Allegorie«), sieht nun Lyotard in einem Postmodernismus, der »in der Darstellung selbst auf ein Nicht-Darstellbares anspielt«,[30] so etwas wie die Perspektive einer fröhlichen Wissenschaft, die gleichsam den fröhlichen Positivismus durch eine Nietzscheanische »Bejahung« erlösen würde. Indem Lyotard das Postmoderne gleichzeitig dem Modernen und der »Postavantgarde« entgegensetzt, bestimmt er es durch die ständige Infragestellung der Mittel und Ausdrucksformen der Kunst.

Da es aber somit nichts anderes sein kann, als es das Moderne schon war, opfert sich, wie es uns scheinen will, der so aufgefaßte Postmodernismus dem Schicksal des Modernismus der Weimarer Republik: einer Ohnmacht angesichts des Totalitarismus, welche besiegelt wird von einem unaufhörlichen Brechen mit dem Vorhergehenden, das im Gestus sich verzehrt.

Anstatt den Zerfall hinzunehmen, müßte die Alternative zwischen Demokratie und Terror dialektisch betrachtet werden. Können die »postmodernen« Technologien und die Aufsplitterung des sozialen Bandes, die sie verursachen, nicht geleugnet werden, dann hat ein solches Unternehmen aus dem Innern der Auflösung heraus zu erfolgen. Dadurch würde es an die »Dialektik der Moderne« wieder anknüpfen, ihre innere Widersprüchlichkeit und ihre Selbstzerstörung redialektisieren. Aus dem Innern des Zerfalls heraus unternommen, schließt selbstverständlich dieses Vorgehen die Achtung von Diskontinuitäten und Einzelheiten ein.
Demgegenüber erhebt der Postmodernismus seine bedingte praktische Unfähigkeit zur Weltanschauung und gibt voreilig jede Bemühung auf, die getrennten Sphären und Spielarten der Kunst (des Expressiven) der Moral (des Normativen) und der Techniken (des Performativen) wieder miteinander zu verbinden. Wo und wie diese Bemühung ansetzen kann, bleibt allerdings recht fragwürdig.

Anmerkungen

* Das Konzept, von dem dies Kapitel ausgegangen ist, geht auf 1982 zurück. Es wurde dann in verschiedenen französischen Publikationen entwickelt: »Marxisme et condition postmoderne«, in *Philosophiques,* Montreal 1983, Vol. X, N° 2; »La fin de la ›Raison dans l'histoire‹«, in *Dialogue, Revue de la société canadienne de philosophie,* Vol. XXII (1983), pp. 631–646 (Reprint in *Social Science Information,* London/Beverly Hills/New Delhi 1984, Vol. 23, N° 3).
Eine Kurzfassung ist unter demselben Titel in *Spuren,* Hamburg 1983, Nr. 3, erschienen; die Übertragung aus dem Französischen besorgte

Marianne Karbe; die hier aufgenommenen Teile dieser Übersetzung wurden vom Autor überarbeitet.

1 Raulet, »Disqualifizierung des Marxismus« (Vortrag in Starnberg, 1980). Eine wegen nachlässiger Fahnenkorrektur vom Autor nicht anerkannte Kurzfassung erschien in *Praxis International,* July 1983, Vol. 3, N° 2. Vgl. in diesem Band S. 60ff.

2 Habermas, *Vorlesungen zum Diskurs der Moderne,* Frankfurt 1985 (zit. nach dem Skriptum).

3 Vgl. das Forschungsprogramm der Groupe de recherche sur la culture de Weimar (Fondation de la Maison des Sciences de l'Homme, Paris) und insb. das Vorwort zu Raulet (Hg.), *Weimar ou l'explosion de la modernité,* Paris 1984. Ferner: Stäblein, R.: »Modernité et postmodernité«, in *MSH-Informations,* Maison des Sciences de l'Homme, Paris 1984, N° 48. Le Rider, J./Raulet, G. (Hg.), *Verabschiedung der (Post-) Moderne?,* Tübingen 1986.

4 Manfred Frank, *Was ist Neo-Strukturalismus,* Frankfurt 1983, S. 610.

5 Freud, *Totem und Tabu,* Kap. III.

6 Lyotard, *Le différend,* Paris 1984, S. 251ff.

7 Lyotard, *Economie libidinale,* Paris 1974, zu diesem Thema, s. oben, »Disqualifizierung des Marxismus«.

8 Marcuse, *Der eindimensionale Mensch,* Neuwied u. Berlin 1970, S. 31.

9 Lyotard, *Instructions paiennes,* Paris 1977.

10 Hierzu: Kortian, Garbis, *Métacritique,* Paris 1979, und Raulet, »Consensus et légitimité«, in *Esprit,* Jan. 1980.

11 Daniel Bell, *The Coming of Post-industrial Society,* New York 1973; s. auch Habermas' Programm im Schlußkapitel seiner *Theorie des kommunikativen Handelns,* 1979; Ansätze auch in Guillaume, Marc, »Postmoderne Effekte der Modernisierung«, in Le Rider/Raulet, *Verabschiedung der (Post-)Moderne?* [Anm. 3].

12 Raulet, »La fin de la Raison dans l'histoire«, in *Social Science Information,* London/New Delhi 1984, und in diesem Band »Prolegomena zum post-modernen Subjekt–Objekt«.

13 Raulet, »Von der Modernität als Einbahnstraße zur Postmoderne als Sackgasse« in diesem Band.

14 Horkheimer, *Zur Kritik der instrumentellen Vernunft,* Frankfurt 1967, S. 174.

15 Horkheimer, ebd., S. 13. Das Eingeklammerte fehlt in der deutschen Ausgabe.

16 Horkheimer, ebd., S. 164.

17 Habermas, »Die Verschlingung von Mythos und Moderne«, in: Bohrer, K. (Hg.), *Mythos und Moderne,* Suhrkamp 1983, S. 408.

18 Foucault/Raulet, »Um welchen Preis sagt die Vernunft die Wahrheit?«, in *Spuren,* Hamburg 1983, Nr. 2.

19 Zur Kritik an dieser teleologischen Vorstellung, die wörtlich an Kants

»Idee zu einer allgemeinen Geschichte in weltbürgerlicher Absicht« (Einleitung) erinnert, s. in diesem Band, S. 157 ff.

20 Charles Jencks, *The Language of Postmodern Architecture,* London, Academy Ed. 1977, S. 133.

21 Habermas, »Moderne und postmoderne Architektur«, in *Die andere Tradition – Architektur in München von 1800 bis heute,* Callwey 1981, S. 9.

22 Lyotard, *La condition post-moderne,* Paris 1979, S. 7.

23 Lyotard, ebd., S. 34.

24 Lyotard, ebd.

25 Lyotard, *Le différend,* Paris 1984, S. 15. Vgl. u. S. 178 ff.

26 Lyotard, *La condition post-moderne,* a. a. O., S. 107 f.

27 Auf diese Argumente hat Lyotard in einem Postskriptum zu »Das Erhabene und die Avantgarde« geantwortet: s. Le Rider/Raulet (Hg.): *Verabschiedung der (Post-)Moderne?,* a. a. O.

28 Lyotard, »Beantwortung der Frage: Was ist postmodern?«, in *Tumult* 4, 1982.

29 Raulet, »Georg Büchner – ›La Mort de Danton‹ ou la crise de la Raison dans l'histoire«, *Catalogue du Théâtre de l'Est Parisien,* 1982; wiederaufgenommen in Büchner, *Œuvres,* Hg. von Lortholary, B., Paris 1985, und demnächst in Raulet, *Büchner – Zur Einführung,* Junius Verlag (SOAK-Einführungen).

30 Lyotard »Beantwortung der Frage: Was ist postmodern?« a. a. O.

Von der Modernität als Einbahnstraße zur Postmoderne als Sackgasse

Mit dem Geschichtsprozeß macht die Postmoderne kurzen Prozeß; auch das Subjekt der Geschichte richtet sie zugrunde. Hegels historisches, von Marx und Lukács übernommenes Subjekt–Objekt wird abgedankt – genauer: Es scheint tatsächlich vom Amt abzutreten und sowohl die philosophische als auch die historische Bühne verlassen zu haben. In dem Maße, wie sich in der Wirklichkeit das proletarische Subjekt–Objekt aufgelöst hat, zerfiel auch die philosophische Konstruktion der Geschichte. Angesichts der mit sich selber zerfallenen Moderne stellt Benjamins Sammlung *Einbahnstraße* einen der letzten Versuche dar, die allgemeine Zersetzung, die nichts anderes ist als der Sieg einer totalen Verdinglichung, mittels der

Denkbilder dialektisch zu erfassen und die Armut der verdinglichten Erfahrung zu sprengen. Nur so ließe sich noch eine Dialektik der Verdinglichung denken, indem man nämlich verdinglichte Erfahrungsfragmente widerspiegelt und gleichsam bis zum Äußersten treibt. Hatte doch Marx selber davon gesprochen, daß man »den wirklichen Druck noch drückender machen (muß), indem man ihm das Bewußtsein des Drucks hinzufügt«.[1] Auf das Äußerste ist allenfalls der *Destruktive Charakter* (1931) gefaßt. Wo noch versucht wurde, Spuren zu lesen, genauer: dialektisch sichtbar zu machen, sieht er zwar welche, aber kreuz und quer, nach allen Richtungen hin. »Verfallenheit ans Objekt, bis zur buchstäblichen Selbstauslöschung des Selbst«, so hat Adorno ihn verstanden,[2] Spuren aufnehmen bedeutet für ihn, es mit der Übermacht des Bestehenden aufzunehmen und bis ans äußerste Ende der Verdinglichung, also bis zur Selbstauflösung des eigenen Charakters zu gehen. Aber wie die Geschichte gezeigt hat, kam diese positive Barbarei zu kurz; meinte er, selber das Jüngste Gericht zu sein, so werden wohl alle Vorzeichen der Apokalypse erscheinen, und die Tiere werden sich entfesseln, aber ohne jegliche Offenbarung am Ende. Mit der Vernichtung jeder Hoffnung spätestens 1933 wird der Strategie des destruktiven Charakters faktisch Einhalt geboten.[3] Der destruktive Charakter, der sich aller Menschlichkeit entäußerte und sich selber die Qualität eines Subjekts absprach, prophezeite umsonst. Benjamins Einbahnstraße endet in einer Sackgasse – ohne Hoffnung auf ein Zurück.

Die Postmoderne als ein Zugleich von »apathie« und »jubilation«, als eine eigenartige Mischung aus Resignation und fröhlicher Wissenschaft, läßt sich ihrerseits als das Ende der Utopie bezeichnen.[4] Lyotards Ästhetik des Erhabenen gehört zu ihrer fröhlichen Seite; insofern sie diese Erhabenheit als eine Flucht nach vorne versteht, erinnert sie stark an Benjamins positive Barbarei, deren Scheitern sie allerdings zu überwinden sich anmaßt. Aber wie wenig sie dabei der Gefahr – auch der politischen Gefahr – eines Umschlags ins Böse widerstehen kann, haben wir bereits gezeigt.[5] Indem Lyotard Terror und Totalitarismus verwechselt, entschlägt er sich auch der Mittel zur angemessenen Bekämpfung des einen wie des anderen. Auf dem Gebiet der technologischen Entwicklung, mit der diese positive Barbarei gern spielt (s. die Ausstellung »Les Immatériaux«, Paris 1985), läuft sie ebenfalls Gefahr, von der Entwicklung, auf die sie sich beruft und in welche sie ihre Hoffnungen setzt, gleichsam hintergangen zu werden. Läßt sich nämlich die Entwicklung der zeitgenössischen Technowissenschaft wie auch die Wirkung der neuen Technologien als eine tatsächliche ›Flucht nach vorne‹ beschreiben, als der chaotische und doch »herrliche« Sieg der Anomie, die ganz im Sinne der Nietzscheanischen ›Vornehmheit‹ vom sozialen Subjekt eine immer größere Fähigkeit zur »sveltesse« (Gelenkigkeit) erfordert, so könnte wohl Lyotard, der dadurch über die Allmacht der Performativität hinauszufliehen meint, von dieser ereilt werden. Diese neue »List der Vernunft« haben Deleuze und Guattari geahnt und mit dem Bild der Wunschmaschinen ausgedrückt, die immer ihre äußerste Grenze anstreben und sich dadurch gerade am Leben erhalten, ohne daß sich daraus der Spielraum einer wie immer neuen Art von »Emanzipation« ergäbe.

1. Die Sackgasse der Vernunft

Ergeben sich aus der postmodernen »positiven Barbarei« unlösbare Alternativen – sowohl das unentscheidbare Entweder-Oder von Terror und Demokratie wie auch die Aporie des postmodernen Zustands als unerhörter Steigerung potentieller Freiheit und hoffnungsloser Vorherrschaft der strategischen Sprachspiele in der unbeherrschbaren Anomie –, so spielt sich die Debatte zwischen Moderne und Postmoderne tatsächlich – um Benjamins Einbahnstraße zu parodieren – in einer Sackgasse ab. Wie sehr sie auch eine verkürzte Verstandesrationalität vollendete, die sich für Vernunft schlechthin ausgab, konnte sich nämlich die Moderne so lange mit der historischen Hoffnung auf eine substantielle Vernunft identifizieren, wie sie von immanenten Widersprüchen getragen ward, die sich in der Form eines Hauptwiderspruchs polarisieren ließen und die Logik der geschichtlichen Entwicklung darstellten. Genau in diesem Sinne kann Lukács der »bürgerlichen« Wissenschaft eine andere, vom »Standpunkt des Proletariats« verbürgte Ratio entgegensetzen. Dasselbe gilt von den Anfängen der Kritischen Theorie in den dreißiger Jahren; der Wortlaut der programmatischen Abhandlung aus dem Jahre 1937[6] zeigt auf unverkennbare Weise, daß sie noch – bei aller Fragwürdigkeit des Verhältnisses zwischen Theorie und Praxis – auf das Lukácssche Modell eines Subjekt–Objekts zurückgreift, um ihre theoretische Identität gegen die traditionelle Theorie zu behaupten. Aber gerade in dieser Schrift, und zwar genau in der Mitte des Gedankengangs, beginnt es schiefzugehen. Nachdem nämlich die Überwindung der für die traditionelle Theorie charakteristischen Dualismen auf gedanklicher Ebene vollzogen worden ist, und nachdem die Kritische Theorie die Bezogenheit auf die Gesellschaft selber als *ihr* Prinzip erklärt hat, zerfällt bei genauerer Betrachtung der historischen Lage der »Standpunkt der Totalität«, auf den sie sich gegenüber der traditionellen Theorie beruft! Denn dieser begründet sich aus der konkreten historischen Polarisierung der Klassenstandpunkte, und er setzt voraus, daß eine konkrete ökonomisch-soziale Entwicklung ein bestimmtes ökonomisch-soziales kollektives Subjekt in den Stand setzt, die Wirklichkeit einer gegebenen Gesellschaftsformation zu durchschauen. Nun muß Horkheimer feststellen, daß die ökonomisch-soziale Lage nicht mehr einem solchem *Erkenntnisinteresse* entspricht und daß sich zwischen Objektivem und Kognitivem ein Bruch vollzogen hat: »Auch die Situation des Proletariats bildet in dieser Gesellschaft keine Garantie der richtigen Erkenntnis«[7] – eine Feststellung, die am Ende der Schrift zugespitzt wird: »Ebensowenig existiert eine gesellschaftliche Klasse, an deren Zustimmung man sich halten könnte.«[8] Die Lukácssche Herkunft der Fragestellung und Formulierung verrät gerade die Infragestellung des Lukácsschen Modells.

Die Kritische Theorie setzt als solche mit *diesem* Bruch ein. Die Unterscheidung zwischen zwei Phasen und das verdächtige Überstrapazieren der späten Schriften Horkheimers verkennen den von vornherein berücksichtigten Bruch zwischen Theorie und Praxis.[9]

Weil ihr von vornherein die Identifizierung mit einem historischen Subjekt versagt wurde, mußte die Kritische Theorie schon 1937 ihre Identität einer Geschichte der Rationalität abgewinnen. In diesem Licht erscheint die *Dialektik der Aufklärung,* die Horkheimer und Adorno im amerikanischen Exil zusammen verfaßten, als bloße Radikalisierung dieses unumgänglichen Ansatzes. In dieser Schrift gehen beide Autoren so weit, daß die Vernunft, mit ihrem mythischen Ursprung abrechnend, verwirrende Verbindungen mit dem *Mythos* eingeht und so in eine Lage gerät, deren Bedeutung sich erst im heutigen postmodernen Kontext, der sich dieses Werk scheinbar zwanglos anzueignen vermag, wirklich ermessen läßt. Sofern sie nämlich noch eine normative Basis besitzt, bringt sie die Vernunft in der Form einer erzählerischen Konstruktion zustande, die man durchaus als *mythisch* bezeichnen darf: Sich ursprünglich vom Mythos absetzend und schließlich in dessen Bann zurückfallend, scheint die Vernunft das Gewand des Mythos annehmen zu müssen, um noch von sich selbst sprechen zu können. Der Knoten von Adornos und Horkheimers Schrift ist bekannt: Es ist die Sage des Odysseus. Odysseus' List besteht darin, daß er das selbstbewußte Subjekt gegen die mythische Übermacht mythischer Gewalten behauptet, wobei er sowohl diese umgeht als auch *mit* ihnen umgeht.[10] Wie Jakob Taubes mit Recht aus dieser überlisteten Hinterlistigkeit folgert, handelt es sich um »eine Art von Kasuistik des mythischen Bewußtseins«. Adorno und Horkheimer exponieren die »Urgeschichte der Subjektivität« an der homerischen Odyssee, »weil sie darin ein Beweisstück ihrer *Doppelthese* erblickten: Schon der Mythos ist Aufklärung, und Aufklärung schlägt zurück in Mythologie. So blieben auch sie letztlich im Rahmen einer mythischen Schlüsselfigur«.[11]

Diese fast undurchdringliche Wesensverwandtschaft zwischen Vernunft und Mythos – wobei sich die Vernunft wie immer mythisch noch zu reflektieren vermag – sollten wir im folgenden insofern in Erinnerung behalten, als für die Verfechter der Postmoderne das Scheitern der Vernunft gerade darin besteht, daß sie sich im Augenblick der zerfallenden Moderne als bloße Erzählung erweist. So neu ist nämlich dieses Neue nicht. Definiert man die Moderne als die Selbstbehauptung der Vernunft, so wird deren Geschichte von Krisen skandiert, die jeweils ein ähnliches krisenhaftes Verhältnis zur Praxis zum Ausdruck bringen. Und jedesmal wurde ja auch die Möglichkeit des vernünftigen Diskurses in Frage gestellt: Das gilt sowohl von Hölderlins »Hyperion« und vom »Ältesten Systemprogramm des deutschen Idealismus« (1797) als auch von Schlegels »Rede über die Mythologie« (1800) und von Nietzsches Kritik der Moderne. Plädierte noch das Älteste Systemprogramm im Namen des En diapheron eautô, also des »Einen in sich selber unterschiednen« (*Hyperion,* Erster Band, Zweites Buch, 81), für »Monotheismus der Vernunft und des Herzens, Polytheismus der Einbildungskraft und der Kunst«, so tritt schon bei Schlegel die Mythologie als bloßes Artefakt an die Stelle der Vernunft.[12] Es sind das charakteristische *zyklische* Krisen der Moderne, die sich unmittelbar aus der Logik ihrer Entstehung ergeben, nämlich aus dem Bruch mit einer Tradition, deren Legitimität auf sich selbst beruhte. Denn von nun an konnte und wollte die Moderne ihre orientierenden Maßstäbe nicht mehr Vorbildern einer anderen Epoche entlehnen; sie mußte »ihre Normativität aus sich selber schöpfen. Die Moderne sieht sich, ohne Möglichkeit der Ausflucht, an sich selbst verwiesen«.[13] Die Kritische Theorie und insbesondere die *Dialektik der Aufklärung* sind extreme Beispiele dieser Logik: Sie geben zu erkennen, daß der vermeintliche Untergang der Vernunft viel eher eines der Themen des sich immer wieder krisenhaften Bewußtwerdens der Vernunft ist.

Daraus resultiert, daß man die Postmoderne nicht unhistorisch verabsolutieren kann und daß man sich vielmehr bemühen sollte, sie im Kontinuum der Selbstbehauptung der Moderne zu verstehen, sowohl als eine *typische* Wiederholung von charakteristischen Krisensituationen – man müßte dann, an Benjamin anknüpfend, eine »Archäologie der Postmoderne« entwickeln – wie auch als eine *Folgewirkung* der Moderne, die in diesem Sinne doch eine qualitative Umschlagstelle ihrer Entwicklung erreicht hätte. Wir möchten hier beiden Hypothesen nachgehen und finden bei Max Weber den entsprechenden Ansatzpunkt.

2. Geschichte als Rationalisierung und Zersetzung

Was mit dieser Verknüpfung einer im Benjaminschen Sinn ›archäologischen‹ Untersuchung typischer Strukturen und eines historischen Prozesses intendiert ist, nimmt bei Max Weber die Form einer idealtypischen Rekonstruktion der Entwicklung des okzidentalen Rationalismus an. Weber leitet ebensowenig die kulturelle Rationalisierung von der Geschichte der Wissenschaft und der Technik ab, wie er die ausdrücklich als widersinnig und dogmatisch angeprangerte Auffassung vertritt, nach welcher der abendländische Kapitalismus die Wirkung der kulturellen Rationalisierung wäre. Man darf sich fragen, ob in dieser heuristischen Vorsicht nicht schon etwas von dem Verlust eines eindeutigen, konkret belegbaren Sinns der Geschichte zu spüren ist. Steht doch die Fragwürdigkeit der Handlungsmotivationen im Zentrum von Webers verstehender Soziologie, und von diesem Standpunkt aus kann keine Theorie, sei es auch nur rückblickend, die Sicherheit der Wahrheit beanspruchen; so wie die verstehende Soziologie für die Gegenwart die Motive des Handelns zu ihrem Problem macht, enthält sich die idealtypische Konstruktion gegenüber der Vergangenheit jeder direkten, kausalen Entsprechung zwischen Theorie und Wirklichkeit. Wir werden noch sehen, inwiefern dieser Status der Theorie der von Weber gezogenen Bilanz der Moderne entspricht. Es kann aber sofort darauf hingewiesen werden, daß die Webersche Darstellung der Modernisierung als Rationalisierung – indem sie eine idealtypische Konstruktion gleichsam an die Stelle der wirklichen Geschichte treten läßt – sich von vornherein als ein besonders brauchbares Modell erweist für Theorien der Moderne, die alle mehr oder minder den Bruch zwischen Theorie und Praxis in Kauf nehmen müssen. Das gilt vor allem von der Kritischen Theorie, deren Hauptvertreter (Horkheimer, Adorno, Marcuse) sich im amerikanischen Exil der Pollockschen Auffassung des ›Staatskapitalismus‹ anschließen und somit die Fundierung der Geschichte im Ökonomischen zugunsten einer Theorie der Rationalisierung preisgeben, die ihre Webersche Herkunft nicht leugnen kann. Aber schon in der Programmschrift *Traditionelle und kritische Theorie* hatte sich der Einfluß des Weber-Schülers Lukács so niedergeschlagen, daß sich der philosophische Schwerpunkt von den konkreten Agenten der Geschichte auf die von ihnen verkörperten Rationalitätstypen verlagert hatte. Und insofern als der Rationalitätstyp der Selbstreflexion, der bei Lukács den ›Standpunkt des Proletariats‹ auszeichnete, in der Wirklichkeit keinen Vertreter mehr fand, entfaltete sich schon damals die Kritische Theorie auf der Ebene einer Geschichte der Rationalität und in der Form einer Debatte zwischen Rationalitätstypen.

Wenn die Webersche Theorie in dieser Hinsicht zur Referenzfolie einer an sich selber zweifelnden Moderne wird, so entwikkelt sie auch inhaltlich eine Bilanz des Schicksals der Moderne, deren letzte Einsichten sich durchaus zur Beschreibung des sogenannten postmodernen Zustands eignen. Zwar versteht sich der intellektuelle Abschied von der Moderne als Überwindung jenes ›okzidentalen Rationalismus‹, dessen Vollendung Max Weber nachkonstruiert hat,[14] aber Max Weber hat ja auch gezeigt, daß diese Vollendung einer *Selbstzerstörung* gleichkam. Wenn diese These zutrifft – wie es die Feststellung, daß Kategorien, die das Selbstverständnis der Postmoderne tragen, schon bei Weber vorhanden sind, nahelegt –, dann soll man die Postmoderne als eine *Selbst*zerstörung der Vernunft ernst nehmen, anstatt polemisch eine an Lukács' Buch über die *Zerstörung der Vernunft* erinnernde Haltung einzunehmen.

Indem sie von jener Entzauberung ausgeht, die bereits bei den israelitischen Propheten begann und von der durchgreifenden Rationalisierung des Lebens im Protestantismus fortgesetzt wurde, hat die Webersche Konstruktion vor allem die komplexen Verhältnisse zwischen *Vernunft und Mythos* thematisiert, die zum Beispiel von der *Dialektik der Aufklärung* als ein verhängnisvolles Schicksal erlebt werden. Ihre Deutung dieser Verhältnisse ist nun alles andere als eine Verherrlichung der siegenden Vernunft.

Weber versteht den Vollzug der Moderne als die Ausdifferenzierung des traditionellen Begriffs einer substantiellen Vernunft in autonome Sphären. Darin ist er sich mit Hegel einig, der als erster in seiner Kritik der Aufklärung die Aufspaltung der Vernunft in getrennte Wissens- und Erfahrungsbereiche als den Wesenszug der Moderne bezeichnet hatte. »Mit Wissenschaft und Technik, mit autonomer Kunst und den Werten expressiver Selbstdarstellung, mit universalistischen Rechts- und Moralvorstellungen kommt es zu einer Ausdifferenzierung von drei Wertsphären, die jeweils einer eignen Logik folgen«; gleichzeitig wächst auch die Spannung zwischen diesen Sphären.[15] Hegel zeigt (so etwa im VI. Kapitel der *Phänomenologie des Geistes*), daß die so zerspaltene Vernunft aus eigener Kraft die Trennungen nicht mehr überwinden kann und sich vielmehr in die eigenen Widersprüche verstrickt: Glauben und Wissen, absolute Freiheit und Schrecken und die Antinomien der moralischen Weltanschauung, aus der die ästhetische und religiöse Romantik (Novalis, Jacobi, Schelling, Schleiermacher) entspringe. Er sieht die Philosophie vor die Aufgabe gestellt, eine Selbstvergewisserung der Moderne zu leisten; der Versuch, die Moderne von den von ihr selbst hervorgebrachten Entzweiungen zu retten, begreift er als den »Quell des Bedürfnisses der Philosophie« – was für ihn, in der Form einer Kritik des subjektiven Idealismus, eine *Kritik an der Moderne* voraussetzt.[16] Wie wir schon betont haben: Die Selbstbeherrschung der Moderne ist gleichursprünglich mit dem Wissen um ihre Krisenhaftigkeit; die Moderne ist sich nie anders als durch die Krisen, die ihre Geschichte skandieren, ihrer selbst bewußt geworden. Im postmodernen Kontext sieht sich die Vernunft vor das nämliche Problem gestellt. Sie hat sich aber inzwischen dermaßen weit ausdifferenziert, daß nicht einmal der innere Zusammenhalt verselbständigter Sphären mehr möglich zu sein scheint und daß das Hegelsche philosophische Projekt selber haltlos geworden ist.

Zur Feststellung dieser Haltlosigkeit führt die Webersche Konstruktion. Bei Weber bleibt die Theorie der Moderne Bilanz, sie erhebt nicht den Anspruch, das Zerspaltene zu vereinigen, sondern gerät vielmehr an den Punkt, wo die reflexive Nacherzählung, welche der Moderne zum Bewußtsein ihrer selbst verhelfen sollte, in das Bewußtsein ihrer Ohnmächtigkeit umschlägt. Dies beginnt schon mit dem Verhältnis zwischen Glauben und Wissen. In *Wissenschaft als Beruf* (1919) setzt Weber das Wissen mit dem Glauben daran gleich, daß die geheimnisvollen und scheinbar unvorhersehbaren Kräfte der Welt beherrschbar sind; im Zuge der Entzauberung der Welt wird das Unberechenbare zum Gegenstand des Kalküldenkens als des Mittels, mit dem Wissenschaft und Technik im zweckrationalen Handeln ihr Ziel, nämlich Weltbeherrschung, verfolgen. Als die notwendige Ergänzung des Kalküls erscheint dabei *ein wissenschaftlicher Glaube,* der in erster Linie darauf zurückzuführen ist, daß bei wachsender Spezialisierung des Wissens der wissenschaftliche Geist seinen Anspruch auf totale Verfügung nicht einlösen kann. Die erste Schlußfolgerung, die man aus der Weberschen Deutung ziehen kann, zeigt, daß Wissenschaft als solche außer Stand ist, ihr eigenes Programm einer gänzlichen Entmythologisierung und Entzauberung zu vollenden.

Nun läßt die Art und Weise, wie sie es durchsetzt, nichtsdestoweniger den Sinn verschwinden, den Gott der Welt gegeben haben soll;[17] die daraus entstehende *Sinnlosigkeit* wird einerseits von Ersatzreligionen kompensiert (schon der wissenschaftliche Glaube ist eine solche Ersatzreligion, aber hierher gehört vor allem die zeitgenössische Wiederbelebung religiöser Verhaltensmuster,[18] andererseits macht sich eine Vielfalt subjektiver Weltanschauungen geltend: »Der Mannigfaltigkeit (dieser) Weltanschauungen entspricht ein *Polytheismus der Werte,* von dem man nicht weiß, ob Weber ihn als höchste Freiheit oder als kulturelle Unordnung begreift.«[19] Auf jeden Fall deutet er ihn als die Unmöglichkeit eines geschlossenen Wertsystems, als die »Möglichkeit prinzipiell und unüberbrückbar abweichender letzter Wertungen«,[20] und er betont mit Nachdruck, sowohl in *Wissenschaft als Beruf* wie schon in einem Aufsatz aus dem Jahre 1904, daß hier die Grenzen der wissenschaftlichen Erkenntnis sichtbar werden: »Das Schicksal einer Kulturepoche, die vom Baum der Erkenntnis gegessen hat, ist es, wissen zu müssen (. . .), daß ›Weltanschauungen‹ niemals Produkt fortschreitenden Erfahrungswissens sein können, und daß also die höchsten Ideale, die uns am mächtigsten bewegen, für alle Zeit nur im Kampf mit anderen Idealen sich auswirken, die anderen ebenso heilig sind, wie uns die unseren.«[21] Eine Radikalisierung dieser Einsicht ist das Motiv des ›Polytheismus der Werte‹. Die zweite Schlußfolgerung ist also, daß am Ende eines »in der okzidentalen Kultur durch Jahrtausende fortgesetzten Entzauberungsprozesses«[22] »der Kampf der Götter der einzelnen Ordnungen und Werte«[23] sich in fast unveränderter Form fortsetzt, *ja daß die Entzauberung selber die Konflikte zwischen den verschiedenen Werten und Weltanschauungen noch unerbittlicher gemacht hat!* Das an Nietzsche anknüpfende postmoderne Thema des Polytheismus wird so von Weber als Resultat der Selbstbehauptung der Moderne, als deren Scheitern und Selbstzerstörung entlarvt. Indem sich Weber weigert, es als höchste Freiheit oder aber als unheilbare Unordnung zu deuten, entzieht er dem Polytheismus allerdings den positiven Sinn einer befreienden Flucht nach vorne, den er bei Nietzsche besaß und den ihm die Postmoderne wieder verleihen möchte.

Was Weber beschreibt, ist eine *neue Mythologie,* mit der die Geschichte gleichsam so endet, wie sie angefangen hatte:

»Es ist wie in der alten, noch nicht von ihren Göttern und Dämonen entzauberten Welt, nur in anderem Sinne: Wie der Hellene einmal der Aphrodite opferte und dann dem Apollon und vor allem jedem der Götter seiner Stadt, so ist es, entzaubert und entkleidet der mythischen, aber innerlich wahren Plastik jenes Verhaltens, noch heute. Und über diesen Göttern und in ihrem Kampfe waltet das Schicksal, aber ganz gewiß keine ›Wissenschaft‹ (. . .) Die alten vielen Götter, entzaubert und daher in Gestalt unpersönlicher Mächte, entsteigen ihren Gräbern, streben nach Gewalt über unser Leben und beginnen untereinander wieder ihren ewigen Kampf.«[24]

Indem er diesem Polytheismus die ehemalige wahre Plastik des Verhaltens abspricht, verweigert er ihm jene Harmonie, die etwa Hegel der griechischen Kunst noch zuerkannte. Der Polytheismus am Ende der Moderne ist nur noch Zerfall, Zersetzung, Dissonanz und Unversöhnlichkeit. Eine dialektische Konstruktion, die sich wie die Hegels bemühen würde, den Marken des Zerfalls die Aussicht auf Versöhnung aufzuzwingen, würde zu Unrecht ihre eigene bloß gedachte Bewegung mit einer wirklichen, die es allem Anschein nach nicht mehr gibt, verwechseln.
Somit sind wir am äußersten Ende der Weberschen Konstruktion auch vor der Grundalternative der Postmoderne angelangt: Hat die Vernunft selber durch ihre Verwirklichung in die Sackgasse geführt, und hat sich in der Geschichte die Rationalisierung als unversöhnliche Zersetzung vollzogen, dann scheint in Ermangelung einer konkret belegbaren Bewegung, die über diese Situation hinaustreiben würde, und eines geschichtlichen Trägers, der die entsprechende geschichtsphilosophische Konstruktion legitimieren könnte, resignierte ›Bejahung‹ auf der Tagesordnung zu stehen. Wenn sich noch ein Ausweg denken läßt, dann wird er – wie wir noch zeigen möchten – mit diesen ›postmodernen Bedingungen der Emanzipation‹ abrechnen müssen. An dem Punkt, wo Weber in Ansehung der Mannigfaltigkeit der Weltanschauungen – die im besten Fall nur provisorische, labile und zerbrechliche Kompromisse hervorbringen kann – seine verstehende Soziologie einsetzt, läßt die Postmoderne in der Architektur und im französischen Poststrukturalismus – der Neokonservativismus Daniel Bells versucht vielmehr eine neue Bindung heraufzubeschwören[25] – mit zynischer Geste die Zersetzung eklektizistisch und historistisch gelten.

3. Postmoderne Zustände und darüber hinaus

Die postmoderne Rehabilitierung des Mythos, die insofern mit der von Weber diagnostizierten »neuen Mythologie« übereinstimmt, bedeutet, daß nach dem Zerfall der »großen Erzählung«, wie Lyotard formuliert, nämlich der Saga der »Vernunft in der Geschichte«, eine Vielfalt erzählerischer Ansätze bzw. Wertungen (Nietzsche, Weber) zulässig sind. Und zwar scheint die Moderne nicht mehr über Metakriterien zu verfügen und diese zu legitimieren. Die Frage nach den Metakriterien, oder, wie man französisch sagt, nach der Legitimität eines »metadiscours«, bildet den Kern der Auseinandersetzung zwischen Habermas und Lyotard.

Der historische Bruch zwischen Theorie und Praxis hat nun eine historisch konkrete Begründung der Metakriterien entkräftet. Die soziologische Beschreibung der postmodernen Zustände kann nicht über die Beobachtung einer bodenlosen Aufsplitterung hinausgehen. Entspricht die Postmoderne, wie Marc Guillaume[26] annimmt, jenen Figuren des Exzesses, die Baudrillard in *Die fatalen Strategien*[27] beschreibt, dann befinden wir uns bereits *jenseits* der Möglichkeit eines »metadiscours«. Die Postmoderne kennzeichne sich dadurch, daß man nicht mehr imstande wäre, dasselbe und das andere zu unterscheiden; eine inflatorische Vielfalt mache alle Erfahrungen, wie es Walter Benjamin schon Anfang der dreißiger Jahre geahnt hatte, kommensurabel.

Demzufolge könne man nach Marc Guillaume und Jean Baudrillard das Wirkliche überhaupt nicht mehr vom Fiktiven abgrenzen. Dann aber bleibt nichts anderes übrig, als die verallgemeinerte Herrschaft der *Illusion* zu akzeptieren. Wenn man, wie Peter Bürger, bedauert, daß »der Terminus Postmoderne (...) das Neue nur abstrakt benennt«[28] und daß damit die Frage nicht einmal erörtert wird, »geschweige denn entschieden, wie tiefgreifend die gesellschaftlichen Veränderungen der Gesellschaft sind und ob diese eine neue Epochenbezeichnung erforderlich machen«,[29] scheint man wahrlich an einer bereits überholten Fragestellung festzuhalten und den tatsächlichen

Bruch zwischen der gesellschaftlich-historischen Entwicklung einerseits und dem ideologischen Überbau nicht berücksichtigen zu wollen; denn nach dem postmodernen Postulat ist die Frage nach einer Klärung der komplexen und nie ganz zu durchschauenden Verhältnisse zwischen Basis und Überbau von einer obsolet gewordenen Problematik abhängig. Zu Bürgers Entlastung soll allerdings bemerkt werden, daß gerade dieses Postulat philosophische Entwürfe wie diejenigen von Lyotard, Baudrillard und Guillaume, so sehr sie auch soziologische Gültigkeit beanspruchen, sowohl unumgänglich als auch *unüberprüfbar* macht: Deren Reiz kommt von der Suggestion, die sie ausstrahlen, indem sie konkreten Indizien den Stellenwert von Beweisen verleihen; da sie sich gleichzeitig nur für postmoderne »Erzählungen« bzw. Mythen ausgeben, entziehen sie sich einer Widerlegung, die wegen des Mangels an Metakriterien nicht einmal legitim zu Wort kommen kann. Die Unmöglichkeit eines Metadiskurses, der mehr wäre als ein Mythos, vereitelt die Ansprüche eines Logos der Selbstreflexion und ersetzt dessen Identität und Verbindlichkeit durch eine Vielfalt möglicher Identifikationen, die sowohl einer vereinheitlichenden Logik als auch einer, die wenigstens eine dieser Identifikationen bevorzugen würde, entgehen.
Walter Benjamin hatte sein Heil in einem »Tigersprung« gesucht, der unerwartet dieses oder jenes Fragment der Vergangenheit reaktualisierte, Bloch das seine in einer Ideologiekritik, die das Ungleichzeitige – das heißt das, was sich eben keiner dominanten Logik fügt – hervorhebt. Baudelaire beließ es hingegen einfach, in gleichsam platonischen Begriffen, bei der Trennung der Kunst in zwei Hälften: das Flüchtige und das Beständige, Ewige. Alle diese theoretischen Ansätze zeigen immerhin, daß die Moderne nur aufgrund ihrer Unfähigkeit einen einheitlichen und vereinheitlichenden Diskurs zu etablieren zum Bewußtsein ihrer selbst gekommen ist, und daß *diese* Erfahrung, die sie nur durch einen grundsätzlichen Paradigmawechsel der historischen Zeitlichkeit bewältigen konnte (so Benjamin in seinen Thesen »Über den Begriff der Geschichte«

oder Bloch in seinem frühen Kommentar über Lukács' Buch *Geschichte und Klassenbewußtsein* wie später in den *Differenzierungen im Begriff ›Fortschritt‹*), in gesteigertem Maße diejenige der Postmoderne geworden ist.

Hier drängt sich die Frage auf, ob diese Erfahrung der Postmoderne von ihr auch als *historische Aufgabe* verstanden wird, oder ob sie sich nicht – wie ich es an anderer Stelle angedeutet habe[30] – dieser Aufgabe entzieht.

Unter dem Vorwand, auf der Höhe der Zeit zu sein, wie Marx in bezug auf die Moderne seiner Zeit sagte,[31] gibt die Postmoderne jeglichen Praxisbezug auf; sie richtet sich im Bruch ein. Die heute kaum noch bestreitbaren Angriffe gegen die Dogmen der Identität und einer historischen Verwirklichung der Identität zielen alle auf eine Verhinderung der Praxis; noch dort, wo sie neue Bedingungen der Praxis, postmoderne Bedingungen der Emanzipation registrieren.

4. Zur Erneuerung des Praxisbegriffs

Wenn man aber die verschiedenen theoretischen Modelle untersucht, die man dieser Praxislosigkeit entgegenhalten könnte, gebietet es die Ehrlichkeit, sofort einzuräumen, daß die Perspektiven, die sie eröffnet haben, zum Teil wieder verschlossen sind. Um so mehr sollte man deren *Reformulierungen der Rationalität* daraufhin prüfen, was von ihnen noch gerettet werden kann. Wenn die hier vertretene These zutrifft, daß die Postmoderne eine zwar radikalere, aber nicht unerhörte neue Krise der Moderne darstellt, soll gefragt werden, ob und inwiefern die theoretischen Ansätze, mit welchen die Moderne ihre Krisenhaftigkeit erfaßte und die Konsequenzen daraus zog, im postmodernen Kontext noch brauchbar sind. Wir beschränken uns hier auf die zeitgenössischen Revisionen des marxistischen Modells.

(a) Angesichts des allgemeinen Zerfalls, der den Eklektizismus hervorruft und rechtfertigt, dreht sich die gesamte Frage darum, ob die Postmoderne *das Fragment* etwa noch so behandeln kann, wie es Adorno gebrauchte. Die postmoderne ästhetische Praxis im Bereich der Architektur oder des Romans[32] zeigt das Scheitern der Adornoschen Vorstellung vom »avanciertesten Material«,[33] aber sie verhindert keineswegs einen möglichen Rekurs auf das Fragment, wenn man in ihm in dem Sinne eine »Konstellation« sieht, wie sie die *Negative Dialektik* versteht. Die *Dialektik der Aufklärung,* die den Rückfall der Vernunft in den Mythos konstatiert, fand paradoxerweise im letzteren ein neues Modell der Erfahrung, kurz, die Vorstellung einer »neuen Mythologie«, die zu einer Reform des Denkens dienen könnte. In der *Dialektik der Aufklärung* wird der Mythos als lokal beschränkte Praxis verstanden (insofern hängt er mit dem Polytheismus zusammen), welche die Vernunft durch die Unterstellung einer universellen Praxis verdrängt hat. Daher ist ja auch die Struktur dieses Werkes selbst so wenig systematisch: In ihrem Vorwort bezeichnen es Adorno und Horkheimer ausdrücklich als eine Sammlung von Fragmenten. Unter diesem Gesichtspunkt nehmen sie auch den neuen Status ernst, auf den sich die Vernunft in der Zeit ihres Rückfalls in Mythologie zurückgedrängt sieht. Das Fragment entspricht dieser Situation. Es hält, in den Worten der *Dialektik der Aufklärung*, »vor dem Eigennamen inne«, vor dem, was mittels anderer Namen nicht ausdrückbar ist, was in keinem Austauschsystem ausgetauscht werden kann, sondern *vereinzelt* bleibt. Diese Achtung vor dem Einzigartigen ist das, was die Konstellation ermöglicht. Wenn das Subjekt in der Geschichte, wie sie die *Dialektik der Aufklärung* nachkonstruiert, der Pol gewesen ist, der die wechselseitige Austauschbarkeit des Verschiedenen verbürgte, der die Rolle des allgemeinen Äquivalents spielte und die formelle Äquivalenz begründete, dann impliziert die Konstellation auch eine neue Auffassung des Subjekts, was im Hinblick auf die poststrukturalistische Destruktion des Theoriesubjekts von entscheidender Bedeutung ist. Sie verwirft jedes Subjekt, das mehr wäre als seine punktuelle Übereinstimmung mit dem Objekt. In diesem Sinn befürwortet Adorno, gegen den »paranoischen Eifer« der großen Systeme, jene »Wut«,[34] die durchaus antipolytheistisch das Erbe des Monotheismus antritt, eine ›polytheistische‹ Erfahrung und ein schizophrenes Subjekt. Dieses wird nicht vernichtet, aber es verliert seine Qualität als Basis und Zentrum. Hierauf bezogen wäre nicht nur eine nochmalige Lektüre der *Dialektik der Aufklärung,* sondern auch eine ›postmoderne‹ Lesart der *Negativen Dialektik* vonnöten.

(b) *Zweite Fragment-Konzeption:* Das Benjaminsche Modell der profanen Erleuchtung bevorzugt eher eine diskontinuierliche Geschichte. Eine Zukunft, die man nicht beim Namen nennen kann – ein Unbenennbares also, dem der Name des Erhabenen geziemt –, fällt punktuell mit einem Fragment der Vergangenheit zusammen, das unerwartet aktualisiert wird. Dieses nennt Benjamin das Neue. Der Sinn der Geschichte erwächst bei Benjamin aus diesem Zusammentreffen von zwei Sinnelementen grundsätzlich verschiedenartigen Ursprungs[35]: Dieser Sinn ist nicht im voraus festgelegt. Doch liegt die Schwäche eines solchen Modells auf der Hand: Es schließt die Vielfalt derartiger Zusammentreffen nicht aus; genauer, es unterstellt mit der Metapher des »Heliotropismus« indirekt, daß die Sonne, die den offensichtlich exzentrischen Kurs der Konstellationen bestimmen soll, »am Himmel der Geschichte im Aufgehen ist« (IV. These über den Begriff der Geschichte). Diese astrologische Metapher ist philosophisch geprägt: Sie stammt von Kant, der sie in der Einleitung zu seiner *Idee zu einer allgemeinen Geschichte in weltbürgerlicher Absicht* (1784) in einem *teleologischen* Sinn gebraucht: Die Geschichte habe nur auf den künftigen Kepler oder Newton zu warten, der »die exzentrischen Bahnen der Planeten auf eine unerwartete Weise bestimmten Gesetzen« unterwerfen wird. Im gleichen Moment, in dem Benjamin die Teleologie zurückweist, scheint er sie hinterrücks wiedereinzuführen; er weist auf eine neue Konzeption der Erkenntnis hin, in der das unerwartete Neue seinen Sinn von einem Telos bezieht. Sicherlich hängt dieser Sinn von einem unaussprechlichen posthistorischen Moment ab, das noch erst »im Aufgehen« begriffen ist, während die teleologische Urteilskraft Kants eine seit je existierende Ordnung nur manifest werden läßt, aber der Benjaminsche Erkenntnisbegriff rettet noch auf seine Weise die Problematik des Sinns, die er lediglich in eine andere historische Zeitlichkeit überträgt – ebenso wie Kant die Begrifflichkeit wechselte, als er zur teleologischen Urteilskraft überging. Demzufolge kann man Lyotards Auffassung des *Erhabenen* kein entscheidendes Argument entgegenstellen, wenn er hingegen meint, das Unbenennbare bleibe unbenennbar, es sei immer nur die »Erfindung von Anspielungen auf ein Denkbares, das nicht dargestellt werden kann.«[36]

(c) *Das Blochsche Modell* ist noch weniger haltbar. Burghart Schmidt hat sicher recht, in der Postmoderne das Hervortreten von Ungleichzeitigkeiten zu sehen[37]. Aber *aufgrund welcher Kriterien* kann man die Erscheinungen einer Geschichte, die hinfort vollständig aus Ungleichzeitigkeiten besteht, noch als ungleichzeitige definieren, wenn sich jede Erscheinung nur in bezug auf eine andere unterscheidet – und dies bis ins Unendliche – und wenn man über kein Metakriterium verfügt, das es erlauben würde, ein zumindest vorläufiges oder rein heuristisches Kriterium aufzustellen, um so in die Erscheinungen Ordnung zu bringen! Daher triumphieren freilich der Historismus und der Eklektizismus.

Ich habe andernorts gezeigt, daß Bloch mit dem Begriff der ›Auszugsgestalt‹ den »Blick auf das Produkt« als eine Alternative zu Lukács' »Standpunkt des Proletariats« vorgeschlagen hat.[38] Die Auszugsgestalt ist eine symbolische Konfiguration, die ihren Sinn *in sich selbst* hat und diesen weder aus einer Ontotheologie noch notwendigerweise aus einer Eschatologie bezieht. Sicherlich findet sich bei Bloch die Figur des Subjekt–Objekts, aber wenn man darin übereinkommt, ihre Identifikation mit dem Proletariat dahingestellt sein zu lassen und ihre Abhängigkeit vom letzten Heil zu suspendieren, nähert sie sich der Konstellation Adornos. In dem Maße wie diese das einzelne rehabilitiert und vom Objekt, nicht mehr vom Subjekt ausgeht, erscheint sie als eine Kristallisation aus Objektivem und Subjektivem, in der das Ich des Subjekts nur im Medium des anderen erscheint. Als solche ist sie zunächst eine *ästhetische* Rationalität, weiter eine *kommunikative* Rationalität, in der das Subjekt nur in einem bestimmten ›Sprachspiel‹ existiert, in einer Sprache, deren Grammatik die der dialektischen Auseinandersetzung mit der Natur ist. Die Konstellation bzw. die Auszugsgestalt erlaubt es, nahe am einzelnen zu bleiben, bezieht aber zugleich bei Bloch das Moment der Arbeit und die Veränderung der Welt durch den Menschen mit ein. Und auch hier ist das Subjekt nicht mehr die Basis und das Zentrum. Selbst wenn die Vielfalt nicht eigentlich bewältigt wird, präsentiert sie sich jetzt als symbolische Figur; Blochs Auszugsgestalt vereinigt den *symbolischen* Vorschein der monotheistischen Religion[39] mit dem *allegorischen* Vorschein der Kunst, der als »die quer sich hindurchschickenden Entsprechungen in der Welt«[40] nicht nur Zerstreuung im Raum bedeutet, sondern auch kunsthistorisch mit dem Polytheismus verbunden ist; hier liegt meines Erachtens der entscheidende Ansatzpunkt für eine Aktualisierung Blochs im postmodernen Kontext.

Darüber hinaus bezieht das so interpretierte Blochsche Modell die Natur in den Sinnentwurf wieder ein und wird so angesichts der modernen und postmodernen Logik der Zerstörung der Lebenswelt einem zu schützenden Wert gerecht. Es antwortet auf jene Angst vor dem Verlust der organischen Grundlagen der Lebenswelt, die zu den Pathologien der Postmoderne gehört.[41]

(d) Selbst wenn es durch diese Auffassung einer ästhetisch-kommunikativen Rationalität, welche die Natur in den Sinnentwurf einbezieht, ergänzt werden müßte, soll *Habermas' Konzept eines kommunikativen Handelns* insofern als viertes Modell berücksichtigt werden, als es sich direkt auf das postmoderne Schicksal der Vernunft bezieht und von Habermas in Selbstkommentaren als eine Antwort darauf vorgestellt wird. Habermas situiert ausdrücklich sein Vorhaben in bezug auf die Kritische Theorie der 30er Jahre,[42] also in bezug auf jene ›Sackgasse‹, von der wir hier ausgegangen sind. Er will eindeutig mit dem »emphatischen Vernunftbegriff der philosophischen Tradition« brechen,[43] an dem nach ihm die erste Generation der Kritischen Theorie – auch Adorno in der *Negativen Dialektik* – festhielt, obwohl sie gerade als erste einsah, daß diese Vernunft »utopisch« geworden war:

»Mir scheint, daß aus der Perspektive der *Dialektik der Aufklärung* die Selbstdementierung der Vernunft soweit gediehen war, daß Horkheimer und Adorno, übrigens auch Pollock mit seiner Theorie des Staatskapitalismus, die politischen Institutionen vollkommen entleert gesehen haben von allen Spuren der Vernunft – alle gesellschaftlichen Institutionen und auch die Alltagspraxis. Die Vernunft war für sie im wörtlichen Sinne utopisch geworden, hatte jeden Ort verloren: und das hat dann die ganze Problematik der *Negativen Dialektik* auf den Plan gerufen.«[44]

Die kommunikative Rationalität soll den emphatischen Wahrheitsbegriff der Tradition ablösen; gleichzeitig verspricht sie die im postmodernen Kontext entscheidende metakritische Frage zu lösen, die sich hier immer wieder in dieser Frage aufgedrängt hat: Wenn die Vernunft im Schwinden begriffen ist, durch welche theoretisch stichhaltigen Kriterien läßt sich dann noch das Ende der Vernunft analysieren?[45]

Habermas verzichtet nicht nur auf die Fundierung der Vernunft in einer prima philosophia, sondern auch auf ihre Fundierung im Prozeß der Geschichte. Vor der *Theorie des kommunikativen Handelns* (1981) wurde die von K. O. Apel entlehnte Vorstellung eines »Apriori der Kommunikationsgemeinschaft« mit der Gattungsgeschichte identifiziert und besaß von daher einen quasi-transzendentalen Status. Die *Theorie des kommunikativen Handelns* verzichtet hingegen nicht nur auf die Vorstellung einer »transzendentalen Sprachpragmatik«, wie sie Apel entwickelt, sondern auch auf die quasi-transzendentale Variante, die sich aus Habermas' Auffassung der Interaktion ergab. Dieser Verzicht will dem Zögern der Konsensustheorie ein Ende setzen, die bis jetzt zwischen dem normativen Ideal einer idealen Sprechsituation (die man jeweils nur »kontrafaktisch« antizipieren konnte) und einer realen Sprechsituation hin und her schwankte und beide nur durch einen Verweis auf die Geschichte der Gattung gültig vermitteln konnte: nämlich durch eine Dialektik von »Arbeit und Interaktion«, in der sich die Gattung verwirkliche und in der die ideale Sprechsituation als »Horizont« präsent sei – als »Parteilichkeit für die Vernunft« oder als »emanzipatorisches Interesse«. In seiner *Theorie des kommunikativen Handelns* bemerkt Habermas: »Der utopische Entwurf einer idealen Kommunikationsgemeinschaft führt in die Irre, wenn man ihn als Anleitung zu einer Philosophie der Geschichte mißversteht.«[46] Er kann u. U. als Referenzfolie dienen, um das Projekt einer nichteingeschränkten Öffentlichkeit zu begreifen, das der historischen Moderne vorgeschwebt hat (vgl. *Strukturwandel der Öffentlichkeit*). Die Dialektik von Arbeit und Interaktion verlieh hingegen der Apelschen Vorstellung, nach der die ideale Sprechsituation immer vorausgesetzt ist, einen historischen Sinn.

Nach Apel ist sie selbst und gerade dann präsent, wenn die Regeln der rationalen Argumentation scheinbar zurückgewiesen werden.[47] Deren gänzliche Abschaffung würde eine »Selbstnegation« und einen »Akt der Selbstzerstörung« des menschlichen Wesens bedeuten (ebd.). Apel betont weiter, daß der Mensch sich dieser Institution nicht entziehen kann, ohne dafür mit dem Verlust der Möglichkeit der Ich-Identität zu bezahlen,[48] und er weist insbesondere darauf hin, daß es dieser Ich-Verlust ist, der den pathologischen Prozeß einer autistischen Paranoia hervorruft (ebd.).

Nun haben wir gesehen, daß man genau an diesem Punkt angelangt ist. Einer Praxis unfähig, reflektiert der Postmodernismus, indem er die sogenannte Dekodierung und Deterritorialisierung, also den Eklektizismus, die Atomisierung und Entwurzelung zu seinem Thema macht, nichts anderes als die äußerste Grenze jener Logik des Zerfalls, die schon von Hegel als modern bezeichnet worden war und mit der die Moderne in Form der Fragmentierung ihre Erfahrung gemacht hat. Wenn Deleuze recht hat, von einem »schizophrenen Kapitalismus« zu sprechen, so auch deshalb, weil der Autonomismus und die

Autarkie bezeichnenderweise zu den Phantasmen der postmodernen Protesterscheinungen gehören.[49] Der Zerfall des Konsensus, bzw. einer Allgemeinheit beanspruchenden Kommunikationsbasis, ruft den Autismus hervor.
Apel stellt ferner das Sprachspiel der idealen Sprechsituation als Metainstitution jeder menschlichen Institution jenen Institutionen gegenüber, die, auf bloßen Konventionen beruhend, die Sprachspiele so regeln, wie sich Wittgenstein die »Lebensformen« vorstellte.[50] Nun bewirkt gerade bei Habermas der Verzicht auf jegliches Apriori ein neues Interesse für Wittgenstein, das insofern von Belang ist, als es wohl kein Zufall sein kann, wenn zur gleichen Zeit – etwa bei Lyotard – die Sprachspiele sich als eines der bevorzugten theoretischen Mittel des »postmodernen Wissens« erweisen. Das Wesensmerkmal der Sprachspiele im Sinne des späten Wittgenstein ist es, daß sie ihr Fundament in sich selbst haben und daß damit jeglicher Rekurs auf eine Metasprache ebenso entfällt wie die Problematik der Wirklichkeitsentsprechung: »Die Umgangssprache ist ihre eigene Metasprache.«[51] Weiterhin stellt Wittgenstein keine Theorie auf, welche die Sprachspiele zu normalisieren oder zu modifizieren beabsichtigt, weil die Philosophie sich auf ihre Beschreibung beschränken und sie so belassen solle, wie sie sind – eine Auffassung, die Habermas in seiner Auseinandersetzung mit John R. Searle eben überwinden wollte![52] Als solche implizieren die Sprachspiele eine Anerkennung der Vielfalt, gegebenenfalls auch die Anerkennung des Zerfalls. »Jede Lebensform, jedes Sprachspiel (ist) eine in sich geschlossene Totalität und konstituiert eigene unvergleichliche Rationalitätsmaßstäbe.«[53]
Die »Zweite Zwischenbetrachtung« der *Theorie des kommunikativen Handelns*[54] zieht eine Parallele zwischen dem Begriff der *Lebenswelt,* der dem System in gleicher Weise entgegengesetzt ist wie die unhinterfragte Tradition dem instrumentellen Wissen, und Wittgensteins Lebensformen; die Lebenswelt entspreche jenem »Hintergrundwissen«, von dem Wittgenstein in *Über Gewißheit* spricht. Die Lebenswelt bezeichnet das Um-

feld des gesamten kommunikativen Handelns[55] oder noch die »Quelle«, aus der die kommunikative Rationalität schöpft, um sich herauszubilden. In diesem Sinn ist die Lebenswelt auch der Mythos, d. h. die »undifferenzierten Lebensformen«, aus denen die Vernunft hervorgeht und sich konstituiert. Daraus begründet sich übrigens die scheinbar sehr pauschale Kritik, die Habermas an die Postmodernen richtet, wenn er ihnen vorwirft, auf »undifferenzierte Lebensformen« zurückzugehen.[56] In der Tat entspricht die Akzeptierung der Sprachspiele ohne eine Offenlegung der Dialektik der Rationalisierung, die die »Lebenswelt« bzw. die »Lebensformen« der instrumentellen oder funktionalistischen Rationalität aussetzt und von der sie also nicht zu trennen sind, einer Akzeptierung des »Mythos« – oder vielmehr dessen, was sich für den Mythos *ausgibt,* was Folgeerscheinungen des Zerfalls mit der Aura der Ursprünglichkeit schmückt.

Folgt man der Wittgensteinschen Auffassung, dann kann man jedes Sprachspiel als Akt auffassen, der ein Unsagbares manifest werden läßt, das ihn in der gleichen Weise begründet wie der Mythos die Vernunft; mit Recht erinnerte die *Dialektik der Aufklärung* daran, daß die Vernunft aus dem Mythos hervorgegangen ist. Das Sprachspiel übersetzt das Unsagbare in das Medium der Vernunft. »Reflexive Andeutungen auf Unausgesprochenes erlaubt jede Umgangssprache.«[57] Wo Lyotard von der »Erfindung von Anspielungen auf ein Denkbares, das nicht dargestellt werden kann« spricht,[58] betont Habermas 1968 die Reflexivität als »das Spezifische der Umgangssprache« selbst.[59] Das gilt noch von der *Theorie des kommunikativen Handelns*, welche die Alltagssprache zur Grundlage der kommunikativen Rationalität macht. Diese Lebenswelt »ist in der Kommunikation, aber auch in Erkenntnisprozessen, immer nur in einer eigentümlich *präreflexiblen* Form von Hintergrundannahmen, von Hintergrundfertigkeiten oder Hintergrundbeziehungen gegeben«.[60]

In dem Moment, wo die Lebenswelt reflektiert wird, und zwar sobald sie »in explizite Äußerungen eingeht« (ebd.), wird das

implizite Vorwissen problematisch, es verliert seinen unhinterfragten Charakter.[61] An diesem Punkt können gegebenenfalls *Verzerrungen* wirksam werden: In dem Augenblick, in dem die Rationalität eingreift, stellt sich auch die Frage, um was für eine Rationalität es sich dann handelt. Dieser Punkt ist auch die »Nahtstelle« zwischen Lebenswelt und System.
In der Entwicklung der Rationalisierung, d. h. der Institutionalisierung des zweckrationalen Handelns, die Habermas, sich auf Weber stützend, analysiert, »verdrängen systemische Mechanismen Formen der sozialen Integration auch in jenen Bereichen, wo die konsensabhängige Handlungskoordinierung nicht substituiert werden kann: also dort, wo die symbolische Reproduktion der Lebenswelt auf dem Spiel steht. Dann nimmt die Mediatisierung der Lebenswelt die Gestalt einer Kolonialisierung an«.[62] Diese Kategorie der Kolonialisierung, die von den *Stichworten zur geistigen Situation der Zeit* (1979) eingeführt wurde, bezeichnet die Eingriffe, die die rationale Kontrolle die Strukturen der Lebenswelt erleiden läßt.. Diese Eingriffe rufen die »Pathologien der Lebenswelt«[63] hervor.
Es ist hier nicht möglich, den Erzeugungsmechanismen derartiger Pathologien im einzelnen nachzugehen (das hätte zur Folge, daß man das ganze letzte Kapitel der *Theorie des kommunikativen Handelns* resümieren müßte). Wir begnügen uns damit, auf folgende entscheidende Passage hinzuweisen, die die Konflikte der entwickelten industriellen – oder wenn man will, der ›post-industriellen‹ – Gesellschaften nicht mehr im Bereich der materiellen Reproduktion verortet, sondern »vielmehr in Bereichen der kulturellen Reproduktion«:

»Es geht nicht primär um Entschädigungen, die der Sozialstaat gewähren kann, sondern um Verteidigung und Restituierung gefährdeter, oder um die Durchsetzung reformierter Lebensweisen. Kurz, die neuen Konflikte entzünden sich nicht an Verteilungsproblemen, sondern an Fragen der Grammatik von Lebensformen.«[64]

Die Formulierung, sie könnte direkt von Wittgenstein stammen, betont wieder, daß man die zerfallene Moderne nicht mehr bewältigen kann, wenn man nicht dort ansetzt, wo sich die Sprachspiele als bevorzugtes theoretisches Mittel des postmodernen Wissens erweisen – sie eignen sich sowohl zur Erfassung des multiple coding in der Architektur als auch explizit zu Lyotards Beschreibung der postmodernen Gesellschaft –; das heißt aber auch dort, wo sich die Pathologien der Postmoderne äußern. Versucht man sie wie Habermas als Folgeerscheinungen einer Rationalisierung zu verstehen, dann übersetzt man sie in einen Prozeß zurück, der, vom Spannungsverhältnis zwischen System und Lebenswelt getragen, eine an die *Dialektik der Aufklärung* erinnernde Dialektik der Moderne[65] skizziert und so die Möglichkeit einer Dialektisierung des Zerfalls rettet – so sehr Habermas auch den Untergang des geschichtsphilosophischen Modells der Moderne berücksichtigt und bestätigt.

5. *Unvollendete Moderne?*

Unvollendet ist die Moderne nur, wenn man darunter versteht, daß sie ihr Versprechen nicht eingelöst hat. Ist Halten und Versprechen zweierlei, dann hat sie uns wenigstens, ohne die Hand darauf zu geben, Mittel an die Hand gegeben, von denen insofern etwas gerettet werden kann, als die Postmoderne, wie sehr sie sich auch als unerhörte Neuheit und »großer Bruch« aufspielt,[66] gar nicht vorbildlos ist. Die Vorbildlosigkeit ist ihr Nietzscheanisches Phantasma, so wie ihre Resignation und Hilflosigkeit im Gewand der heiteren Bejahung auftritt und vorgibt, mit einer »fröhlichen Wissenschaft« der »traurigen Wissenschaft« der Moderne (Adorno, Benjamin) ein Ende zu setzen. Hierher gehören die Bemühungen um eine Umdeutung des Erhabenen.

Versucht man hingegen, anstatt die Zersetzung zu verklären, eine neue praktische Rationalität zu rekonstruieren, dann muß diese im Hinblick auf die Auflösungserscheinungen ansetzen. Sie entbehrt freilich des charismatischen Glanzes. Aber in dem Maße, wie die Merkmale der Zersetzung zugleich Folgewirkungen der Modernisierung sind und in dieser Eigenschaft offensichtlich zur realen historischen Dialektik gehören, eröffnen sie den einzigen Zugang, der noch zur Praxis führen kann.

Sie implizieren indessen sicherlich einen radikalen Bruch mit dem traditionellen Modell einer geschichtlichen Vernunft, da ja diese ebensosehr sich *als Zerfall* vollendet hat.
Über die stillgestellte Dialektik der Postmoderne hinaus eröffnen sich mehrere Wege: die Heraufbeschwörung eines Erhabenen, das nicht einmal die positive Barbarei Benjamins sein kann, da diese noch eine historische und dialektische Bewegung unterstellte und gerade an ihr scheiterte; die Flucht in den bloßen Schein, welche die postmoderne Architektur kennzeichnet.[67] – Diese beiden ersten Wege haben den Verzicht auf die Praxis gemeinsam. *Der dritte Weg* könnte durch eine Verbindung dreier theoretischer Modelle skizziert werden: der »Konstellation« im Sinne Adornos, die zugleich das Fragmentarische in Rechnung stellt und dem Subjekt einen neuen Status zumißt, der objektiv-realen Hermeneutik im Sinne Blochs, dessen »Auszugsgestalt« in der Lage ist, ein neues Verhältnis zur Natur als dem weiterhin Anderen herzustellen und aufgrund dessen den Angriffen auf die organischen Grundlagen der Lebenswelt zu widerstehen, schließlich der Habermasschen Konzeption einer kommunikativen Rationalität, die zwar den emphatischen geschichtsphilosophischen Wahrheitsbegriff aufgibt, aber, wie gezeigt, weder auf die »Geschichte« – das prozessuale dialektische Verhältnis zwischen System und Lebenswelt – noch auf die »Vernunft« – das dialektische Verhältnis zwischen Hintergrundwissen und Kommunikation, zwischen Mythos und Vernunft – verzichtet. Mit Hilfe der beiden anderen müßte das Habermassche Modell »ergänzt« und erweitert werden, um seine Beschränkung auf sprachliche Kommunikation zu überwinden.
Die Adornosche Kategorie der Konstellation will drei Aspekte – Vorrang des Objekts (dieser ergibt sich aus der totalen Verdinglichung), fragmentarische Expressivität und auch Kommunikation mit einem anderen – miteinander vermitteln. Sie verwirft nämlich jedes Subjekt, das mehr wäre als seine punktuelle Übereinstimmung (Kommunikation) mit einem Objekt; indem letzteres dadurch berücksichtigt wird, vermag es die

Konstellation, sich mit dem unerschöpflich Besonderen auseinanderzusetzen – das Heterogene zu bedenken, anstatt »mit philosophischem Imperialismus das Fremde zu annektieren«[68] und ihm auf diese Weise um so unbedachter anheimzufallen. Adorno fordert in diesem Sinne eine polytheistische Erfahrung, die zwar jeweils ihren Sinn in sich hat und dennoch nicht einem allegorischen Zerfall des Sinns verfällt.

Man mag wohl einwenden, daß dieses Vorgehen eine philosophische Utopie bleibt, solange sie auf praktischer Ebene dem Zerfall oder – wie man will – der Verdinglichung nichts Konkretes entgegenzusetzen hat.

Bei aller »Dreifelderwirtschaft«[69] schenkt Habermas selbst den Indizien einer solchen praktischen Entwicklung große Aufmerksamkeit:

»Was sich unterhalb der Schwelle der wohlinstitutionalisierten Lebensordnungen von Wissenschaft und Technik, Recht und Moral, Kunst und Literatur, unterhalb einer aufs Administrative geschrumpften Politik und an den Rändern eines hochmobilen Wirtschaftssystems anbahnt, sind Entdifferenzierungsvorgänge in der Praxis selber, sind neue symbiotische Formen im Alltag, in denen sich das Kognitiv-Instrumentelle mit dem Moralisch-Praktischen und dem Ästhetisch-Expressiven wieder berührt, ist ein Kranz surrealisitischer Erscheinungen, die vielleicht doch nicht nur Regressionen anzeigen, sondern Suchbewegungen.«[70]

Wenn man von vielen Seiten her gegen Habermas' »Hyperformalismus« protestiert,[71] verkennt man meistens das dynamische Argument, das in der *Theorie des kommunikativen Handelns* wie in den früheren Schriften[72] das statische unterströmt. Die gemeinte Dynamik ist sicher nicht mehr die Hegelsche Selbstreflexion; doch tritt zweifelsohne die kommunikative Rationalität das Erbe der Hegelschen »Interaktion« an. Denn von der gesellschaftlichen Entwicklung selber wird der Spielraum der Kommunikationstheorie eröffnet.[73] Diese unterscheidet sich schon insofern von der rein synchronischen, mit der Geschichte überhaupt brechenden Perspektive eines Lyotard. Habermas' Theorie des kommunikativen Handelns wäre als solche unmöglich gewesen, wenn die Eingriffe des

»Systems« das »Hintergrundwissen« und die »unausgesprochene Gewißheit« der Lebenswelt nicht problematisch gemacht hätten.

Keinem Sozialwissenschaftler steht »die Totalität des für den Aufbau der Lebenswelt konstitutiven Hintergrundwissens [. . .] zur Disposition [. . .], es sei denn, daß eine objektive Herausforderung aufträte, angesichts deren die Lebenswelt im ganzen problematisch würde. Darum wird eine Theorie, die sich allgemeiner Strukturen der Lebenswelt vergewissern will, nicht transzendental ansetzen können [. . .] Vielleicht kann diese provokative Bedrohung, eine Herausforderung, die die symbolischen Strukturen der Lebenswelt im ganzen in Frage stellt, plausibel machen, warum diese für uns zugänglich geworden sind.«[74]

Die Verunsicherung des Hintergrundwissens erweitert auf dem Wege einer »kommunikativ verflüssigten Rationalität« »die Kontingenzspielräume für die aus normativen Kontexten entbundenen Interaktionen so weit, daß der Eigensinn des kommunikativen Handelns sowohl in den entinstitutionalisierten Verkehrsformen der familiären Privatsphäre wie in der durch Massenmedien geprägten Öffentlichkeit praktisch wahr wird«.[75] Die Aufgabe der kommunikativen Vernunft besteht dann darin, die Entgrenzung zu bewältigen. Sie sieht sich dadurch allen Formen des Zerfalls konfrontiert, und sie muß diese in ihren »Diskurs« aufnehmen. Wenn man so die Bedingungen ihrer Entstehung »dynamisch« liest, gehört das Wiederherstellen einer Kommunikation zwischen den einmal getrennten Sphären zu den Aufgaben, denen sie ihre Existenz verdankt.
Man kann sich, wenn man sie so versteht, auch auf sie stützen. In dieser Hinsicht wird die Dimension der Kunstrezeption betont.[76] Man darf aber bezweifeln, daß diese intersubjektive Erweiterung der subjektiven Expressivität eine grundsätzliche Umwälzung der herrschenden Ratio bewirken kann, solange die technische, rechtliche und moralische Vernunft nicht selber betroffen wird. Die kommunikativ erweiterte Wirkung der ästhetischen Erfahrung genügt also nicht. Es muß darüber hinaus eine neue »Grammatik« des Subjekt–Objekts erfunden

werden, auf welche die Adornosche Konstellation hindeutet: die Erfindung einer neuen »Sprache« und eines neuen Umgangs mit der Natur, die der Blochschen »objektiv-realen Hermeneutik« zugrunde liegt – eine neue Wissenschaft also, die das praktische Verhältnis zur Natur von Grund auf ändern würde und so auch auf jene Angst vor dem Verlust der organischen Grundlagen der Lebenswelt, die zu den postmodernen Pathologien gehört,[77] antworten würde. Wenn sie heute noch aktualisierbar ist, dann, weil die Blochsche »konkrete Utopie« eine ästhetische und kommunikative Rationalität darstellt, deren »objektiv-reale Hermeneutik« die Auszugsgestalten des Wechselverhältnisses von Mensch und Natur zur Grundlage einer neuen Rationalität macht.

Anmerkungen

1 Marx, »Einleitung zur Kritik der Hegelschen Rechtsphilosophie« (1843), in *Marx–Engels-Werke,* Berlin 1969, Bd. I.
2 Adorno, »Benjamins Einbahnstraße«, in *Über Walter Benjamin,* Frankfurt a. M. 1968.
3 Josef Fürnkäs, »La voie à sens unique weimarienne de Walter Benjamin«, in Raulet (Hg.), *Weimar ou l'explosion de la modernité,* Paris 1984.
4 S. unten »Postmoderne und Realallegorese«.
5 S. oben »Zur Dialektik der Postmoderne«. Zu dieser Debatte mit J. F. Lyotard, s. Jacques Le Rider/Gérard Raulet (Hg.), *Verabschiedung der (Post-)Moderne?,* Tübingen 1986, und unser Gespräch mit Lyotard in *Spuren*, Hamburg 1986.
6 Horkheimer, *Traditionelle und kritische Theorie,* Frankfurt a. M. 1968.
7 Ebd., S. 33.
8 Ebd., S. 56.
9 S. oben »Muß es das Ganz-Andere sein?«
10 Jacob Taubes, »Zur Konjunktur des Polytheismus«, in Bohrer (Hg.), *Mythos und Moderne,* Frankfurt a. M. 1982, S. 460.
11 Ebd.
12 Karlheinz Bohrer, »Friedrich Schlegels ›Rede über die Mythologie‹«, in ders. (Hg.), *Mythos und Moderne,* a. a. O., S. 53ff.
13 Habermas, *Der philosophische Diskurs der Moderne,* Frankfurt a. M., Suhrkamp 1985, S. 16.
14 Ebd.

15 Habermas, Theorie des kommunikativen Handelns, Frankfurt a. M. 1981 (= *Habermas 1981*), Bd. I, S. 234.
16 Vgl. hierzu Habermas, *Der philosophische Diskurs der Moderne,* a. a. O., S. 9ff.
17 François A. Isambert, »Die Sinnlosigkeit der Welt und der Sinn des sozialen Handelns bei Max Weber«, in Le Rider/Raulet (Hg.), *Verabschiedung der (Post-)Moderne?,* a. a. O.
18 Raulet, »Retour du religieux et rationalité technocratique«, in *Lumière et Vie*, Lyon 1980; s. auch Habermas 1981, Bd. 2, S. 580f.
19 Isambert, a. a. O.
20 Weber, *Gesammelte Aufsätze zur Wissenschaftslehre,* Tübingen 1968 (3. Aufl.), S. 503.
21 Ebd., S. 154.
22 Ebd., S. 594.
23 Ebd., S. 604.
24 Ebd., S. 604f.
25 Daniel Bell, *The Coming of Post-Industrial Society,* New York 1973; zit. n. der französischen Übersetzung: *Vers la société post-industrielle,* Paris 1975, S. 418.
26 Marc Guillaume, »Postmoderne Effekte der Modernisierung«, in Le Rider/Raulet (Hg.), *Verabschiedung der (Post-)Moderne?,* a. a. O.
27 *Bauduillard, Les stratégies fatales,* Paris 1983; München 1985.
28 Peter Bürger, »Das Altern der Moderne«, in Friedeburg/Habermas (Hg.), *Adorno-Konferenz* 1983, Frankfurt 1983, S. 177.
29 Ebd.
30 Vgl. Raulet, »Marxisme et condition postmoderne«, in *Philosophiques*, Montreal (Canada) 1983, Vol. 10, Nr. 2, und ders., »La fin de la Raison dans l'histoire?«, in *Dialogue,* Ottawa (Canada), 1983, Vol. XXII.
31 Marx, »Einleitung zur Kritik der Hegelschen Rechtsphilosophie«, a. a. O.
32 Vgl. Wladimir Krysinski, »Fragment et fragmentation – Le destin de la modernité«; s. auch Burghart Schmidt, »Postmodernism as aggressive and conflict avoiding dialectics«, in *Social Science Information,* London/New Delhi, Sage Publications 1984, Nr. 3 und ders., *Strategien des Vergessens,* Darmstadt u. Neuwied 1986, S. 48ff.
33 Peter Bürger, »Das Vermittlungsproblem in der Kunstsoziologie Adornos«, in Burkhardt Lindner/Martin Lüdke (Hg.), *Materialien zur ästhetischen Theorie – T. W. Adornos Konstruktion der Moderne*, Frankfurt a. M. 1979, sowie ders., »Das Altern der Moderne«, a. a. O.
34 Adorno, *Negative Dialektik,* Frankfurt a. M. 1966, S. 31.
35 S. oben »Zur Dialektik der Postmoderne«.
36 Jean-François Lyotard, »Beantwortung der Frage: was ist postmodern?«, in *Tumult,* 1982, Nr. 4.

37 Burghart Schmidt s. oben Anm. 32.
38 Gérard Raulet, *Humanisation de la nature – naturalisation de l'homme,* Paris 1982.
39 Ernst Bloch, *Experimentum mundi,* Frankfurt a. M. 1975, S. 206ff.
40 Ebd., S. 202.
41 Habermas 1981, Bd. 2, S. 579f.
42 Ebd., S. 548ff. und Habermas, »Dialektik der Rationalisierung – J. Habermas im Gespräch mit Axel Honneth«, in *Ästhetik und Kommunikation,* 1982, Nr. 45–46, S. 131ff.
43 Ebd., S. 131.
44 Ebd., S. 132 u. 134.
45 Matthias Finger, »XVIIème Congrès mondial de philosophie – Table-ronde ›Modernité et post-modernité‹, in *MSH-Informations,* hiver 1983–84, Nr. 46, S. 17ff.
46 Habermas 1981, Bd. 2, S. 163.
47 K. O. Apel, »La question d'une fondation ultime de la raison«, in *Critique,* Paris, S. 926 (dt. in B. Kanitscheider, Hg., *Festschrift für Gerhard Frey – Sprache und Erkenntnis,* 1975).
48 Ebd., S. 926.
49 S. das erste Kapitel dieses Buchs.
50 K. O. Apel, a. a. O., S. 926.
51 Habermas, *Erkenntnis und Interesse,* Frankfurt a. M. 1968, S. 213.
52 S. Raulet, »Vingt ans de philosophie allemande«, in *Allemagnes d'aujourd'hui,* 1982, Nr. 80.
53 Habermas, »Dialektik der Rationalisierung . . .«, a. a. O., S. 134.
54 Habermas 1981, Bd. 2, S. 171ff.
55 Ebd., Bd. I, S. 376.
56 Habermas, »Moderne und postmoderne Architektur« in *Die andere Tradition*, München 1981, S. 16f.
57 Habermas, Erkenntnis und Interesse, a. a. O., S. 213.
58 Lyotard, »Beantwortung der Frage: was ist postmodern?«, a. a. O.
59 Habermas, *Erkenntnis und Interesse,* a. a. O., S. 213.
60 Habermas, »Dialektik der Rationalisierung . . .«, a. a. O., S. 138.
61 Ebd. und Habermas 1981, Bd. 2, S. 589.
62 Habermas 1981, Bd. 2, S. 293.
63 Ebd., S. 565ff.
64 Ebd., S. 576.
65 S. oben »Zur Dialektik der Postmoderne«.
66 Michel Foucault, »Um welchen Preis sagt die Vernunft die Wahrheit? Ein Gespräch mit Gérard Raulet«, in *Spuren,* Hamburg 1983, Nr. 1 und Nr. 2.
67 Burghart Schmidt, s. oben Anm. 32.
68 Adorno, *Negative Dialektik,* a. a. O., S. 189.
69 Schmidt, Burghart, »L'irrationalisme allemand de Weimar vu par le

neo-marxisme«, in Raulet (Hg.), *Weimar ou l'explosion de la modernité,* Paris 1984.

70 Habermas, *Stichworte zur geistigen Situation der Zeit,* Frankfurt a. M. 1979, S. 35.

71 Vgl. Bernhard Waldenfels, »Rationalité et monde vécu«, Vortragszyklus im Rahmen der Groupe de recherche sur la culture de Weimar, Maison des sciences de l'Homme, Paris, Nov. 1984.

72 S. Assoun/Raulet, *Marxisme et théorie critique,* Paris 1978.

73 Habermas 1981, Bd. 2, S. 593.

74 Habermas 1981, Bd. 2, S. 590 u. 593.

75 Habermas 1981, Bd. 2, S. 593.

76 Wellmer, »Wahrheit, Schein, Versöhnung«, in ders. *Zur Dialektik von Moderne und Postmoderne*, Frankfurt a. M. 1985, S. 31.

77 Habermas 1981, Bd. 2, S. 578ff.

IV
SUCHE NACH NEUEN ANSÄTZEN

Prolegomena zum postmodernen Subjekt–Objekt

Zur Krise des Subjekts als einer Krise der Vernunft in der Geschichte.

> »Je weiter die Bildung gedeiht, je mannigfaltiger die Entwicklung der Äußerungen des Lebens wird, in welche die Entzweiung sich verschlingen kann, desto größer wird die Macht der Entzweiung [...], desto fremder dem Ganzen der Bildung und bedeutungsloser die [...] Bestrebungen des Lebens, sich zur Harmonie wiederzugebären.«[1]

Wenn die Postmoderne mit dem Geschichtsprozeß kurzen Prozeß macht, weil Hegels, bzw. Marx' und Lukács' Subjekt–Objekt die historische Bühne verlassen zu haben scheint und nicht mehr im Gerichtshof der Vernunft in der Geschichte Recht sprechen kann; wenn andererseits die auffällige Resultante der neueren französischen Philosophie eine Auflösung der Kategorie des Subjekts (oder des Selbstbewußtseins) bedeutet – dann liegt die Vermutung nahe, daß beide Trends etwas miteinander zu tun haben. Steht heute das Subjekt in Frage, und dies am Ende jener für die Moderne konstitutiven Entwicklung, die es mit Letztbegründungsfunktion ausgestattet hatte (Moderne hier im Sinn von Neuzeit verstanden), dann – so lautet die Vermutung –, weil dieser Status von der Moderne selber so problematisch gemacht wurde, daß sie schließlich aus ihm eine Utopie machte. Von der Moderne selber: An dieser Voraussetzung möchten wir hier festhalten.
Vom Cogito ging man zum transzendentalen Ich, vom transzendentalen Ich zum Hegelschen Geist über, bis dieser im Zuge der eigenen Selbstbehauptung bzw. -durchsetzung sich sozusagen die Absätze von den Schuhen trat (nach Büchners Bild im *Danton*, einer ebenfalls auf die innere Widersprüchlichkeit der »Moderne« gemünzten Formulierung). Hegel sah

in der Subjektivität ein Stigma der Moderne, aber zugleich auch ihr grundlegendes Prinzip, welches eben von der Subjektivität ›an sich‹ zum Begriff als Subjekt (als sich selbst reflektierendes Subjekt–Objekt) überzugehen hatte. Und für Hegel – dies muß eingangs um so nachdrücklicher betont werden, als die Postmoderne gerade daran zu scheitern scheint – fand die Moderne in sich selbst die Quelle ihrer Selbstüberwindung. Wir sind heute offensichtlich an dem Punkt angelangt, wo der Durchbruch und die gleichzeitige Zersetzung der Subjektivität nicht mehr bewältigt werden können (und zwar nicht nur in der Sicht der postmodernen Soziologie Bells, sondern u. U. auch bei Habermas, wenn er von »Expressivität« redet, oder angesichts der Aporie des revolutionären und doch ohnmächtigen schizophrenen Subjekts bei Deleuze und Guattari). Die zugespitzte Manifestation der Subjektivität, welche die einschlägigen Etappen der Moderne charakterisiert hat, wäre nicht mehr imstande, an einen objektiven Geist wiederanzuknüpfen. Von Hegel bis Marx hatte sich die Vorstellung behauptet, daß das alle meine Vorstellungen begleitende transzendentale Ich mit einem historischen Inhalt auszustatten ist.[2] Heute wird gerade *diese* vergeschichtlichte Identität des ›Ich denke‹ utopisch, insofern das Projekt der Moderne, die Verwirklichung der Vernunft, von der Geschichte selbst dementiert wird; es verschwindet nicht nur deren historischer Referent, Träger und Adressat – Lukács' proletarisches Subjekt–Objekt –, sondern mit ihm auch die Möglichkeit der Selbstreflexion.

1. Methodischer Vorspann

Walter Benjamin hat wohl als erster diese historische Erfahrung, welche die Geschichte und das Subjekt auflöst, auf eine Weise zum Ausdruck gebracht, die sich nicht vergessen läßt. Wer (wie er es selber tut) sein Barock-Buch[3] mit den Aufsätzen und Fragmenten über das XIX. Jahrhundert und Schriften wie *Einbahnstraße* oder *Zentralpark* verbindet, sieht sofort ein, daß Benjamin in der Durchsetzung der Modernität zum einen den gordischen Knoten einer Verdinglichung bedeutenden Rationalisierung sieht (einen Gedanken, den wir in Horkheimers und Adornos *Dialektik der Aufklärung* wiederfinden) und sie zum anderen als einen unwiderruflichen Zerfall der prämodernen ordo deutet. Die allgemeine Zersetzung, um die es hier gehen wird, läßt sich daher im Licht der Abhandlung über den *Ursprung des deutschen Trauerspiels* als grenzenlos wachsende Allegorisierung verstehen – genauer als Vereitelung aller Versuche, das allegorisch Zersplitterte an eine nunmehr unauffindbare symbolische Einheit zurückzukoppeln. Wenn zielgerichtete Geschichtsphilosophien im Gegensatz etwa zu Lukács die Auffassung einer bereits existierenden Identität zugunsten eines sich erst bildenden, eines symbolisch intendierten Subjekt–Objekts aufgeben, stellt also eine Philosophie der symbolischen Formen heute den einzigen adäquaten Neuansatz dar. Gedacht ist in erster Linie an die fällige Aktualisierung der Blochschen »konkreten Utopie«.[4] Daran müßte sich eine kritische Auseinandersetzung mit den wichtigsten Kategorien des Post- bzw. Neo-Strukturalismus anschließen: das Imaginäre, das Symbolische und die Kritik der Repräsentation.

Diesen Weg wollen wir in diesem Kapitel nicht gehen, sondern, als »Prolegomena«, einige Themen der »Dekonstruktion« des Subjekts so eng wie möglich mit der Frage nach einer in demselben Maße fragwürdig gewordenen Geschichts- und Praxisphilosophie in Verbindung setzen – in der Hoffnung, unsere »Vermutung« etwas stichhaltiger zu belegen und dadurch vielleicht auch auf die »postmodernen« Bedingungen geschichtlicher Praxis hinzuweisen.

Aber selbst auf dieser bloß vorbereitenden Stufe ist die Erinnerung an Benjamin alles andere als müßig. Gilt es nämlich die Armut der verdinglichten Erfahrung zu sprengen und eine Dialektik der Verdinglichung wieder in Gang zu bringen, so muß man, wie es Marx einmal formuliert hat, »den wirklichen Druck noch drückender machen, indem man ihm das Bewußtsein des Drucks hinzufügt«.[5] Gerade dies vermöge der »destruktive Charakter«, der nur noch verdinglichte Erfahrungsfragmente kennt und diese gleichsam zum Äußersten treibt.[6] So wie Deleuze und Guattari »des schizes en tous sens« sehen,[7] wird für ihn das Spuren-Lesen zur Feststellung zusammenhangloser Figuren, die auf keinen gemeinsamen, Identität stiftenden Nenner mehr zu bringen sind. In der Hoffnung, Verdinglichung zu durchbrechen, liquidiert er die eigene Identität. Die Geschichte zeigte aber mit eindeutiger Härte, daß diese positive Barbarei doch zu kurz griff; ich habe deshalb Benjamins radikalen Versuch als »Sackgasse« bezeichnet, um vor den Gefahren einer postmodernen Erhabenheit zu warnen, die sich in ihrer Flucht nach vorne, im großen Ja zum »Ende der Geschichte« und zum Ende des Subjekts jener gar nicht positiven Barbarei ausliefert, mit der sie sich messen will.

Doch nicht nur als Warnung soll die Erinnerung an Benjamin verstanden werden, trotz des Scheiterns sind dort auch Anregungen zu gewinnen. Die erste ist wohl, daß Benjamin unsere Vermutung eines Zusammenhangs zwischen der Krise des Subjekts und der Krise der Geschichte diagnostisch bestätigt; die zweite, daß er beide Krisen als Folge der Selbstbehauptung der Moderne auffaßt – so daß die Postmoderne zumindest als Folgewirkung der Modernisierung zur Moderne gehört und sich, um Adornos und Horkheimers Formulierung anzuwenden, als eine Erscheinung der »Dialektik der Aufklärung« erweist: eher als »Dialektik im Stillstand« denn als endgültige Entmachtung eines dialektischen Ansatzes. Die dritte Anregung betrifft eben die Art und Weise, wie ein solcher dialektischer Ansatz unter postmodernen Umständen wieder zur Geltung gebracht werden kann: Das Sich-Hingeben ans Objekt berechtigt wenigstens zum Versuch, dem Adorno in der *Negativen Dialektik*[8] nachgeht, nämlich gegen »das systemstiftende Ichprinzip« der ratio »das Objekt selber reden« zu lassen.[9] Wie dieses »redet«, wird unseres Erachtens bei Adorno nicht ausgeführt, und gerade an diesem Punkt müßte die fällige Auseinandersetzung mit einer erneuerten Philosophie der symbolischen Formen ansetzen. So wie Benjamins destruktiver Charakter die Allegorisierung der Welt ernst nimmt oder Adornos *Negative Dialektik* dem System Achtung zollt, weil sich die verwaltete Welt daraufzu bewegt und »das ihr Heterogene als System ihr gegenübertritt«, sollten wir die Postmoderne durchaus ernst nehmen.

»Postmoderne« bezeichnete demnach die Unmöglichkeit des Sinns, den ein (historisches) Subjekt zu stiften hätte, weil dieses zerfallen ist – und umgekehrt. Die Koinzidenz, die Sartre in seiner *Réponse à Foucault*[11] feststellt zwischen der Disqualifizierung des Historischen Materialismus, der Leugnung der Geschichte überhaupt und der Auflösung des Subjekts (»Das Verschwinden, oder wie Lacan sagt: die Dezentrierung [décentrement] des Subjekts ist verbunden mit der Diskreditierung der Geschichte. Wenn es keine Praxis mehr gibt, kann es auch kein Subjekt mehr geben.«), soll um so mehr untersucht werden, als der von Hegel aufgezeigte historische Vollzug der Selbstreflexion, explizit oder unausgesprochen, die Referenz oder der Zankapfel all derjenigen Theorien ist, die entweder entschieden mit dem Projekt der Moderne brechen oder es, wie immer verändert, wiederaufgreifen. (Letzteres gilt überall, wo man die Idee der Selbstreflexion rettet – sowohl von Lukács als auch vom Adorno der *Negativen Dialektik*, sowohl von Gadamers Hermeneutik, die sich zugleich als Erbin Heideggers und Hegels versteht[12] als auch von Habermas' kommunikativer Vernunft[13].

Es gibt noch andere zwingende methodische Gründe. Blickt man von der Frage der Koinzidenz oder Entsprechung weg, dann verweigert man voreilig der sogenannten Postmoderne jede Legitimität, sosehr sie auch gerade diese Problematik verwirft. Ihr philosophischer Diskurs will zwar nur Mythos sein, er beansprucht keine andere Gültigkeit als die einer Erzählung unter anderen; aber somit entzieht er sich auch jeder Kritik; sein Reiz kommt von der Suggestion, die er ausstrahlt, indem er doch soziologische Gültigkeit sich zumutet, wenn man etwa Lyotards *Condition post-moderne* als »Versuch einer Geschichtsschreibung der neostrukturalistischen Dekonstruktion«[14] versteht. Dies impliziert weitere innere Widersprüche: dieser verschwiegene, verkappte Geltungsanspruch appelliert noch insofern an einen (nicht artikulierten, nicht thematisierten) Konsens, als die konkreten Indizien der »postmodernen Lage« keine »Erzählung« hervorbrächten, gehörten sie nicht auch zur Lebenswelt der Leser. Dahinter darf man schon jene »Sehnsucht nach undifferenzierten Lebensformen« wittern, von der Habermas, leider zu pauschal, in bezug auf die gesamte französische Philosophie der letzten zwanzig Jahre gesprochen hat.[15] Eine andere Manifestation dieser verdrängten aber nicht ausrottbaren Sehnsucht nach dem Konsens sehe ich im bereits erwähnten »multiple coding« der postmodernen Architektur und sogar in Lyotards Auffassung des rein punktuellen Vertrags auf Zeit,[16] der mindestens – selbst wenn der eigentliche Adressat ein unvorhersehbares ›Sich-Ereignen‹ (»le Arrive-t-il?«)[17] ist: ein »Kairos« – dafür sorgt, daß das Buch zeugt, oder gar überzeugt (»Convaincre le lecteur, . . . Témoigner du différend«[18]) und in der zeitlich zersplitterten Öffentlichkeit[19] noch Leser findet:

»Leser:
– philosophischer Leser, d. h. irgendeiner, der nicht ›Zeit gewinnen‹ und so schnell wie möglich mit der ›Sprache‹ fertig werden will. Dank den vorliegenden Hinweisen wird er allenfalls, wenn er Lust hat, ›von dem Buch sprechen können, ohne es gelesen zu haben‹.«[20]

Hier artikuliert sich noch ein Subjekt, das nicht nur Interaktion als die eigene, nicht abzuschaffende Vorbedingung anerkennt, sondern diese auch reflektiert, indem es das Buch an Leser adressiert. Sonst käme ja das Buch nicht zustande. Radikaler noch: Auch da, wo es nicht mehr Grund ist, spricht doch immer ein Subjekt, sobald philosophische Positionen bezogen werden – auch mit folgender Korrektur:

»Sich artikulieren aber heißt: sich einem strukturalen Gewebe einschreiben, durch dessen ›jeu des différences‹ [ein Gedanke] allererst zu [demjenigen] werden kann, als den wir ihn – scheinbar unmittelbar – erfassen [. . .] Muß das Spiel der Differenzen als ein unendlich offenes gedacht werden, dann muß auch der Gedanke an unser Selbst veränderbar und ohne letztgültige Identität sein.«[21]

Deswegen wendet sich Lyotard in *Le différend* an den Autor selbst (»Convaincre le lecteur [y compris le premier, l'A.] ...«).[22] Im Hinblick auf solche inneren Widersprüche hat Manfred Frank sehr schön von einer »Wiederkehr des Verdrängten« gesprochen:

»Nicht wir seien es, die das diskursive Feld sähen, sondern das Feld sehe vielmehr uns ... Diese immanente Reflexion des Feldes auf sich selbst (und seine Elemente) gleicht nicht nur unübersehbar dem, was Hegel die ›Reflexion-in-sich‹ nennt ...; sie verfehlt auch noch auf andere Weise ihre kritische Absicht ... Die in der Position des Individuums unterdrückte Subjektivität kehrt als die Subjektivität der reflektierend und handelnd sich transformierenden Struktur wieder: Wiederkehr des Verdrängten.«[23]

Dies ist zwar auf Foucault und Althusser gemünzt, aber es läßt sich ohne weiteres auf andere Dekonstruktionen des Subjekts übertragen, die wie Lyotard die Subjektivität als eine nie festgesetzte, immer widerrufliche gelten lassen oder gar geltend machen (Habermas würde von ›Expressivität‹ sprechen, darauf werden wir noch zurückkommen). Auch bei Derrida läßt sich jene ›Wiederkehr‹ erkennen, wenn er mit dem Ausdruck »Transzendentalität der Differenz« »ein selbst nicht Bewußtes, das Bedingung wäre der Möglichkeit von Bewußtsein und von Erkenntnis«[24] meint und diese Differenz in *De la grammatologie* als »ultratranszendental« bezeichnet. Diese »interminable différance du fondement théorique«,[25] welche dem klassischen Transzendentalsubjekt zugrunde liegt, ist sicher gebrochen, ist kein Ursprung oder Grund (im überlieferten philosophischen Sinn), aber gerade daraus ergeben sich – wie M. Frank überzeugend zeigt[26] – unverkennbare Übereinstimmungen mit Schelling, ja sogar mit Hegel – bis auf den einen Punkt freilich: Hegel dachte die Negation der Negation als Aufhebung des Unterschieds zwischen Identität und Differenz, während Derrida diesen Schritt verweigert, der wieder eine »gründende Identität« stiften würde. Trotz dieser Weigerung kann man sich von den Problemen nicht einfach verabschieden, denen sich Hegel gestellt hat; insbesondere das der Interaktion ist aufzugreifen, mit welcher nach Hegel Selbstreflexion und die logische Operation der »Identität in der Differenz« konkrete historische Gestalt annehmen.

Es stimmt nicht, daß diese Philosophie ganz subjektlos wäre. Noch weniger trifft zu, daß sich ihr Subjekt aus den historischen Bedingungen zurückgezogen hätte, von denen es abhängt. Mehr oder weniger deutlich, vor allem wenn die Rede auf die Strukturen kommt, von denen her das Subjekt gedacht wird, verweisen die postmodernen und poststrukturalistischen Diskurse auf das Andere einer geschichtlichen Lage, mit der sie sich ausdrücklich oder verschwiegen auseinandersetzen, und zwar in dem Maße, wie sie von einer »Differenz« sprechen. (Bei Derrida bleibt diese historische Dimension unausgesprochen; sie wird durch eine Art Husserlscher »Epoche« ausgeklammert. Daß sie aber nie verschwindet, verrät der Umstand, daß Derrida aus einer »Epoche« politische Konsequenzen zieht und daß bei ihm nach der »Auflockerung der verhärteten Tradition« [Heidegger] die Suche aus der Irre nicht mehr im heidnischen Lokalkult des NS münden muß.[27])

Selbst wenn sie selber ihr politisches Engagement auf diese Weise unkenntlich macht, täte man der postmodernen oder poststrukturalistischen Philosophie Unrecht, wenn man ohne weiteres annähme, daß sie die konkreten Anlässe ihrer Entstehung überhaupt nicht mitbedenkt. Wie weit sie sich jedoch ihrer politischen Implikationen bewußt ist, ist sehr schwer zu entscheiden, wenn man etwa bedenkt, daß ein Lyotard Terror mit Totalitarismus gleichsetzt. Man könnte ihn, nach Habermas' Kriterien, durchaus als »Neu-Konservativen« (neben Lübbe oder Luhmann) bezeichnen. Habermas' pauschaler Angriff auf die »Sehnsucht nach undifferenzierten Lebensformen« besteht wenigstens insofern zu Recht, als die postmoderne oder poststrukturalistische Dekonstruktion zwischen politischen Alternativen deshalb nicht mehr entscheiden kann, weil sie aus dem Verzicht auf ein Metakriterium eine Tugend gemacht hat.

Der Poststrukturalismus, schreibt Jochen Hörisch, »wird fröhlich positivistisch, weil ihm die Unterscheidung erster und zweiter Natur und mit ihr die Möglichkeit, ästhetisch das Imaginäre real werden zu lassen, obsolet wurde«.[28] Was aber die »erste Natur« ist, wurde inzwischen so fragwürdig, daß man sich kaum auf sie berufen kann. Daß man zwischen dem Imaginären und dem Realen nicht mehr gültig unterscheiden kann, ist eben das Kreuz der Postmoderne. Der Rückfall in den Mythos bzw. in »undifferenzierte Lebensformen« bedeutet nicht nur, daß die Fronten verkehrt wurden, sondern daß sie gar nicht mehr lokalisierbar sind: Der Verzicht auf ein Metakriterium ist ja auch Reflex darauf, daß es kein historisches Subjekt–Objekt mehr gibt! Wie also wäre am Postmodernismus bestimmt Kritik zu üben?

Wenn die Theorie der Gesellschaft über ihre Geltung keine Rechenschaft ablegen kann, wird sie zu einer Art »animistischer Soziologie«, die nicht mehr unterscheiden kann zwischen dem, was sie der Welt zuschreibt, und dem, was sie selber ist.[29] Schon wegen ihrer eigenen Prämissen, welche die Selbstbegründung der Wissenschaftlichkeit aufgeben, widerspricht die postmoderne Philosophie und Soziologie dem Motto: »Unsere Zivilisation mit den Augen des Ethnologen zu betrachten«. An die Stelle dieses Selbstreflexion voraussetzenden Standpunkts des Ethnologen ist die Magie des Präreflexiven getreten.

In *Le différend* bringt Lyotard das »ökonomische Genre« (»le genre économique«)[30] des Diskurses (d. h. die vorherrschende Performativität) mit »dem Kapitalismus« als »Hegemonie des ökonomischen Genres«[31] in Zusammenhang. Ähnlich verfuhren schon (auf dem Gebiet der Wunschproduktion und nicht der Sprachpragmatik) die Autoren des *Anti-Ödipus*, wenn sie behaupteten: »In Wahrheit ist die gesellschaftliche Produktion allein die Wunschproduktion selbst unter bestimmten Bedingungen.«[32] Oder auch: »Das genau nämlich sind die Wunschmaschinen: die Mikrophysik des Unbewußten ... Doch als solche existieren sie niemals unabhängig von historischen, molaren Einheiten, makroskopischen Gesellschaftsformationen, die sie auf statistischer Ebene konstituieren.«[33] Aber dieser Zusammenhang hat nichts mehr gemein mit dem traditionellen marxistischen Schema von Basis und Überbau, das sozusagen längst nivelliert worden ist, genauer: nicht mehr dualistisch-dialektisch funktioniert. Dieselbe Feststellung machten – aufgrund völlig verschiedener theoretischer Ansätze – auch Habermas und Daniel Bell, die beide das *Wissen* für das Hauptagens oder sogar die Basis der spätkapitalistischen Phase, bzw. der »post-industriellen« Gesellschaft, halten. Die Macht des Kapitals wurde gleichsam »diskursiviert« – und das ist zweifelsohne die gemeinsame Grundeinsicht aller heutigen Theoriebildungen vom Strukturalismus insgesamt bis zur »Theorie des kommunikativen Handelns«.

Daß wir mit einer am Unterschied von Basis und Überbau festhaltenden Ideologiekritik wenig anfangen können, das hat nicht die Postmoderne zuerst und allein zum Ausdruck gebracht, sondern das ist schon Ende der dreißiger Jahre in der Programmschrift der Kritischen Theorie[34] deutlich ausgesprochen werden. Horkheimer schlug vor, »gleichsam vulgärmarxistischer [zu verfahren] als früher«,[35] weil die »Verhältnisse des Spätkapitalismus« sich im Bewußtsein »unmittelbarer« niederschlugen und jeglichen minimalen, kritisch auszunutzenden Abstand zwischen Basis und theoretischem Überbau aufzehrten. Was hier als Tendenz zur totalen Assimilation gedeutet wurde, konnte Marcuse 1970 als »Aufgehen der Ideologie in der Wirklichkeit« darstellen, »insofern nämlich, als heute die Ideologie im Produktionsprozeß selber steckt«.[36] Wenn dem so ist, dann muß tatsächlich »Gesellschaftskritik, die sich selbst reflektiert, ihre zentralen Kategorien preisgeben: zunächst die der Selbstentfremdung, weil sie ein Selbst präsupponiert, das sich historisch noch nie verwirklichte [...]; unzulänglich scheint aber auch die Kategorie der Verdinglichung, sofern sie nur eine Reflexionsform des Bestehenden meint«.[37]

Die Postmoderne kann man also nicht von außen her kritisieren, man muß sich ein Stück weit in ihre Logik fügen, sofern in ihr eben auch reale Prozesse, reale Selbstwidersprüche der Moderne thematisch werden. Hegels Frage[38]: »Ob sich aus Subjektivität und Selbstbewußtsein Maßstäbe gewinnen lassen, die aus der modernen Welt entnommen sind und gleichzeitig zur Orientierung in ihr, das heißt aber auch: zur Kritik einer mit sich selbst zerfallenen Moderne taugen«, ist wieder zu unserer geworden; an Hegels Grundsatz, daß Kritik sich der Kategorien des von ihr Kritisierten bedienen muß, haben wir anzuknüpfen.

2. Subjektivierung als Grundwiderspruch – ein unsystematischer Rückblick

An der Wiener Moderne läßt dieser Grundwiderspruch sich besonders gut erkennen. Auf der einen Seite zeigt sie eine Bewegung von außen nach innen, vom Sozialen zum Individuellen, vom Objekt ins Subjekt, von Umwelt auf Innenwelt,[39] die sich vornehmlich als Reaktion auf eine undurchsichtig gewordene Entsprechung zwischen Innen und Außen versteht; so bei Hofmannsthal: »Da die Gegenstände sich der sprachlichen Benennung entziehen, wird die Zuflucht in der Thematisierung der Sprache selber gesucht.«[40] Aber gerade deshalb wird auf der anderen Seite das Subjekt selber problematisiert: Hermann Bahr popularisiert die Parole von einer »Unrettbarkeit des Ich«: Das Ich ist, so schreibt er 1904, nur noch »ein Name. Es ist nur eine Illusion. Es ist ein Behelf, den wir praktisch brauchen, um unsere Vorstellungen zu ordnen.«[41]
Eine »Archäologie der Postmoderne« müßte jenen Momenten Aufmerksamkeit schenken, die gleichzeitig Selbstbehauptung und Infragestellung (demnach auch eine unumgängliche Reformulierung) des Subjekts bedeutet haben – sie muß sich an der Subjektivierung als Grundwiderspruch orientieren, eine »Krisologie« sein, wie ich es im Hinblick auf das immer wieder krisenhafte Selbstverständnis der Moderne formuliert habe.[42] Und zwar um so mehr, als auch ein unsystematischer Überblick überzeugend zeigt, daß jenes Selbstbewußtsein der Moderne, das sich aus immer wieder eintretenden Krisen des Geschichts- und Praxisbegriffs herausbildet, untrennbar mit Krisen des Subjekts verbunden ist, aus diesen erst entsteht, als wären beide Krisenfolgen konsubstantiell. Wenn man so auf

die innere Widersprüchlichkeit den Akzent setzt, kann der höchstwahrscheinlich unhaltbar gewordene ideologiekritische Ansatz ohne weiteres umgangen werden.
»Subjekt« ist nie etwas anderes als eine innerlich widersprüchliche, ständig von Selbstauflösung bedrohte Einheit gewesen – die Illusion einer unbeweglichen, in sich ruhenden Identität. Diese Behauptung bedarf keiner umständlichen Beweisführung, sondern bloß des Hinweises darauf, daß etwa Kants Subjekt nur als ein geteiltes, entzweites sich geltend macht: als empirisches Ich und als transzendentales Ich denke, als Subjekt der Maximen und als dasjenige der Moral, und nicht zuletzt als der einheitlich-uneinheitliche Pol einer in drei Vermögen zergliederten Vernunft, da »Kant anstelle des substantiellen Vernunftbegriffes der metaphysischen Überlieferung den Begriff einer in ihre Momente auseinandergetretenen Vernunft [setzt], deren Einheit nur mehr formalen Charakter hat«.[43] Hegel sieht darin – in den »philosophischen Entgegensetzungen von Natur und Geist, Sinnlichkeit und Verstand, Verstand und Vernunft, Urteilskraft und Einbildungskraft, Ich und Nicht-Ich, Endlichem und Unendlichem, Wissen und Glauben«[44] – einen Spiegel der Entzweiung als Prinzip der Moderne. Sein eigenes Unternehmen ist nichts anderes als ein Versuch, die Frage zu beantworten, wie sich die Moderne »aus sich selbst stabilisieren kann« (ebd.).
Unschwer findet man bei Lacan, Lyotard und anderen eine ganze Reihe von Stellen, die genau diese innere Widersprüchlichkeit des »Ich denke« sich zu eigen machen und entweder am Hegelschen Stabilisierungsversuch rütteln oder ihn radikalisieren. In diesem Sinn betont Manfred Frank die Verwandtschaft zwischen der différence Derridas und Hegels, bzw. Schellings Identität der Identität und der Differenz.[45] Bei Lacan werden die Entzweiungen des Kantschen Subjekts als »fente« und »refente« (dafür gab es bei Freud nur das Wort ›Spaltung‹) gedeutet: Mit »fente« ist die Unterscheidung zwischen dem individuellen Subjekt und der Ordnung der Sprache, mit »refente« die Festlegung des Subjekts auf sprachlich vermittelte soziale Rol-

len gemeint. So gibt es also ein »sujet de l'énonciation« und ein »sujet de l'énoncé« (Subjekt des Aussagens und Subjekt des Ausgesagten), ein *Je* und ein *Moi*. Dem »wahren Subjekt«, dem *»Je«* schreibt Lacan ganz eindeutig einen utopischen Charakter zu, der vor allem in Lacans Gegenüberstellung von Freud und Descartes zum Ausdruck kommt. An die Stelle des durchsichtigen transzendentalen Subjekts tritt mit Freud ein gespaltenes, undurchsichtiges, unbewußtes Verhältnis zwischen »ego cogito« und »ego sum«; implizierte die Formel »cogito ergo sum« auch, daß »cogito ibi sum«, so folgert hingegen Lacan aus Freud: »Ich denke da, wo ich nicht bin, also bin ich da, wo ich nicht denke [. . .] Ich bin nicht da, wo ich der Spielball meines Denkens bin; ich denke daran, daß ich da bin, wo ich nicht denken kann.«[46] Lacans »Rückkehr zu Descartes« (»le mot d'ordre d'un retour à Descartes ne serait pas superflu«)[47] soll aufzeigen, daß

»das philosophische cogito im Zentrum jener Täuschung steht, die den modernen Menschen so sicher sein läßt, daß er er selbst ist, ungeachtet seiner Ungewißheiten über sich selbst und ungeachtet des Mißtrauens, das er seit langem den Fallen der Selbstliebe entgegenzubringen gelernt hat«.[48]

Descartes' Begründung des Cogito hat übrigens in den *Meditationen* das Problem der Illusion nicht ganz umgehen können; aber anstatt zu erkennen, daß der Zusammenhang von Denken und Sein von der Sprache geleistet wird,[49] appellierte er an einen Gott, der diese Entsprechung nur insofern garantieren kann, als er beide Glieder geschaffen hat. Ohne diesen Gott sähe sich das Subjekt, wie Lacan es betont, auf die symbolische Ordnung der Sprache zurückverwiesen. Der »linguistic turn«, der sowohl den Strukturalismus als auch den Neo- oder Poststrukturalismus kennzeichnet, besteht darin, daß sie sich beide weigern, das Antezedens der Sprache zu überspringen. Lyotard schreibt in *Le différend:*

»Nicht das denkende oder reflexive Ich hält der Prüfung des universellen Zweifels stand, sondern der Satz und die Zeit. Aus dem Satz ›ich zweifle‹ folgt nicht, daß ich bin, es folgt daraus, daß es einen Satz gegeben hat . . . ›Ich zweifle‹ ist nicht ein erster Satz, genauso wenig wie *je pense* oder *es denkt* oder *cogitatur* oder *phrazetai.* Dafür gibt es zwei Gründe. Erster Grund: ›Ich zweifle‹ setzt voraus ›ich‹ und ›zweifle‹ oder ›ich‹ und ›denke‹ und so weiter. Und jeder dieser Termini setzt seinerseits andere Sätze voraus: Definitionen, ›gebräuchliche‹ Beispiele. Er setzt *le langage* voraus, was die Totalität der möglichen Sätze einer Sprache wäre.«[50]

Mit der Betonung der Zeitlichkeit der *phrases,* des ständigen Übergangs von einem Satz zu einem anderen, und des Wesens des Satzes selber als Übergang warnt auch Lyotard vor jedem Apriori der Sprache:

»Der Satz, der die allgemeine Form des Übergangs von einem Satz zum anderen formuliert, hat selber jene Form des Übergangs. In kantschen Begriffen: die Synthese der Reihe ist auch ein Element, das in die Reihe gehört.«[51]

So wird jede Letztbegründung durch eine transzendentale Instanz, die an die Stelle des transzendenten Gottes Descartes' träte, zurückgewiesen. Demzufolge wird das *sujet* bei Lyotard völlig unlokalisierbar – was bei Lacan noch nicht der Fall war. Dort war das Subjekt wegen der Allmacht der Sprache nicht *causa sui*; auf dem Weg dorthin mußte es sich »nur« einen Umweg gefallen lassen. Dieser durchzog die beiden Dimensionen des Imaginären und des Symbolischen; das Schema, mit dem Lacan[52] das Verhältnis zwischen dem Subjekt, der symbolischen Ordnung als seiner Wahrheit (dem Anderen mit großem A), der objektiven Welt (a) und seinem empirischen Ich (a') veranschaulicht, zeigt deutlich, daß es keine unmittelbare, direkte Beziehung von S auf A geben kann, so wie es auch kein direktes Verhältnis des *Moi* zum »wahren Subjekt« gibt. Beide Beziehungen können sich den Umweg über die Objekte nicht ersparen – über jene Dimension, die Lacan die imaginäre nennt. Daraus lassen sich traditionelle und weniger traditionelle Folgerungen ziehen.
Man kann zum einen mit Manfred Frank bemerken, daß Lacan in gewissem Maß eine Auffassung der Selbstreflexion teilt, nach der »selbstbewußte Identität nie anders denn aus dem Abgrund einer Spaltung hervortritt«,[53] den sie nur insofern überbrückt, als sie ihr Anderes reflektiert. Zum anderen

könnte man auch Lacans Descartes-Lektüre zum Anlaß nehmen, um nicht vor allem die cartesianische Verdrängung des Traums, der Täuschung und des Wahnsinns, sondern auch die wiederholte Wiederkehr dieses Verdrängten hervorheben. Descartes' Absicherung der Evidenz durch den Rückgriff auf Gott betont, wie ernst Descartes nicht nur den Skeptizismus seiner Zeit, sondern auch die Wirklichkeitsverleugnung des Barock genommen hat.

Demnach erscheint das Verhältnis zwischen Innen und Außen schon von Beginn der ›Moderne‹ (der Neuzeit) an als ein nur provisorisch gelöstes Grundproblem, das sich dann durch alle Krisen der Moderne hindurchzieht. (Eine andere typische Krise wäre die »Komödie des Bewußtseins« der Romantik, in der die Welt wieder zum bloßen Traum wird, wobei sich gerade diese Traumwelt als konstitutive Dimension des Selbst erweist. Das »Außen« ist hier [z. B. in Kleists Nachdichtung von Molières *Amphytrion*] nicht nur die Objektwelt, sondern auch und vor allem ein anderes Selbst, das draußen als verwirrende identische und zugleich nicht-identische Verdoppelung erscheint.)

Man könnte auch darauf hinweisen, daß die von Lacan als imaginär bezeichnete Relation jener »Verfallenheit ans Objekt bis zur buchstäblichen Auslöschung des Selbst« gleicht, von der Adorno in bezug auf Benjamins »destruktiven Charakter« spricht. Hier bleibt der Zugang zum *Symbolischen* (sowohl in Lacans als auch in Benjamins Verständnis) versperrt. Verdrängte Descartes das, was das Barock zum Ausdruck brachte, so drängt sich in Benjamins Bild der Moderne wie im Neostrukturalismus Lacans die unumgängliche Dimension des Imaginären wieder in den Vordergrund; es ist auch kein Zufall, daß Benjamin den »destruktiven Charakter« als einen darstellt, der nicht einmal mehr, wie der barocke Melancholiker es noch versuchte, den Umweg über das Labyrinth der Objektwelt und deren rätselhafte Bedeutungen unternehmen will. Indem er den Umweg des Lebens dem Todestrieb preisgibt, spricht er eindeutig aus, mit wem er sich nicht mehr identifizieren will: mit dem bürgerlichen Subjekt, das sich nur um den Preis der Fantasmagorien des Kapitals hat behaupten können.

Da wir im Lauf dieses unsystematischen Rückblicks nur Spuren und Anregungen verzeichnen wollten, nur ein kurzer Hinweis auf Adorno. Der von ihm formulierte »Vorrang des Objekts«, die Umkehrung des modernen Primats des Subjekts, deren wir uns bedienen werden, um einen neuen Zugang zur Praxis zu finden, darf nicht auf ein vermeintlich Objektives beschränkt werden; die Umkehrung könnte wohl auch bedeuten, daß man es heute mit dem Imaginären bzw. mit jenen Fantasmagorien aufzunehmen hat, die das Andere des gesuchten Subjekts sind und ohne welche es gar nicht existiert. Was die Postmoderne nämlich zeigt, ist die Auflösung der lokalisierbaren Subjekt–Objekt-Pole zugunsten einer verallgemeinerten Fiktion:

»Wir werden überflutet von den industriell produzierten Bildern und Fiktionen . . . Keine Referenz, kein Augenblick mehr, in dem Objekt und Bild zusammengehören; das letztere verweist nur noch auf eine Potentialität, auf ein ›es könnte sein‹. Deshalb fesseln diese Bilder nicht mehr, sie kennzeichnet eine strukturelle Abwesenheit von Illusion. Sie wirken nicht mehr glaubwürdig oder unglaubwürdig, denn Glauben impliziert ein Verhältnis zum Anderen, und es gibt hinter diesen Bildern kein Anderes mehr . . . Die neuen Informations- und Kommunikationstechnologien gestatten eine Art Elision des Subjekts, sein partielles Aufgehen in einem unendlichen Spiel fließender Identitäten. . . . Gleichzeitig billigen wir das insgeheim, denn wir finden darin unser Quantum an Freiheit, Verantwortungslosigkeit und Nomadentum . . . Spontan versucht das Subjekt, die Spuren zu verwischen, und spielt tatsächlich ein doppeltes Spiel. Es verfolgt die individuelle Strategie nur gelegentlich, wenn es ihm paßt, und zieht sich sonst auf eine traditionelle Position der Suche nach Identität, nach Wurzeln, nach symbolischem Schutz zurück. Spektralisierung nenne ich jenes Oszillieren zwischen der Position des Subjekts und der des Objekts, das sich in der Postmoderne generalisiert und gespeist wird von allen neuen technologischen Möglichkeiten.«[54]

Dies ist, in anderer Formulierung, die Schwierigkeit, die uns schon begegnete, als wir an der Möglichkeit zweifelten, den Zusammenhang zwischen der Krise der Praxis und der Krise des Subjekts mittels einer am Basis–Überbau-Schema festhaltenden Ideologiekritik zu beleuchten. In Adornos Worten, der so dargestellte Vorrang des Imaginären bezeichnet, in Form einer verallgemeinerten Fantasmagorie, einen »totalen Verblendungszusammenhang«, mit dem die innerlich widersprüchliche Selbstbehauptung des modernen Subjekts in völlig utopisch gewordener Reflexion mündet; die seit je »illusorische Einheit« des Ich denke wird restlos zur Illusion.

Selbst wenn er vor diesem Hintergrund obsolet erscheinen mag: Ich möchte an den Leitgedanken der Selbstbehauptung als Infragestellung des Subjekts wiederanknüpfen, in der Absicht, diesem Komplex doch noch – durch Redialektisierung – praktische Aussichten abgewinnen zu können.
Wie sich das Subjekt im Zuge der Modernisierung (oder Rationalisierung) auflöst, habe ich bereits an Max Weber gezeigt.[55] Mit Weber darf man von einer Remythologisierung, also Wiederverzauberung, sprechen, die einigermaßen den postmodernen Schlüsselkategorien des Polytheismus und des an die Stelle des Logos tretenden Mythos entspricht. Was Weber darstellt, ist die Pathogenese der okzidentalen Rationalität, die sich nur um den Preis einer unerbittlichen Verdrängung der Differenzen vollzogen hat und die mit der gewaltigen Rückkehr des Polytheismus endete, weil sich mit jener Verdrängung gleichzeitig eine Ausdifferenzierung der Lebenswelt durchgesetzt hat, die eine wachsende, nicht mehr aufzuhaltende Individualisierung der Maßstäbe bedeutete. Halb prophetisch, halb nüchtern realistisch entwirft Weber[56] das Bild einer mit sich selber zerfallenen Moderne, die in pathologisch gesteigerter Form jene Krise der Ratio wieder erlebt, welche die Frühromantiker bereits zur Sprache gebracht hatten – man denke an Novalis' Protest gegen die christlich-monotheistische Überwindung der olympischen Pluralität in den *Hymnen an die Nacht,*[57] an Schlegel, an Hölderlins kulturkritisch-lyrische Klage über die »Dissonanzen in einem Charakter« (*Hyperion*, 1797). Die Lehre, die aus Webers Darstellung gezogen werden kann, lautet: Die Moderne leidet darunter, die innere Wider-

sprüchlichkeit ihrer Selbstbehauptung ignoriert oder verdrängt zu haben.
Sie zu reflektieren, ist die Absicht der *Dialektik der Aufklärung* von Adorno und Horkheimer, und zwar mittels der zugespitzten Formel: *Subjektivierung führt zur Selbstausrottung* des Subjekts; dargestellt wird ein Sich-Suchen und Sich-nicht-Finden, an dem sich erkennen läßt, wie Hegels Projekt einer Stabilisierung der Moderne aus sich selbst in sein Gegenteil umschlägt.
In der Adorno–Horkheimerschen »Urgeschichte der Subjektivität« erscheint Odysseus als »Urbild des bürgerlichen Individuums«, Homers Epos im Ganzen als die mythisch-epische Geschichte der »Zivilisation«, des Sieges der Vernunft über die blinden Naturmächte. Dabei ist die Unterdrückung der *inneren* Natur der Preis für die Ausbildung eines einheitlichen Selbst zum wahren Zentrum des Erkennens und Handelns, der Beherrschung der *äußeren* Natur. Technische Kälte setzt sich durch:

»Kälte als konstitutives Prinzip in der Urgeschichte der Subjektivität kommt besonders in jenen Situationen zum Ausdruck, in denen der Held der Odyssee aus Angst vor der Desintegration seines Selbst seine eigene und die ihn umgebende Natur zu entseelen gezwungen ist. Das Organ dieser Kälte ist die List der Vernunft.«[58]

Nicht nur in einem rhetorischen Sinn erinnert der Hinweis auf die Kälte des Technischen an Bloch. Wenn sich das Subjekt den Umweg über das Objekt nicht ersparen kann – auch nicht zu einer Zeit, wo keiner mehr weiß, was Natur oder Objekt ist –, dann könnte Blochs Vorstellung eines »Natursubjekts«, das in Naturchiffren bzw. Allegorien spricht und dem es, um der technischen Kälte zu widerstehen, zuzuhören gilt, zur Eröffnung neuer praktischer Perspektiven beitragen. Nur so wäre die Möglichkeit einer gänzlichen Allegorisierung der Welt, also des nötigen Umwegs über das, was Lacan das Imaginäre nennt – selbst wenn man darunter im postmodernen Kontext eine druchgreifende Fiktionalisierung des Objektiven versteht –, vielleicht noch erfaßbar.

Aber die Unterdrückung der äußeren Natur ist nur die eine Seite; der *Dialektik der Aufklärung* ist noch mehr daran gelegen, die »Entsagung« zu betonen, »durch die das Ich, das die Gefahr beherrschen lernt, seine eigene Identität erringt und zugleich vom Glück des archaischen Einsseins mit der Natur, der äußeren wie der inneren, Abschied nimmt«.[59] Identität wird bewahrt nur um den Preis einer »Vernichtung des Subjekts«, um den Preis seiner Verstümmelung, wie Adorno und Horkheimer anhand der Episode der Vorbeifahrt an den Sirenen zeigen: »Der gefesselte Hörende will zu den Sirenen wie irgendein anderer. Nur eben hat er die Veranstaltung getroffen, daß er als Verfallener ihnen nicht verfällt.«[60] (Damit fängt bereits jene »Regression des Hörens« an, der Adorno im amerikanischen Exil seinen ersten Aufsatz widmete.) In der die *Dialektik der Aufklärung* eröffnenden Abhandlung über deren Begriff wird die Verinnerlichung des Opfers als Trennung von Kunstgenuß und Handarbeit, von Kunst und instrumenteller Vernunft gedeutet: »Die Menschheit, deren Geschicklichkeit und Kenntnis mit der Arbeitsteilung sich differenziert, wird zugleich auf anthropologisch primitivere Stufen zurückgezwungen.«[61] Differenzierung und Regression sind unlöslich miteinander verbunden. Das gilt selbstverständlich auch für jene Ausdifferenzierung der ehemals substantiellen Vernunft, mit der Weber die Modernisierung als Rationalisierung beschreibt; von nun an wird die Kommunikation zwischen den verselbständigten Sphären der Arbeit, des Rechts, der Moral und der Kunst unmöglich – wie wir es noch bei Habermas sehen werden.

Den Prozeß der Subjektivierung als Selbstverstümmelung drückt die *Dialektik der Aufklärung* noch eindeutiger aus, wenn sie die darin sich bildende Vernunft als subjektive bezeichnet; in *Eclipse of Reason* systematisiert Horkheimer 1946 diese Geschichte der Rationalität als Sieg der subjektiven Vernunft über die objektive. So wird der Widerspruch dem Begriff der Subjektivierung selbst einbeschrieben.

In jener »ahnungsvollen Allegorie der Dialektik der Aufklärung« verzeichnen die Autoren noch eine andere signifikante Episode des Homerischen Epos: die listige Verwendung des Namens; um der physischen Liquidierung zu entgehen, betrügt der Held den Riesen Polyphem, indem er sich als »Niemand« bezeichnet. Dadurch wird nicht nur die Logik der Selbsterhaltung durch Selbstverleugnung bis zum Äußersten getrieben, sondern es wird die Macht entsubstantialisierter Sprache entdeckt, die Macht dessen, »was in der entfalteten bürgerlichen Gesellschaft Formalismus heißt«.[62] Dagegen ist die *Dialektik der Aufklärung* im wesentlichen gerichtet. Auf die komplexen dialektischen Wendungen, mit welchen Adorno und Horkheimer den inneren Widerspruch der Subjektivierung darstellen, kann hier nicht näher eingegangen werden. Sie lassen sich in zwei Formeln zusammenfassen; die erste entnehmen wir der *Ästhetischen Theorie*: Die Subjektivität, schreibt Adorno dort, arbeitet »kraft ihrer eigenen Logik an ihrer eigenen Ausrottung«,[63] die zweite, in der *Negativen Dialektik,* bezeichnet noch eindeutiger das »Subjekt als Feind des Subjekts«.[64] Da wird, wie schon in der *Dialektik der Aufklärung,* das Fortschreiten zum Begriff als Subjekt als Sieg der Formalisierung verstanden; mit Hegel gipfelt dieser Siegeszug der Rationalität in einem allgemeinen Äquivalent, das Subjekt und Objekt austauschbar macht und deshalb sowohl totale Verdinglichung als auch Unterdrückung des Besonderen bedeutet[65] – auf Hegel gemünzt: restlose Versöhnung als totale Verwaltung.

Daß immerhin Versöhnung nie restlos ist und daß das Verdrängte wiederkehrt, haben Adorno und Horkheimer – letzterer auch in *Eclipse of Reason* – am Faschismus verdeutlicht, den beide Autoren als Revolte des Unterdrückten interpretieren. Damit verstärkt, verdoppelt sich der Widerspruch der Subjektivierung: In deren Prozeß fallen nicht nur Selbstbehauptung und Verdinglichung zusammen, sondern umgekehrt auch Verdinglichung und expressive Irrationalität – eine Explosion des Subjekts, die sowohl Zerschellen wie Durchbruch ist. Alle Krisen der Moderne dokumentieren dieses nur schein-

bare Paradoxon. Die »Illusion« des einheitlichen Subjekts, von der wir sprachen, bedeutet also genauer: Es kann im Grunde kein Subjekt geben, das nicht der Inbegriff einer Entzweiung wäre. Das hat Lacan mit dem Wortspiel resümiert: *parere* (verschaffen), *separare* (trennen), *se parere* (sich erzeugen).[66]
Es liegt nahe, in diesem von der *Dialektik der Aufklärung* aufgedeckten Paradoxon einen Schlüsselgedanken der meisten philosophischen Diskurse der Postmoderne zu sehen. Dort tritt er allerdings des öfteren in undialektischer Form, gewissermaßen als Behauptung auf, während Adorno den dialektischen Prozeß der Moderne bis in seine extremsten Erscheinungen verfolgt. Die Verwandtschaften zwischen Adorno und dem post-modernen Denken, auf die noch einzugehen ist, regen zu einer ›post-modernen‹ Lektüre der Schriften Adornos an – in der erklärten Absicht, den »totalen Verblendungszusammenhang« dialektisch zu durchbrechen, dem aufzusitzen postmoderne Thesen immer wieder Gefahr laufen.
Dialektisch ist zum Beispiel in Adornos *Ästhetischer Theorie* das Pochen auf die widersprüchlichen Tendenzen und Wirkungen der modernen Kunst als Ausdruck des krisenhaften Subjektivierungsprozesses. Was Adorno, wie Benjamin, »Dialektik im Stillstand« nennt, wird, auf dieses Gebiet übertragen, zum dialektischen Einstand von entgegengesetzten Tendenzen, die sich vorübergehend die Waage halten. Auf der einen Seite mag der Stillstand Scheitern und Verhängnis bedeuten, nämlich den Sieg der instrumentellen Vernunft und der Verdinglichung:

»Auch die Emanzipation der ästhetischen Subjektivität, in der eine Entfesselung der Kunst, ein ästhetischer ›Stand der Freiheit‹ sich anzukündigen schien, [wird] von dieser Dialektik [der Aufklärung, der Subjektivierung als Verdinglichung] ereilt.«[67]
»Das inhaltliche Moment von künstlerischer Moderne zieht seine Gewalt daraus, daß die jeweils fortgeschrittensten Verfahren der materiellen Produktion und ihrer Organisation nicht auf den Bereich sich beschränken, in dem sie unmittelbar entspringen. In einer von der Soziologie noch kaum recht analysierten Weise strahlen sie von dort aus in weit von ihnen abliegende Lebensbereiche, tief in die Zone subjektiver Erfahrung hinein, die

es nicht merkt und ihre Reservate hütet. Modern ist Kunst, die nach ihrer Erfahrungsweise, und als Ausdruck der Krise von Erfahrung, absorbiert, was die Industrialisierung unter den herrschenden Produktionsverhältnissen gezeitigt hat.«[68]

Andererseits resultiert aus dem Umstand, daß ästhetische Produktivkräfte den gesellschaftlichen zwar entsprechen, aber nicht in ihnen aufgehen, sondern eher die von diesen gezeitigte »Krise von Erfahrung« mit expressiver Gewalt zur Sprache bringen, auch die dialektische Möglichkeit einer Verteidigung des Subjekts:

»Die ›Öffnung‹ oder ›Entgrenzung‹ des Werks ist gedacht als Korrelat einer ansteigenden Fähigkeit zur ästhetischen Integration des Diffusen und Abgespaltenen. Adorno selbst hat eine Kräftigung der ästhetischen Subjektivität als Voraussetzung solcher Öffnung der Kunst zum ›Abhub der Erscheinungswelt‹ gesehen. Insofern sind schon bei Adorno die offenen Formen der modernen Kunst in Relation gesetzt zu einer Form der Subjektivität, die nicht mehr der rigiden Einheit des bürgerlichen Subjekts entspricht.«[69]

Dies ist nur aufgrund der dargestellten Widersprüchlichkeit der Subjektivierung möglich, welche demnach gar nicht aussichtslos im ›Stillstand‹ zusammenfallender Verdinglichung und Zersplitterung resultiert. So ließen sich bei Adorno Ansätze zu einer dialektischen Auffassung des postmodernen Subjekts finden, welche die Dimension kritischer Praxis wiedereröffnen würden. Aus diesem Grund müssen, um unseren dritten Teil vorzubereiten, einige Parallelen zwischen Adorno und der postmodernen Philosophie skizziert werden.
In den Wortschatz der Poststrukturalisten übersetzt, lautet die zentrale These der *Dialektik der Aufklärung,* daß »Dezentrierung«, Rationalisierung und Entfaltung des Kapitalismus wesensgleiche Prozesse sind. Das hat Habermas in seiner »erneuten Lektüre« der *Dialektik der Aufklärung* folgendermaßen ausgedrückt:

»Die Entmythologisierung löst jenen Zauber, der *uns* als eine Konfusion zwischen Natur und Kultur erscheint. Der Prozess der Aufklärung führt zur Desozialisierung der Natur und zur Denaturalisierung der Menschenwelt; mit Piaget läßt er sich als eine *Dezentrierung des Weltbildes* begreifen.«[70]

Hebt man beim Lesen der *Dialektik der Aufklärung* den dort beschriebenen Übergang der Sprache in Zeichen hervor, dann erscheint auch die Dezentrierung als formalistische *Dekodierung.*

Auf ihre Weise betonen auch Deleuze und Guattari den dialektischen Komplex von Individualisierung und Aufhebung des Individuums, wenn sie folgende, von Marx dargestellte Paradoxien beschreiben: Das Kapital setzt sich als Gesamtheit durch, *indem* die Individuen ihre *Privatinteressen* vertreten, die Privatisierung von Grund und Boden und der Produktionsmittel überhaupt ist aber der entscheidende Faktor der Dekodierung des Subjekts.[71] Was die Autoren, genauso wie Adorno, zusammenzudenken versuchen, ist die Gleichzeitigkeit von Subjektivierung und Auflösung des Subjekts: In und als Wunschmaschinen handelnd, sind die Subjekte »strukturiert« und »unstrukturiert« zugleich: »Die Strukturiertheit der Kapitallogik ist ihnen je schon eigen. Unstrukturiert sind sie nur, indem auch die Kapitalbewegung das Moment des ›Anarchischen‹, Unkontrollierbaren an sich hat.«[72]

Im Grund geht der *Anti-Ödipus* noch viel weiter: Während technische Maschinen mechanisch funktionieren, und zwar »nur unter der Bedingung ihres störungsfreien Verlaufs«,[73] kennzeichnen sich die Wunschmaschinen gerade dadurch, daß sie »fortwährend ihren Funktionsablauf [stören] und nur als gestörte [laufen]«.[74]

Eine Wunschmaschine »funktioniert, wenn sie knirscht, wenn sie kaputtgeht, in kleinen Explosionen birst. Die Dysfunktionen sind Teil ihres Funktionierens [...] Noch nie bildete Unstimmigkeit oder Dysfunktionalität das Anzeichen des herannahenden Todes einer Gesellschaftsmaschine, die im Gegenteil darin Übung besitzt, sich aus alledem zu nähren: den Widersprüchen, die sie hervorbringt, den Krisen, die sie anstiftet, den Ängsten, die sie erzeugt, den höllischen Operationen endlich, die sie aufrichtet. Der Kapitalismus hat es gelernt und mit seinem Selbstzweifel gebrochen, wohingegen selbst die Sozialisten davon nicht ablassen wollen, an die Möglichkeit seines natürlichen Todes durch Verschleiß zu glauben.«[75]

Adornos und der Ausgangspunkt des *Anti-Ödipus* sind identisch: Beiden Werken liegt Marx' Analyse der Arbeitsteilung als Zur-Maschine-Werden des Arbeiters zugrunde; dieser unaufhaltsame Prozeß dehnt sich, wie Adorno konstatiert,[76] in dem Maß auf die ›Freizeit‹, auf Bedürfnisse und Wünsche aus, wie historisch der Produktionsprozeß sich ausweitet und vormals unproduktive Tätigkeiten in den Produktionsapparat einbezieht. Jene Verinnerlichung, von der die *Dialektik der Aufklärung* mit der Formel einer »Herrschaft bis ins Denken selbst« sprach, entspricht Deleuzes und Guattaris Behauptung, »die Wunschmaschinen [seien] eine ›Verinnerlichung‹ des kapitalistischen Prinzips, daß Produktion um der Produktion willen betrieben wird, daß der Tauschwert das Subjekt des Produktionsprozesses ist«.[77] Dem entspricht auch – wenigstens der Tendenz nach – die von Deleuze/Guattari (und Lyotard) vollzogene Übertragung des Wunsches auf die Infrastruktur, von der wir bereits gesprochen haben. Wenn Deleuze und Guattari schreiben, daß »die Produktionsverhältnisse [. . .] den Wunschmaschinen immanent [sind]«,[78] stimmen sie mit Adorno überein, der seinerseits feststellte: »Jeder Trieb ist so gesellschaftlich vermittelt, daß sein Natürliches nie unmittelbar, sondern stets nur als durch die Gesellschaft produziertes zum Vorschein kommt.«[79] Was Adorno noch dualistisch (anhand des Basis–Überbau-Schemas, das er gleichzeitig schon überwand) formuliert hat, wird im *Anti-Ödipus* gleichsam monistisch radikalisiert.
War die *Dialektik der Aufklärung* eine Geschichte der Pathogenese okzidentaler Rationalität, die über Max Weber (z. T. mit dessen Argumenten) hinausging, so bedient sich der *Anti-Ödipus* explizit der klinisch-pathologischen Kategorie der Schizophrenie, um die Auflösung des Subjekts zu beschreiben. Dies ist der Kritischen Theorie nicht fremd; so hatten die Untersuchungen der frühen Kritischen Theorie die Entstehung des autoritären, ich-schwachen Charakters als Parallelentwicklung des Übergangs zum administrativen, potentiell bürokratischen oder gar faschistischen Kapitalismus, wie ihn Pollock (hier

auch durchaus an Weber anknüpfend) dargestellt hatte. Über das nachhaltige Interesse für die Psychoanalyse als Sozialisationstheorie hinaus fällt beim späten Adorno der Gebrauch der Kategorie Schizophrenie zur Beschreibung spätkapitalistischer Pathologien auf. Weil ich im Folgenden auf Adornos dialektisches Verständnis der »Schizophrenie« zurückgreifen will, verweise ich auf zwei Passagen, welche seine Verwandtschaft mit Deleuze und Guattari belegen; die erste Stelle spricht freilich das Wort nicht aus:

»Die unabsehbare Tragweite alles Dissonanten für die neue Kunst seit Baudelaire und dem Tristan – wahrhaft eine Art Invariante der Moderne – rührt daher, daß darin das immanente Kräftespiel des Kunstwerks mit der parallel zu seiner Autonomie an Macht über das Subjekt ansteigenden auswendigen Realität konvergiert.«[80]

Eine parallele Stelle in der *Negativen Dialektik* beschreibt die Folgen dieses Drucks als schizophrene Wirkungen:

»Nichts aber ist geistig länger relevant, was nicht in die Zone der Depersonalisierung und ihrer Dialektik eindränge; Schizophrenie die geschichtsphilosophische Wahrheit übers Subjekt [. . .] Stürzt es, unter dem unmäßigen Druck, der auf ihm lastet, als schizophrenes zurück in den Zustand der Dissoziation und Vieldeutigkeit, dem geschichtlich das Subjekt sich entrang, so ist die Auflösung des Subjekts zugleich das ephemere und verurteilte Bild eines möglichen Subjekts.«[81]

Die Frage, inwiefern sich hier eine schmale praktische Perspektive öffnet, möchte ich vorläufig suspendieren: Die Dissonanz *und* Entgrenzung des Subjekts, wie sie auch der konservative Daniel Bell als Verhängnis der kulturellen Moderne registriert, läßt – in Adornos Darstellung – eine mögliche, neue Form der Subjektivität erkennen, die nicht mehr dem rigiden bürgerlichen Subjekt verpflichtet bleibt. Was aber die Verwandtschaft, die uns jetzt beschäftigt, betrifft, so wird die von Adorno *dialektisch* beschriebene Widersprüchlichkeit der Subjektivierung auch im *Anti-Ödipus* unter die Kategorie der Schizophrenie gefaßt. Sind die »Wunschmaschinen« kein Subjekt mehr, nicht mehr strukturierte Einheit des bürgerlichen Individuums oder des »bürgerlichen Selbstbewußtseins«, so sind sie doch bestimmt als Subjektivität,[82] zu deren Beschreibung die aus der Klinik entlehnte Kategorie der Schizophrenie sich eignet. Der »Schizo« ist für Deleuze und Guattari das »Subjekt« der dekodierten Flüsse der »kapitalistischen Wunschmaschine«;[83] er erscheint am äußersten Ende der kapitalistischen Entwicklung, als Produkt ihrer »wesentlichen Tendenz« (ebd.): der »Deterritorialisierung der Gesellschaft«, die sich als »Dekodierung der Wunschströme« auswirkt. Unsere »Vermutung«, daß die im Spätkapitalismus unmöglich gewordene sinnstiftende Praxis mit der Krise des Subjekts zusammenhängt, erklärt sich nach dem *Anti-Ödipus* dadurch, daß nach den Deterritorialisierungen bzw. »Entgrenzungen«, die der Kapitalismus gezeitigt hat und die sich auch des Subjekts bemächtigt haben, keine Gegenbewegung mehr stattfindet, die das Ich bilden könnte, indem sie die Wünsche einer Ordnung unterwirft.

Für Freud war der Ödipuskomplex der ontogenetische Statthalter der phylogenetischen Ordnung; nachdem aber der Kapitalismus die Produktion von der Familie losgelöst hat,[84] dient die Familie nicht mehr der ökonomischen Reproduktion, sie wird »privatisiert«[85] – wobei der Kapitalismus, der, wie Habermas es formulieren würde, sich aus präkapitalistischen Lebensweltressourcen parasitär nährt, die Ödipalisierung bislang noch gebraucht hat, »um sich nicht selbst als einen funktionierenden Mechanismus zu untergraben, d. h. um seinem tendenziell unendlichen Dekodierungshunger eine gewisse Diät zu verordnen, deren Nichteinhaltung für den Mechanismus tödlich wäre«.[86] Aber, wie Deleuze und Guattari dem hinzufügen,

»unaufhaltsam nähert sich [der Kapitalismus] seiner im eigentlichen Sinn schizophrenen Grenze. Unter Aufbietung aller seiner Kräfte versucht er, den Schizo als Subjekt der dekodierten Ströme . . . zu erzeugen«.[87]
»Wir sagen in einem, daß es eine äußere Grenze des Kapitalismus nicht gibt und daß es sie doch gibt: nämlich die Schizophrenie, das heißt die absolute Decodierung der Ströme, wenngleich der Kapitalismus allein dadurch funktioniert, daß er diese Grenze zurückdrängt und abzuwenden versucht. Gleichermaßen weist er innere Grenzen auf und doch wieder keine: er besitzt solche in den spezifischen Bedingungen der kapitalisti-

schen Produktion und Zirkulation, das heißt im Kapital selbst, wenngleich der Kapitalismus dadurch nur funktioniert, daß er diese Grenzen auf ständig sich erweiternder Stufenleiter ausdehnt und reproduziert.«[88]

Aus diesem »Zugleich« von Begrenztheit und Unbegrenztheit resultiert, wie wir noch sehen werden, die praktische Ohnmacht auch des Schizophrenen. Aber was wir an diesem Punkt vorerst betonen möchten, ist, daß der Kapitalismus, indem er unaufhaltsam und immer wieder seine extreme Entfaltung anstrebt, post-ödipale und schizophrene Sozialpathologien erzeugen *muß*.

Verwandte Argumente finden sich auch in Habermas' *Theorie des kommunikativen Handelns*. Deren Schlußkapitel widmet Habermas einer Aufstellung der Sozialpathologien, die aus der »Modernisierung als die Leidensgeschichte derer, die den Preis für die Durchsetzung der neuen Produktionsweise und des modernen Staatensystems in der Münze zerfallender Traditionen und Lebensformen zahlen mußten«, entstanden sind;[89] darunter »post-ödipale« Krankheiten,[90] die zurückgeführt werden auf die »epochalen Wandlungen der familiären Sozialisation« im Gefolge der »Rationalisierung der Lebenswelt« und der mit ihr anwachsenden Verzerrung der Kommunikation durch die Imperative des Systems. Neue Konflikte und Pathologien entstehen »an den Nahtstellen zwischen System und Lebenswelt«.[91] Ihr Rückzugscharakter[92] und ihre partikularistischen, i. a. W. »autistischen« oder »schizophrenen« Züge entsprechen durchaus dem, was Deleuze und Guattari als »Re-Territorialisierungen« bezeichnen.

3. Gehemmte Praxis und postmodernes »Subjekt–Objekt«

In demselben Kapitel erklärt Habermas auch seinen Vorsatz, diese Pathologien bzw. Widersprüche im Hinblick auf die Bestimmung eines neuen Praxisbegriffs, nämlich des »kommunikativen Handelns« als Grund einer neuen praktischen Rationalität zu untersuchen. Dies Versprechen vermag er aber ebensowenig wie Lyotard oder Deleuze einzulösen.

So gerechtfertigt Habermas' Behauptung auch sein mag, man müsse heute »den Historischen Materialismus von seinem geschichtsphilosophischen Ballast befreien«,[93] weil das historische Subjekt–Objekt als Geschäftsführer einer »Vernunft in der Geschichte« gar nicht mehr existiert, es ist daran zu erinnern, daß diese Entscheidung zum Ballastabwurf zeitbedingt ist und auf eine historische Lage reagiert, die vom Prozeß der Moderne selber bewirkt wurde; keiner der hier behandelten »Poststrukturalisten« und Verfechter der Postmoderne würde dem widersprechen. Allem Anschein nach ist tatsächlich von der geschichtlichen Dynamik keine Identitätsbildung mehr zu erwarten.

Die Konsequenz der Theorie des kommunikativen Handelns beruht auf dem produktiven Charakter eines historischen Widerspruchs: Erst die Kolonisierung der Lebenswelt, ihre Gefährdung ermöglicht die kommunikative Reflexion des sonst implizit Bleibenden und bringt, sosehr damit die unbefragte Identität zerstört wird, eine neue, kommunikative Identitätsbildung in Gang. Darin sehe ich zunächst eine Bestätigung der »Vermutung«, daß Geschichtsphilosophie umformuliert, aber nicht unbedingt verlassen werden muß:

> »Die Theorie des kommunikativen Handelns kann erklären, warum das so ist: die gesellschaftliche Entwicklung selbst muß Problemlagen entstehen lassen, die den Zeitgenossen einen privilegierten Zugang zu den allgemeinen Strukturen ihrer Lebenswelt objektiv öffnen.«[94]

Daraus ließen sich nun zwei Habermas-Lektüren entwickeln. Eine, die ich die optimistische nenne: Ihr zufolge erweitert die »Entgrenzung« den Spielraum der Kommunikation in bisher ungekanntem Maß; die Aufgabe der Theorie des kommunikativen Handelns besteht darin, »jenes Moment von Unbedingtheit, welches mit den kritisierbaren Geltungsansprüchen in die Bedingungen der Konsensbildungsprozesse eingebaut ist«[95], bewußt zu machen.

Lyotards gewichtige Einwände dagegen in *La condition postmoderne* können freilich nicht ignoriert werden, sie zweifeln an der Möglichkeit einer solchen Bewältigung des Verflüssigten und neigen eher zur Annahme einer verallgemeinerten »Agonistik«. Die »Deterritorialisierung« sprachpragmatisch zum Äußersten treibend, meint Lyotard in *Le différend*:

»262. Man zählt auf den Widerstand der um ihre Namen und ihre Erzählungen gescharten Gemeinschaften, um die Hegemonie des Kapitals einzudämmen. Das ist ein Fehler [. . .].
263. Das einzige unüberwindliche Hindernis, auf das die ökonomische Hegemonie stößt, ist die Heterogenität der Bereiche der Sätze und der verschiedenen Diskurse, denn es gibt nicht ›die Sprache‹ *(›le langage‹)* und ›das Sein‹, sondern nur Gelegenheiten [. . .]
264. Aber ergibt sich aus diesen keine Geschichte? – Tatsächlich ist die Gelegenheit kein Zeichen. Doch sie muß beurteilt werden bis hinein in ihre Unvergleichlichkeit. Man kann mit ihr kein politisches ›Programm‹ machen. Man kann aber für sie zeugen. – Und wenn niemand das Zeugnis hört? – Sie beurteilen im voraus das ›*Arrive-t-il*‹?«

Lyotard bleibt sich selber treu: Die Resultante des Widerspruchs kann nicht mehr marxistisch konstruiert werden – sie bleibt einem »Arrive-t-il?«, einem nicht lokalisierbaren, voraussehbaren ›Kairos‹ überlassen. Nicht einmal mit den Mitteln der Sprachpragmatik läßt sich der Agonistik das Vorurteil *(Vous préjugez)* abgewinnen, sie könne ein »Moment von Unbedingtheit« besitzen.
Auf die Frage nach dem Subjekt bezogen, bedeutet dies, daß die von Habermas noch für möglich gehaltene, auf anderem Wege zu erreichende Identitätsbildung grundsätzlich fragwürdig wird, während Habermas an der (post-)hegelianischen Auffassung festzuhalten scheint, daß »die Intersubjektivität der Verständigung [. . .] für die Sphäre des Geistes ebenso konstitutiv ist wie die Objektivierung der Wirklichkeit in Zusammenhängen instrumentellen Handelns«.[97] Habermas' Kritik an Hegel in den *Vorlesungen zum Diskurs der Moderne*[98] ist aber bedeutungsvoll. Er merkt an, daß Hegel zwar die Intersubjektivität der Interaktion gegen die subjektzentrierte Vernunft aufbietet, aber voreilig »sittliche Totalitäten« (die urchristliche Gemeinde oder die griechische Polis) zu Vorbildern macht, anstatt den Reflexionsbegriff der Vernunft kommunikationstheoretisch umzuformulieren und auf Muster zu verzichten, die das

Selbstbewußtsein der Moderne bereits aufgelöst hat. Identität wäre dann für Habermas als eine immerdar im Fluß der Interaktion(en) begriffene zu erringen.

Die »pessimistische« Lesart der *Theorie des kommunikativen Handelns* stellt diese Rückzugsposition in Frage: Sie entspricht dem Gedankengang des letzten Kapitels und zieht sich auf Bilanzierung und »marxistisches Abwarten«, wie Merleau-Ponty gesagt hätte, zurück. Am besten wird sie von dem schon zitierten »Vielleicht« ausgedrückt.[99] Insofern unterscheidet sich Habermas' Fazit bis auf weiteres nicht von der Unschlüssigkeit der Unentscheidbarkeit des *Anti-Ödipus* oder der *Condition post-moderne,* auf die ich schon hingewiesen habe.

An Lyotards ›praktische‹ Schlußfolgerungen sei hier nur knapp erinnert: Das freie Spiel der Sprechakte, in dem sich der Konsens in Verträge auf Zeit aufsplittert und zum »agonistischen« Zusammentreffen pragmatischer Beziehungen wird, garantiert »im Prinzip« das höchste Maß an Demokratie, ohne jedoch einen dauerhaften Sieg der »Performativität«, also der technokratischen Rationalität und ihrer strategischen Sprachspiele, auszuschließen. Die dem bei Deleuze und Guattari entsprechende Ambivalenz kann in der Formel zusammengefaßt werden, daß »die Wunschmaschinen – genau wie sie per se revolutionär sind – ebenso per se konterrevolutionär [sind]«.[101] »Der Wunsch ›will‹ nicht die Revolution, er ist revolutionär an sich, unwillentlich, das wollend, was er will.«[102] Aber wie gezeigt, sind die Produktionsverhältnisse den Wunschmaschinen immanent[103]; eine Wunschmaschine funktioniert nur, wenn sie knirscht; Schizophrenie ist sowohl die Grenze des sich durchsetzenden Kapitalismus als auch das, wodurch er sich verwirklicht. Der Schizophrene schwankt demnach ständig zwischen revolutionärer Agitation und autistischer Niedergeschlagenheit; das gilt auch für den Künstler, der »die Mauer zwischen dem normalen Menschen und der produktiven Begierde zu durchbrechen« scheint und doch an ihr scheitert.[104] Zwar unterscheiden also die Autoren zwei Formen der Schizophrenie, eine aktive und eine passive, nichtsdestoweniger scheitert der »Wille zur Praxis« am Glauben an die unendliche Stabilisierungsfähigkeit der »Wunschmaschine Kapitalismus«.

Das sieht bei Adorno ganz anders aus. Bei aller vorgeblichen Stabilisierung des Widerspruchs von Subjektivierung als Behauptung und Auflösung bzw. Entgrenzung und Selbstzerstörung des Subjekts verfolgt er hartnäckig die Spuren eines dialektischen Umschwungs der Stabilisierung: »Ihre (sc. der Subjekte) Mikroanalyse ist autoritärem Denken unerträglich: In der Selbstheit träfe sie das Prinzip aller Herrschaft.«[105]
In dieser Hinsicht unterscheidet Adorno sehr wohl zwischen der Schizophrenie als klinischer Entität und der Schizophrenie *als Prozeß*. Während Deleuze und Guattari noch Freuds Erben sind, wenn sie voraussetzen, daß der Schizophrene autistisch wird, weil er seine revolutionäre Energie gegen sich selbst richtet, schließt Adorno die Produktivität eines solchen Widerspruchs nicht aus:

»Voraussetzung seiner (des Subjekts) Identität ist das Ende des Identitätszwangs [...] Schizophrenie die geschichtsphilosophische Wahrheit übers Subjekt [...] Stürzt es unter dem unmäßigen Druck, der auf ihm lastet, als schizophrenes zurück in den Zustand der Dissoziation und Vieldeutigkeit, dem geschichtlich das Subjekt sich entrang, so ist zugleich die Auflösung des Subjekts das ephemere und verurteilte Bild eines möglichen Subjekts [...] Utopie wäre die opferlose Nichtidentität des Subjekts.«[106]

Unstimmigkeit, Dissonanz und Fragment würden dann mindestens die Entstehung einer illusorischen Identität verhindern. Daß im Fragment der Keim eines neuen Subjekts steckt, wird man leicht für einen Gemeinplatz halten. Nun ist die geschichtsphilosophische Brauchbarkeit dieses Gedankens alles andere als selbstverständlich und bezeichnet genau den topos, an dem eine neue Subjekt- und Praxisphilosophie anzusetzen hat.
Die Analogie zwischen Bloch, der um 1930 »Spuren kreuz und quer« registrierte, und den Autoren des *Anti-Ödipus,* die »des schizes en tous sens« sehen,[107] berechtigt uns allenfalls, auf »moderne« Theorieansätze zurückzugreifen, die allem Anschein nach von den postmodernen bzw. poststrukturalisti-

schen überboten und zu den (geschichtlichen) Akten gelegt wurden; die hier verzeichneten Verwandtschaften zwischen Adorno und Deleuze/Guattari zeigen mögliche Ansatzpunkte eines solchen Rekurses.

In der *Theorie des kommunikativen Handelns* bemerkt Habermas, daß der Zerfall am Ende der Moderne »den Sinn für historische Ungleichzeitigkeiten« schärft.[108] Blochs Theorie der »Ungleichzeitigkeiten« stellt in dieser Hinsicht einen möglichen Ansatz dar, dessen heutige Relevanz an den Folgen der Deterritorialisierung und Dekodierung zu messen ist. Man soll allerdings zwischen Vieldeutigkeit und *dissémination* unterscheiden. Blochs »Ungleichzeitigkeiten« als »Differenzierungen im Begriff Fortschritt«[109] beziehen noch ihren historischen Sinn, wie Burghart Schmidt es formuliert, von der »Projektion auf Gleichzeitigkeit«;[110] dagegen habe ich bereits eingewendet, daß man angesichts einer Wirklichkeit, die nach den Poststrukturalisten nur aus Ungleichzeitigkeiten besteht, nicht mehr (wie noch etwa Habermas) zwischen einem »Zentrum« und einer »bunten Peripherie«[111] unterscheiden kann. Vielmehr wäre zunächst einmal das Metakriterium zu legitimieren, mit dessen Hilfe man das Gleichzeitige lokalisieren und die genannte »Projektion« vollziehen kann. Den Modellen einer Vieldeutigkeit, die Reflexion oder Projektion noch ermöglichen, läßt sich Derridas Auffassung einer *dissémination* – Zerstreuung – entgegensetzen, wie er sie gegen die Hermeneutik geltend gemacht hat. Manfred Frank resümiert:

»Ein disseminaler Text ist ein Text, der nicht mehr von einem Sinnhorizont oder von einer globalen Perspektive eingeschlossen werden kann und in dem folglich das geschieht, was Derrida mit Mallarmé die Fältelung des Textes nennt: Der Ausdruck biegt sich auf sich zurück – so wie das die Metapher oder die Reflexion auch tun –, aber mit dem Unterschied, daß sich die Schlange nicht in den Schwanz beißt, sondern wie ein gekrümmter Magnet zwei unabhängige Enden hat: der Sinn berührt sich nicht mehr selbst, es gibt kein Kriterium für die Identität des Sinns eines Ausdrucks: die Interpretation wird im wissenschaftlichen Sinne eine Sache der Unentscheidbarkeit, was nicht schon heißt, daß man sie nicht in einem Einverständnis vieler Leser vorübergehend befestigen und validieren könnte. – Derrida spricht sehr schön von der ›marche barrée d'une telle réflexion‹,[112] d. h. von der verbarrikadierten Straße der Reflexion.«[113]

Bekanntlich haben die Autoren des *Anti-Ödipus* Ähnliches metaphorisch anzudeuten versucht, nämlich daß Reflexion, Identität oder die Idee eines transzendentalen oder quasitranszendentalen Zentrums der Heterogeneität und Vielheit gewichen sind. Im zweiten Band von »Kapitalismus und Schizophrenie« – *Mille plateaux* – verwenden sie die botanische Metapher des »Rhizoms«, das nicht nur eine Verzweigung und Vervielfältigung der Wurzeln veranschaulicht, sondern eine »unreglementierte Entfaltung des Multiplen«.[114] Im bildlichen Wortschatz der Autoren ließe sich auf Blochs »Differenzierungen« die Formel anwenden: »Die Abtreiber der Einheit sind Engelmacher, *doctores angelici,* denn sie behaupten eine recht eigentlich engelhafte, höhere Einheit.«[115] Sie setzen nämlich noch etwas voraus, was die Funktion der Einheit erfüllt, und das Zurückführen der Vielfalt auf dies Moment, das Einheit stiftet, impliziert auch, daß sich ein Subjekt konstituiert, das wie bei Kant das Mannigfaltige der sinnlichen Anschauung einem Transzendentalen unterstellt, selbst wenn es, wie Bloch immer wieder betont, nicht von vornherein da ist. Für die poststrukturalistischen bzw. postmodernen Autoren verschwindet aber dieses Subjekt im Prozeß seiner Durchsetzung völlig, während es sich bei Bloch allmählich herauskristallisiert. Ein Grundgedanke der Poststrukturalisten ist die Vorstellung einer »Strategie ohne Subjekt«;[116] die einzelnen Individuen verfolgen für Foucault ihre partikularistischen Interessen, die sich nicht einmal zufällig zu einer Gesamtwirkung gruppieren; die Macht–Wissen-Komplexe erlegen sich den Individuen auf »gemäß einer Art uniformer Anonymität«.[117] Mit den Wunschmaschinen verhält es sich ähnlich, obwohl Deleuze und Guattari von »Subjekt-Gruppen« sprechen, welche »Agenten der Aussage, Träger des Wunsches, Elemente der institutionellen Schöpfung« sind[118]:

»Die Gruppenphantasie aber hat nur mehr zum Subjekt die Triebe selbst und die Wunschmaschinen, die jene mit der revolutionären Institution bil-

den. Die Gruppenphantasie *schließt* die Disjunktionen *ein,* in dem Sinne, in dem ein jeder, seiner persönlichen Identität, nicht aber seiner Singularitäten enthoben, in ein Verhältnis mit einem anderen gemäß der den Partialobjekten eigenen Kommunikation eintritt.«[119]
Die Partialobjekte sind Maschinenteile – »Bestandteile der Wunschmaschinen. Sie verweisen auf einen Produktionsprozeß und auf Produktionsverhältnisse, die auf das in der Figur des Ödipus sich Einschreibende nicht zurückführbar und deshalb primär sind.«[120]

Deshalb verlangen sie »keine Zuweisung zu bestimmten personalen Trägern. Die Produktionseinheiten sind auflösbar und beliebig neu zusammensetzbar, sie entgleiten der Identität eines Verweisungszwangs.«[121] Und vor allem – und dies unterscheidet wohl in seiner Radikalität das Modell des *Anti-Ödipus* von Foucault – gibt es nicht einmal mehr eine wenigstens nachkonstruierbare Finalisierung bzw. Teleologie, die noch so etwas wie ein nicht subjektives Subjekt (Subjekt–Objekt) der Geschichte wäre.

Was im Hinblick auf derart extreme Interpretationen der Modernisierung als restloser Auflösung des Subjekts in Blochs Philosophie noch aktualisierbar wäre, ergibt sich aus der Verbindung der Theorie der Ungleichzeitigkeiten mit der Auffassung des Subjekts als bloßes Inchoativum. Unabhängig voneinander haben sich in letzter Zeit Burghart Schmidts und meine eigenen Überlegungen in dieser Richtung entwickelt.[122]

Für B. Schmidt ist Blochs Grundintention die »Vermittlung der Nomadisierung«; sie stelle eine Antwort auf die nomadische Wunschproduktion der Wunschmaschinen dar. Da nun trotz der Integration des Wunsches in Wunschmaschinen weiter gewünscht wird, gilt es zur Quelle alles Wünschens vorzudringen. Da regt sich, fragmentarisch überschießend und völlig unkonstruierbar, »etwas«; es ist die noch subjektlose »unkonstruierbare Frage des gelebten [nicht erlebten] Augenblicks«. Und doch sei dieses pure Staunen ein Grund oder Ursprung des Staunens, Wünschens und Fragens, selbst wenn es als solches dem unfixierten, unfixierbaren Sich-Regen seelischer Zustände ganz überlassen wird.

Diese Formulierung ist mir zu anthropologisch oder zu willens-

philosophisch (im Sinne einer Schopenhauerschen Umformulierung des Grunds und des Ursprungs), während Bloch sowohl auf eine fundamentale Anthropologie als auch auf eine fundamentale Ontologie verzichtet. Man muß vielmehr davon ausgehen, daß das keimhafte Subjekt immer schon ein entzweites ist, daß sein »ursprünglicher« Zustand selbst bereits entfremdet oder gar »pathologisch« ist; Blochs »Dunkel des gelebten Augenblicks« bezeichnet das entfremdete bürgerliche Leben, das von den Existenzphilosophien ontologisiert wird. Das entfremdete, bzw. Objekt gewordene Subjekt ist der Selbstreflexion nicht mehr fähig: in *diesem* Sinn ist die Frage des gelebten Augenblicks unkonstruierbar. Der Reflexionsakt, durch welchen das Subjekt sich seiner Identität zu vergewissern versucht, erfaßt immer nur verdinglichte Formen, so daß das Denken des Denkens zur unendlichen Wiederholung eines Denkens des Gedachten wird.
Noch immer ungelöst, ja verwickelter als je zuvor taucht das uralte Problem der Anschauung des Anschauungsaktes wieder auf: Schon Augustinus mißtraute der ficta imago, die aus diesem Spiegelungsakt entsteht; er vertraute eher einer »mémoire de soi«, einer unmittelbaren Vertrautheit mit sich selbst; und auch Thomas von Aquino, der in der tatsächlichen Anschauung des Objektes eine virtuelle Anschauung des Selbstbewußtseins sah, vermochte nicht über diese Virtualität, die er als eine bloß undeutliche Anschauung des Subjekts durch sich selbst gedeutet hat, hinauszugehen. Soll man sich nun mit der ficta imago und der undeutlichen bzw. unreinen Selbstanschauung abfinden, dann gibt es kein »reines«, ursprüngliches Subjekt, sondern nur die ständige Spannung zwischen der Subjektivität als Potenz und ihren Äußerungsformen.
Um jeglichen Rückfall in eine fundamentale Anthropologie oder Ontologie zu vermeiden, ließe sich Blochs Auffassung der Subjektivität, insofern er deren Drang nach Äußerung *Meinen* nennt, am ehesten in die Kategorien der Sprachpragmatik übersetzen. Als Meinen ist das Subjekt vor allem eine illokutionäre Kraft: Die »unkonstruierbare Frage« des gelebten

Augenblicks ist dann mit dem blinden Fleck des pragmatischen Subjektbegriffs vergleichbar, mit seiner radikalen Unwissenheit über sich selbst. Dieses Subjekt weiß nie, was es sagen, denken, wahrnehmen, erkennen, tun und begehren *soll,* weil seine Praxis immer seinem Urteil darüber und damit dem aus diesem Urteil entstehenden Selbstbewußtsein vorangeht.[123] Doch setzt die illokutionäre Kraft des Meinens das Streben nach einer Begegnung voraus: Sie erwartet immer von Partnern wie von der Wirklichkeit selber ein Urteil, das ihre eigene Aussage bestätigt oder widerruft – und an dem sie sich nach Apels pragmatischer Hermeneutik antizipierend orientiert. Aber in jedem Fall wird sie von ihm *verwirklicht.*

Wir schlagen vor, diese Realisierung des Meinens als *Konstellation* aufzufassen; ob – und inwiefern – sie einen Konsens darstellt, mag dahingestellt bleiben. Denn wichtiger noch als ihre (für die aktuelle Diskussion sicher bedeutsame) Übersetzbarkeit in Kategorien der Sprachpragmatik ist der *symbolische* Charakter der jeweiligen Äußerung des illokutionären Aktes. Ergiebig scheint mir deshalb der Gedanke, den ich mit Burghart Schmidt teile, daß nie vom »Subjekt«, sondern nur von *Gestalten des Subjekts* die Rede sein kann – daß auch das keimhafte Subjekt von Gestalten – ich würde noch eher von »Infra-Gestalten« sprechen – getragen wird. Der Augenblick ist durch und durch *Situation,* eine vorläufige Konstellation, die durch ihre »Reibungsflächen« charakterisiert ist und deshalb schon Dynamisches in sich hat; genau in diesem Sinn handelt es sich schon um eine Gestalt oder Form, nicht um einen bloßen Abgrund. So, denke ich, sind alle künftigen Manifestationen des »Subjekt-Objekts« bei Bloch zu verstehen. Dadurch wird freilich die Möglichkeit einer ziellosen Aufsplitterung der Konstellationen keineswegs ausgeschlossen, vor allem wenn man, wie ich es vorschlage, jede Spur von Anthropologie oder prima philosophia ausmerzt. Blochs Auszugsgestalt ist eine symbolische Konfiguration, die ihren Sinn in sich selbst hat; sie ähnelt, wenn man sie so begreift, der Konstellation Adornos, die das Heterogene rehabilitiert, die nicht mehr vom Subjekt ausgeht, vielmehr eine Kristallisation aus Objektivem und Subjektivem ist, in der das Ich eines möglichen Subjekts nur im Medium des Anderen erscheint. Bevor wir diese Ähnlichkeit zum Anlaß eines komplementären Rückgriffs auf Adornos Theorie nehmen, möchte ich auf eine andere, nur scheinbar unerwartete Begegnung aufmerksam machen.

Wir sagten im ersten Teil dieses Kapitels, daß die Postmoderne bei allem »décentrement du sujet« – und obwohl sie in dieser Richtung bis zu dessen gänzlicher Auflösung zu gehen scheint – gar nicht so subjektlos ist, wie man es beim ersten Blick annehmen möchte. In *Le différend* von Lyotard bricht, auch in der Form eines Inchoativums, ein Subjekt durch, das sich im Diskurs nie ganz aktualisiert und das Lyotard deshalb im *Schweigen* ansiedelt, so wie Bloch es im Dunkel des gelebten Augenblicks ahnte:

»Im Differenten verlangt etwas, in Sätze gefaßt zu werden, und leidet darunter, daß dies nicht sofort geschehen kann. Die Menschen, die sich der Sprache als eines Kommunikationsinstruments zu bedienen glaubten, bemerken durch dieses Unbehagen, das das Schweigen begleitet, wie auch durch das Vergnügen, das die Erfindung neuer Idiome begleitet, daß sie von der Sprache gefordert werden, und zwar nicht, um die Menge der kommunikablen Informationen in den existierenden Idiomen zu ihrem Vorteil zu vergrößern, sondern damit sie erkennen, daß das, was es in Sätze zu fassen gilt, hinausgeht über das, was sie im Augenblick in Sätze fassen können, und daß sie die Einführung von Idiomen, die noch nicht existieren, zulassen müssen.«[124]

Dieser Gedanke entspricht der Lyotardschen Auffassung des »Erhabenen« als »ein Denkbares [. . .], das nicht dargestellt werden kann«.[125] Er entspricht aber auch dem Adorno und Bloch gemeinsamen Gedanken, daß die formalistisch halbierte Sprache der modernen wissenschaftlichen Vernunft uns taub und blind gemacht hat. In Horkheimers *Eclipse of Reason* und in der parallelen Abhandlung über den »Begriff der Aufklärung«, die er mit Adorno verfaßte,[126] stellt eine das ästhetisch-mimetische Moment einbeziehende Sprache die einzige Alternative dar, die man noch gegen die arbeitsteilige »Scheidung von Wissenschaft und Dichtung« und die Herabsetzung der

»Sprache zur Kalkulation« (zum »strategischen Sprachspiel« in der Terminologie Habermas') aufbieten kann.[127]
An der Einsicht, daß die Vernunft eine neue Sprache erfinden muß und diejenige der Kunst einzuholen hat, wollen wir uns in den letzten Seiten dieses Versuchs orientieren. Dabei bezeichnet Blochs Begriff der »Auszugsgestalt« zusammen mit Adornos »Konstellation« eine neue »Grammatik« des Subjekt-Objekts.
Diese ist um so erforderlicher, als in der Postmoderne, wie Marc Guillaume überzeugend gezeigt hat, die »Utopie des Subjekts« in dessen Schwanken (bzw. Zerrissenheit) zwischen den Positionen des Subjektiven und des Objektiven erfahrbar wird. Guillaume drückt hier nichts anderes aus als jenen Grundwiderspruch der Subjektivierung, den Adorno mit der »erkenntnistheoretischen Einsicht« aussprach, »daß der Anteil von Subjektivität und Verdinglichung korrelativ ist«.[128] Guillaumes soziologisches Argument lautet:

»Wir werden von Kommunikationsmaschinen überschwemmt, man setzt auf die Verkabelung, um die sich auflösenden Netze der Sozialität erneut zu knüpfen, die Informationsnetze vervielfältigen sich [. . .] Die Kommunikation wird autonom, indem sie zwar weiter einen interindividuellen Austausch simuliert; sie funktioniert jedoch um so besser, als es weniger wirkliche Individuen gibt. Wir erhalten bereits täglich automatisch abgefaßte, automatisch geschriebene und versandte Briefe [. . .], der anonyme Gebrauch des Telefons verwertet nur die einfache, bisher aber kulturell undenkbare Vorstellung, daß die Stimme vom Körper und von der Identität des Subjekts getrennt werden kann [. . .] Die neuen Informations- und Kommunikationstechnologien gestatten eine Art Elision des Subjekts, sein partielles Aufgehen in einem unendlichen Spiel fließender Identitäten . . .«[129]

Die »machines à communiquer« können nicht ihre Deleuzesche Herkunft verhehlen. Was aber mit diesem Schwanken zwischen Objekt- und Subjektstellung gemeint ist, bedeutet, in Adornos Terminologie übersetzt, daß es heute mit dem Primat des Subjekts aus ist,[130] selbst wenn man darunter die dialektische Bewegung versteht, die sowohl das Objekt von seiner Mannigfaltigkeit als auch das Subjekt von seinem Solipsismus zu retten sich anmaßt. Adorno geht aus von der Hegelschen Auffassung der Subjektivität als »absolute Form und existirende Wirklichkeit der Substanz« (Hegel);[131] diese absolute Subjektivität setzt sich aber um den Preis einer Unterdrückung des Besonderen, und dies sowohl auf der Seite des Subjekts wie auf der des Objekts:

»Die Konstruktion des Subjekt–Objekts ist von abgründigem Doppelcharakter. Sie fälscht nicht nur ideologisch das Objekt in die freie Tat des absoluten Subjekts um, sondern erkennt auch im Subjekt das sich darstellende Objektive und schränkt damit das Subjekt anti-ideologisch ein.« (ebd.)

Adorno verbindet diese »Identifikation von Subjekt und Objekt auf Kosten des Besonderen« (ebd.) mit der wirklichen Dialektik der Modernisierung (Dialektik der Aufklärung), in der die Apotheose des Subjekts »vermöge seiner Hypostasis als Geist« zugleich einer Disqualifizierung der Subjektivität entspricht:

»Hegels Philosophie reißt die Perspektive des Verlusts auf, den der Aufstieg von Individualität im neunzehnten Jahrhundert bis tief ins zwanzigste hinein involvierte: den an Verbindlichkeit, jener Kraft zum Allgemeinen, in der erst Individualität zu sich käme. Der mittlerweile evidente Verfall von Individualität ist solchem Verlust gekoppelt; das Individuum, das sich entfaltet und differenziert, indem es von dem Allgemeinen immer nachdrücklicher sich scheidet, droht dadurch auf die Zufälligkeit zu regredieren, die Hegel ihm vorrechnet.«[132]

In diesem Sinn meinten wir, ist Hegels Frage wieder die unsrige. Denn es ist tatsächlich so weit gekommen, daß Subjektivität, wo sie nicht als verdinglichte aufgefaßt wird, bloß »expressiv« und unverbindlich ist. Aus dem Komplex von expressivem Subjektivismus und »Verdinglichung« resultiert nicht mehr der bescheidenste Vorschein eines Subjekt–Objekts. Es gilt vielmehr (wenn man dem *Anti-Ödipus* glaubt): Subjektivität ist gerade als subjektiv expressive die Energie der »Wunschmaschinen« geworden. Deshalb ist weniger Adornos Protest gegen den Verfall der Subjektivität wichtig als die Konsequenz, die er aus dem Widerspruch von Subjektivierung als Verdinglichung zieht. Auf der Seite *des Objekts* manifestiert sich, trotz oder wegen der Verdinglichung, eine nicht reduzierbare Widerstandsfähigkeit, an der sowohl die herrschende Wissenschaftlichkeit als auch der behauptete Standpunkt eines Subjekt–Objekts scheitern – deshalb auch der Schimmer einer »Utopie«. So verstanden ist die Kategorie der Verdinglichung – wie ich es im ersten Kapitel dieses Buches zu zeigen versucht habe – eine bloß heuristische oder hermeneutische:

> »Sie bezeichnet in der in Rede stehenden Philosophie stets eine Störung im Verhältnis zwischen Subjekt und Objekt: die Leugnung des einen Pols des Verhältnisses und/oder das Gegründetsein der Philosophie auf dem Primat eines Pols oder auch den Versuch, die Subjekt/Objekt-Dichotomie überhaupt zu vermeiden.«[133]

Verdinglichung bedeutet bei Adorno entweder die Anpassung von Subjekt und Objekt aneinander oder die Unmöglichkeit, sie voneinander zu unterscheiden; daraus resultiert freilich, daß der eine Pol privilegiert wird, wobei er, wie gezeigt, gerade dadurch sich aufhebt. Wer diese Prämissen nicht begreift, muß auch Adornos scheinbar widersprüchliche Forderungen eines Vorrangs des Objekts[134] und eines neuen Subjektbegriffs (etwa die Formel, nach der »mit der Kraft des Subjekts der Trug konstitutiver Subjektivität zu durchbrechen«[135] ist) mißverstehen. Indem aber Adorno für das Objekt Partei ergreift, kritisiert er die Subjektkategorie im Namen opferloser Subjektivität.

4. Ästhetische Rationalität?

In die Kategorien der ästhetischen Theorie, die ja schon in der *Dialektik der Aufklärung* erkenntnis- und geschichtsphilosophisch verbindlich sind, übersetzt, wiederholen diese Paradoxen den Grundwiderspruch der subjektiven Vernunft in der Form eines Widerspruchs zwischen Ausdruck und Mimesis. Die Kunst hat für Adorno einen Doppelcharakter: Als Ausdruck ist sie ungehemmte Sprache des Subjekts; als Mimesis dessen Angleichung an die Objektivität[136] – wobei Mimesis auch eine pervertierte »Mimesis ans Tote«[137] sein kann. In diesem doppelten Widerspruch (Ausdruck/Mimesis/Mimesis ans Tote) wirkt die Durchsetzung der okzidentalen Rationalität als Subjektivierung *und* Verdinglichung fort. Daher besitzt die Dissonanz in der Kunstpraxis den Wert eines mit Wahrheit geladenen Moments, weil sie wenigstens fragmenthaft den Verblendungszusammenhang von Subjektivierung und Verdinglichung sprengt. Aber genau deswegen auch macht Adorno aus ihr kein Rezept, denn sie ist zugleich das Symptom der Herabsetzung des Subjekts zu unverbindlicher expressiver Subjektivität. »Im unversöhnten Stand wird Nichtidentität als Negatives erfahren. Davor weicht das Subjekt auf sich und die Fülle seiner Reaktionsweisen zurück.«[138]

Bloße Expressivität ist sicher nicht die gesuchte Lösung. Sie entspräche vielmehr dem, was Daniel Bell an der kulturellen Moderne tadelt. Und diejenigen, die Habermas' »Dreifelderwirtschaft« vorwerfen, daß sie Kunst auf Expressivität reduziert, heben mit vollem Recht hervor, daß »Adorno das Moment der Interferenz verschiedener Wahrheitsdimensionen in der Kunstwahrheit auf seine Weise immer betont [hat]; dies kommt bei ihm zum Ausdruck im Gedanken einer Verschränkung des mimetisch-expressiven Moments mit dem rationalen Moment im Kunstwerk«.[139] Wenn es auf eine Kommunikation der verselbständigten Sphären der Moderne ankommt, soll man zunächst, wie Schwab[140] oder Wellmer[141] es neuerdings getan haben, die Dimension der Rezeption von Kunst betonen. Dadurch wird der Begriff einer »ästhetischen Erfahrung« auf einen Wirkungsbereich ausgedehnt, wo diese »in Korrespondenz tritt zur Veränderung von Subjekt- und Vergesellschaftungsformen«, denn:

»ein neuer Typus von ›Synthesis‹ [wird] absehbar – ästhetisch, psychologisch-moralisch und gesellschaftlich – bei dem das Diffuse, Nicht-Integrierte, das Sinnlose und Abgespaltene eingeholt würde in einen Raum gewaltloser Kommunikation – in den entgrenzten Formen der Kunst ebenso wie in den offenen Strukturen eines nicht mehr starren Individuations- und Vergesellschaftungstypus«.[142]

Doch wird in solchen Versuchen die Vorherrschaft der subjektzentrierten Ratio, aus der all das resultiert, nicht rückgängig gemacht. Die Kategorie der Mimesis wird gleichsam ignoriert, obgleich sie sowohl Adornos Rekonstruktion der Geschichte der Rationalität als auch seiner Ästhetik zugrunde liegt. Objektivität, das heißt auch das, was das verdinglichte Subjekt geworden ist und was zwar expressiv, doch kontaminiert die Kruste der Verdinglichung durchbricht, wird nicht ernst genommen. Dem wollte Adorno mit seinem Leitmotiv »Vorrang des Objekts« gerecht werden.

Die Freiheit der Philosophie, schreibt Adorno, »ist nichts anderes als das Vermögen, ihrer Unfreiheit zum Laut zu verhelfen«[143]: Die selbstreflexive Bewegung der Philosophie »käut« sozusagen das Scheitern der Moderne wieder und wiederholt, indem sie ihrer Ohnmacht zum Laut verhilft, die Erfahrung der modernen Kunst. Aber sie verhindert deren Rückzug »auf die anklagende Haltung des esoterischen Kunstwerks« (was Habermas der *Ästhetischen Theorie* Adornos vorwirft): Ganz im Gegenteil versucht die Selbstreflexion dem Bruch einen dialektischen Stellenwert zuzuweisen. Auf sich selbst zurückgezogen, ist nämlich die ästhetische Erfahrung nur der Schatten der versäumten Revolution, ihre Parodie.[144] Nichts wäre verhängnisvoller als eine ästhetische Haltung, die gleichsam das Erbe der ohnmächtigen Vernunft anträte; sie erläge dem unhintergehbaren Widerspruch, nach welchem das Erfassen des Besonderen, wenn man die Mittel entbehrt, dessen historische Substanz freizulegen, im Ununterscheidbaren untergehen muß. So entleeren der historistische Relativismus und der Eklektizismus die der Vergangenheit entliehenen Momente ihrer Substanz, anstatt sie als dialektische Momente der falschen Homogenisierung der Gehalte entgegenzusetzen: Unter dem Etikett von Vielheit und Einzelheit gehorchen sie in Wirklichkeit nur der Logik der »homogenen und leeren Zeit«. Denn alle Anleihen im historischen Formvorrat und das Spiel damit sind völlig gleichwertig; sie werden ihrer Eigenheiten gerade in dem Augenblick entkleidet, wo man diese scheinbar erkennt. Als erster hat wohl Walter Benjamin in der allgemeinen Zersetzung einer mit sich selber zerfallenden Moderne den Sieg einer totalen Verdinglichung durchschaut: Die *Einbahnstraße* stellt den Versuch dar, mittels der Denkbilder die Armut der verdinglichten Erfahrung dialektisch zu sprengen. Die ästhetische Erfahrung des einzelnen, des Abgespaltenen: Die Erfahrung des Bruchs muß eine Dialektisierung des Bruchs sein. Sonst verurteilt sie sich zum Schicksal der modernen Avantgarde: die Geschichte von der Ästhetik aus aufzufassen und verändern zu wollen. In seinem Vortrag »Das Scheitern der neuen Linken«[145] stellt Marcuse auf politischem Gebiet noch einmal das Scheitern fest, das Adorno für die ästhetische Moderne formuliert hat. Und auch Benjamins *Einbahnstraße* endete bekanntlich in einer Sackgasse, sofern sie auf eine ästhetische positive Barbarei vertraute: Ein gar nicht so ferner Anklang daran hallt in Lyotards erhabenem Postmodernismus wider.

Der ästhetische Ansatz muß sich also in eine dialektische Selbstreflexion einschreiben. Das große Verdienst der *Negativen Dialektik* besteht darin, daß sie nicht auf die Rekonstruktion der Totalität verzichtet und daß sie, um das Besondere zu retten, dem System »Achtung zollt«[146]; denn das Besondere läßt sich nur dann retten, wenn man es als das Heterogene auffaßt, das der Gewalt einer tendenziellen Totalität widersteht und in dieser die Keime ihres Zerfalls darstellt: so Marx' gedankliche Konstruktion des »Gedankenganzen« um des Aufweisens der inneren Widersprüche willen.

Die »zweite Reflexion« des Subjekts, von der Adorno spricht, ist dessen Konfrontation mit dem unerschöpflich Besonderen – sie ist per se endlos, ohne jedoch schlichter Unendlichkeit zu verfallen, weil sie immer in konkreten Subjekt–Objekt-Konstellationen geschieht. Adorno fordert in diesem Sinne eine »polytheistische« Erfahrung, die zwar ihr Zentrum in sich hat, aber doch nicht einem allegorischen Zerfall des Sinns anheimfällt, insofern sich in ihr ein Subjekt mittels »zweiter Reflexion« konstituiert.

Sie entspricht mindestens den »Kontingenzspielräumen«, die sich aus der Dialektik der Schizophrenie ergeben, wenn man diese wie Adorno (im Gegensatz zu Deleuze und Guattari) dialektisch versteht. Schizophrenie als »die geschichtsphilosophische Wahrheit übers Subjekt« bezeichnet nämlich in dieser Hinsicht einen Zustand, der keineswegs hoffnungslose Dissoziation bedeutet, sondern vielmehr neue Möglichkeiten befreit. Ich bin der Meinung, daß diese »Kontingenzspielräume«, wie Habermas sagt, tatsächlich zum Teil von der Habermasschen kommunikativen Vernunft eingeholt werden können, wenn man diese, wie Albrecht Wellmer vorgeschlagen hat, als kommunikative Rezeption der ästhetischen Erfahrung versteht. Dies genügt aber wie gesagt nicht.

Die jeweilige historische Konstellation von Subjektivem und Objektivem ist vor allem als das (widerrufliche) Metakriterium nach dem Zerfall der Metakriterien zu verstehen – als die Möglichkeit einer Rettung des »Denkens des Denkens« durch Reflexion des Objekts, d. h. des Objekt gewordenen Subjekts. Deren kommunikative Vernunft ist in diesem Sinn nicht nur intersubjektiv – keine bloße Wiederholung ad infinitum der Unmöglichkeit individueller Selbstreflexion –, denn sie unterscheidet sich von bloßer intersubjektiver Erweiterung durch das Mitbedenken dessen, worin sie als entfremdete wirklich ist. So wird sie dann auch wieder verbindlich: Wenn man die Projektion der Ungleichzeitigkeiten auf Gleichzeitigkeit realisiert als eine Projektion auf die jeweilige Konstellation, das heißt auf die konkrete Gestalt der Mensch–Natur-Dialektik, erzeugt man auch wieder ein Metakriterium, das, wie immer vorläufig, historisch-konkrete Gültigkeit besitzt.

Adorno und Bloch – Adorno mit dem Vorrang des Objekts, Bloch mit dem des Produkts (also der Auszugsgestalt)[147] – haben beide eine »andere Vernunft« intendiert, welche auf einer neuen »Sprache« und einem neuen Umgang mit der Natur beruht:

»Die Dinge verhärten sich als Bruchstücke dessen, was unterjocht ward; seine [des Subjekts] Errettung meint die Liebe zu den Dingen. Aus der Dialektik des Bestehenden ist nicht auszuscheiden, was das Bewußtsein als dinghaft fremd erfährt: negativ Zwang und Heteronomie, doch auch die verunstaltete Figur dessen, was zu lieben wäre und was zu lieben der Bann, die Endogamie des Bewußtseins nicht gestattet. Über die Romantik hinaus, die sich als Weltschmerz, Leiden an der Entfremdung fühlte, erhebt sich Eichendorffs Wort ›Schöne Fremde‹. Der versöhnte Zustand annektierte nicht mit philosophischem Imperialismus das Fremde, sondern hätte sein Glück daran, daß es in der gewährten Nähe das Ferne und Verschiedene bleibt, jenseits des Heterogenen wie des Eigenen.«[148]

»Das Heteronome bedenken«, wie Adorno sagt, oder die Besinnung der Nähe sollen nun keineswegs quietistisch als eine Nachgeburt von Heideggers »Hirt des Seins« verstanden werden. Denn im Heteronomen geht es um die Folgewirkungen der Subjektivierung als Verdinglichung – also um einen dialektischen Komplex, der Geschichte heißt. Wie er (vielleicht) bewältigt werden kann von einer Philosophie der symbolischen Formen, die weder vom »Subjekt« noch vom »Objekt« spricht, sondern nur von den Gestalten ihrer Begegnung: dem ist das letzte Kapitel dieses Bandes gewidmet.

Anmerkungen

1 Hegel, *Differenzschrift,* in *Werke,* Frankfurt a. M., S. 22f.
2 Vgl. Horkheimer, *Traditionelle und kritische Theorie,* Frankfurt a. M. 1968, S. 24f. und Habermas, *Erkenntnis und Interesse,* Frankfurt a. M. 1968.
3 Benjamin, *Ursprung des deutschen Trauerspiels,* in *Gesammelte Schriften,* I, 1, Frankfurt a. M. 1972.
4 S. das letzte Kapitel dieses Bandes.
5 Marx, »Einleitung zur Kritik der Hegelschen Rechtsphilosophie«, in *Marx–Engels-Werke,* Berlin 1969, Bd. 1.
6 Benjamin, *Einbahnstraße,* in *Gesammelte Schriften,* Frankfurt a. M. 1972, Bd. IV.
7 Gilles Deleuze/Félix Guattari, *Capitalisme et schizophrénie, I – L'Anti-Oedipe,* Paris 1972 (= *Deleuze 1972*), S. 47; deutsche Ausgabe des *Anti-Oedipus,* Frankfurt a. M. 1974.
8 Adorno, *Negative Dialektik,* Frankfurt a. M., Suhrkamp 1966 (= *Adorno 1966*).
9 Ebd., S. 34 u. 36.
10 Ebd., S. 29.
11 »Jean Paul Sartre répond«, in: *L'Arc (Michel Foucault),* 1966, S. 88 u. 91.

12 H. G. Gadamer, »Rede aus Anlaß des Hegel-Preises«, in Habermas/Gadamer (Hg.), *Das Erbe Hegels,* Frankfurt a. M. 1979.
13 Habermas, *Theorie des kommunikativen Handelns,* Frankfurt a. M. 1981, 2 Bde. (= *Habermas 1981*).
14 Manfred Frank, *Was ist Neo-Strukturalismus?,* Frankfurt a. M. 1983 (= *Frank 1983*), S. 610.
15 Habermas, »Moderne und postmoderne Architektur«, in *Die andere Tradition,* Architektur in München von 1800 bis heute, München 1981, S. 16f.
16 Lyotard, *La condition post-moderne,* Paris 1979 (= *Lyotard 1979*), S. 107; vgl. oben »Zur Dialektik der Postmoderne«.
17 Lyotard, *Le différend,* Paris 1984 (= *Lyotard 1984*), S. 15.
18 Ebd., S. 11.
19 Ebd., S. 14.
20 Ebd., S. 13.
21 Frank 1983, S. 124.
22 Lyotard 1984, S. 11.
23 Frank 1983, S. 127f.
24 Ebd., S. 329.
25 Derrida, *L'écriture et la différence,* Paris 1967, S. 239.
26 Frank 1983, S. 336 u. 356f.
27 Norbert Bolz, »Hegel und Marx – Dialektik als Kritik des Diskurses«, in Kittner/Turk (Hg.), *Urszenen – Literaturwissenschaft als Diskursanalyse und Diskurskritik,* Frankfurt a. M. 1977, S. 477.
28 Jochen Hörisch, »Herrscherwort, Geld und geltende Sätze«, in: Lindner/Lüdke (Hg.), *Materialien zur ästhetischen Theorie – T. W. Adornos Konstruktion der Moderne,* Frankfurt a. M. 1979, S. 410.
29 Freud, *Totem und Tabu, Gesammelte Werke,* Imago Ausg., Bd. IX.
30 Lyotard 1984, S. 251.
31 Ebd., S. 253.
32 Deleuze 1972, S. 36 (1977, S. 39).
33 Ebd., S. 216 (235).
34 Horkheimer, *Traditionelle und kritische Theorie,* a. a. O.
35 Ebd., S. 52.
36 Marcuse, *Der eindimensionale Mensch,* Neuwied u. Berlin 1970, S. 31.
37 Bolz, »Hegel und Marx . . .«, a. a. O. (s. Anm. 27), S. 275.
38 Habermas 1983, S. 23.
39 Gotthard Wunberg, »Die Wiener Moderne um die Jahrhundertwende«, in Le Rider/Raulet (Hg.), *Verabschiedung der (Post-)Moderne?,* Tübingen, Gunter Narr 1986.
40 Ebd.
41 Hermann Bahr, »Das unrettbare Ich«, zuerst in *Dialog vom Tragi-*

schen, Berlin 1904; Neuausg.: *Zur Überwindung des Naturalismus – Theoretische Schriften 1887–1904,* hg. v. G. Wunberg, Stuttgart/Berlin/Köln, Kohlhammer 1968.

42 Raulet, »La fin de la Raison dans l'histoire«, in *Dialogue,* 1983, Vol. XXII.

43 Habermas, *Der philosophische Diskurs der Moderne,* Frankfurt a. M. 1985, S. 29 (= *Habermas 1985*).

44 Ebd., S. 32.

45 Frank 1983, S. 345.

46 Lacan, *Ecrits,* Paris 1966, S. 516ff.; über Kant, s. »Kant avec Sade«, ebd., S. 765ff.

47 Ebd., S. 163.

48 Ebd., S. 517.

49 Ebd., S. 865.

50 Lyotard 1984, S. 93.

51 Ebd., S. 95.

52 Lacan, *Ecrits,* a. a. O., S. 53.

53 Manfred Frank, *Das Sagbare und das Unsagbare,* Frankfurt a. M. 1980, S. 116.

54 Marc Guillaume, »Postmoderne Effekte der Modernisierung«, in: Le Rider/Raulet (Hg.), *Verabschiedung der (Post-)Moderne?,* a. a. O.

55 S. oben »Von der Modernität als Einbahnstraße zur Postmoderne als Sackgasse«.

56 Weber, *Gesammelte Aufsätze zur Wissenschaftslehre,* Tübingen, 3. Aufl. 1968.

57 Hörisch, »Herrscherwort, Geld und geltende Sätze«, a. a. O. (s. Anm. 28), S. 397.

58 Bernhard Lypp, »Selbsterhaltung und ästhetische Erfahrung«, in Lindner/Lüdke (Hg.), *Materialien zur ästhetischen Theorie,* a. a. O., S. 196.

59 Habermas, »Die Verschlingung von Mythos und Aufklärung«, in: Bohrer (Hg.), *Mythos und Moderne,* Frankfurt a. M., Suhrkamp 1983, S. 408.

60 T.W. Adorno/Max Horkheimer, *Dialektik der Aufklärung,* Amsterdam, Querido Verlag 1947 (= *Adorno/Horkheimer 1947*), S. 66.

61 Ebd., S. 48.

62 Ebd., S. 68.

63 Adorno, *Ästhetische Theorie,* Frankfurt a. M. 1970, S. 235.

64 Adorno 1966, S. 20.

65 Adorno/Horkheimer 1947, S. 23f.

66 Lacan, *Ecrits,* a. a. O., S. 843; zit. in Deleuze 1972, S. 49.

67 Albrecht Wellmer, »Wahrheit, Schein, Versöhnung«, in ders.: *Zur Dialektik von Moderne und Postmoderne,* Suhrkamp 1985, S. 17.

68 Adorno, *Ästhetische Theorie,* a. a. O., S. 57.

69 Wellmer, »Wahrheit, Schein, Versöhnung«, a. a. O., S. 27.
70 Habermas, »Die Verschlingung von Mythos und Aufklärung«, a. a. O., S. 414.
71 Deleuze 1972, S. 267.
72 Alexander Schubert, *Die Decodierung des Menschen,* Gießen 1980, S. 60.
73 Deleuze 1972, S. 38.
74 Ebd., S. 39.
75 Ebd., S. 178.
76 Adorno, *Soziologische Schriften* 1, Frankfurt a. M. 1972, S. 361.
77 Schubert, *Die Decodierung des Menschen,* a. a. O., S. 46.
78 Deleuze 1972, S. 484.
79 Adorno, *Soziologische Schriften* 1, a. a. O., S. 392.
80 Adorno, *Ästhetische Theorie,* a. a. O., S. 30.
81 Adorno 1966, S. 275.
82 Schubert, a. a. O., S. 65.
83 Deleuze 1972, S. 41 u. 43.
84 Ebd., S. 315.
85 Ebd., S. 267.
86 Frank 1983, S. 416.
87 Deleuze 1972, S. 41 (1977, S. 44).
88 Ebd., S. 297 (1977, S. 322).
89 Habermas 1981, Bd. 2, S. 553.
90 Ebd., S. 569.
91 Ebd., S. 581.
92 Ebd., S. 578f.
93 Ebd., S. 562.
94 Ebd., S. 593.
95 Ebd., S. 586f.
96 Lyotard 1984, S. 260.
97 Wellmer, »Wahrheit, Schein, Versöhnung«, a. a. O., S. 21.
98 Habermas 1985, S. 36ff.
99 Habermas 1981, Bd. 2, S. 593.
100 Lyotard 1979, S. 107f.
101 Schubert, a. a. O., S. 52.
102 Deleuze 1972, S. 138.
103 Ebd., S. 484.
104 Ebd., S. 434.
105 Adorno 1966, S. 276.
106 Ebd., S. 275.
107 Deleuze 1972, S. 47.
108 Habermas 1981, Bd. 2, S. 553.
109 Bloch, »Differenzierungen im Begriff Fortschritt«, in *Tübinger Einleitung in die Philosophie I,* Frankfurt a. M. 1963, S. 160ff.

110 Burghart Schmidt, »Das Fragen nach dem Augenblick in der Geschichte«, in Speck (Hg.), *Grundprobleme der großen Philosophen – Philosophie der Gegenwart* (Bd. VI), Göttingen 1984.

111 Habermas 1981, Bd. 2, S. 577.

112 Derrida, *La dissémination,* Paris 1972, S. 299 (vgl. S. 302: »Or le pli n'est pas une réflexivité«).

113 Frank 1983, S. 587.

114 Ebd., S. 443.

115 Gilles Deleuze/Félix Guattari, *Capitalisme et schizophrénie II – Mille plateaux,* Paris 1980, S. 12.

116 Michel Foucault, *La volonté de savoir,* Paris 1976, S. 132.

117 Michel Foucault, *L'Archéologie du savoir,* Paris 1969, S. 92; vgl. hierzu Schubert, a. a. O., S. 100.

118 Zit. nach Schubert, a. a. O., S. 65.

119 Deleuze 1972, S. 74 (1977, S. 81).

120 Ebd., S. 54 (1977, S. 58).

121 Frank 1983, S. 407.

122 Raulet, »La fin de l'utopie«, in *La Pensée,* Paris 1985, Nr. 3.

123 Jacques Poulain, »Die pragmatische Dekonstruktion des Menschen«, Vortrag in Wien, Dez. 1984, im Rahmen des von M. Frank u. G. Raulet am Institut für die Wissenschaften vom Menschen (Wien) geleiteten Forschungsprojekts »Die Frage nach dem Subjekt – Zwischen Hermeneutik und Neo-Strukturalismus«.

124 Lyotard 1984, S. 30.

125 Lyotard, »Beantwortung der Frage: was ist postmodern?«, in *Tumult,* 1982, Nr. 4.

126 Adorno/Horkheimer 1947.

127 Ebd., S. 29.

128 Adorno, *Ästhetische Theorie,* a. a. O., S. 252.

129 Guillaume, »Postmoderne Effekte der Modernisierung«, a. a. O.

130 Adorno 1966, S. 16.

131 Zit. nach Adorno 1966, S. 341.

132 Ebd., S. 342.

133 Gillian Rose, *The Melancholy Science,* London and Basingstoke, The Macmillan Press Ltd 1978, S. 55; vgl. hierzu Raulet, *Humanisation de la nature, naturalisation de l'homme,* Paris 1982, und in diesem Band das Kapitel über Bloch und Althusser.

134 Adorno 1966, S. 184f.

135 Ebd., S. 10.

136 B. Lypp, »Selbsterhaltung und ästhetische Erfahrung«, a. a. O. (s. Anm. 58), S. 205.

137 Adorno/Horkheimer 1947.

138 Adorno 1966, S. 39.

139 Wellmer, »Wahrheit, Schein, Versöhnung«, a. a. O., S. 31.

140 Schwab, *Entgrenzungen und Entgrenzungsmythen,* Habilitationsschrift, Konstanz 1982.
141 Wellmer, »Wahrheit, Schein, Versöhnung«, a. a. O.
142 Ebd., S. 28.
143 Adorno, *Negative Dialektik,* Frankfurt a. M. 1966, S. 27.
144 Henri Lefebvre, *Introduction à la modernité,* Paris 1962, S. 174.
145 Marcuse, »Echec de la Nouvelle Gauche«, in *Actuels,* Paris 1976 (Vortrag an der University of California, Irvine, April 1975).
146 Adorno 1966, S. 29.
147 S. Raulet, *Humanisation de la nature . . .,* a. a. O.
148 Adorno 1966, S. 189f.

Postmoderne und »Realallegorese«
Zur Aktualisierung der konkreten Utopie nach dem »Ende der Utopie«

1

Die neue Phase der Modernisierung, in welche die westlichen Industriegesellschaften eingetreten sind und die man sich unter Philosophen und Soziologen als »postmodern« zu bezeichnen gewöhnt hat, scheint das Ende der Utopie zu besiegeln, wenn man mit Marcuse (*Das Ende der Utopie,* 1967) unter »Ende« zugleich Vollendung und Verschwinden versteht. Nach Marcuse sollen nämlich die utopischen Diskurse, die im Namen neuer und glücklicherer Lebensmöglichkeiten gegen die bestehende Ordnung oder eine scheinbar unwiderstehliche Entwicklung protestiert haben, in der Wirklichkeit aufgehen, wenn die historischen Bedingungen ihrer Durchführung vorhanden sind. Dieser Glaube, an einem solchen Wendepunkt angelangt zu sein, beherrscht nicht nur Daniel Bells Beschreibung der »post-industriellen Gesellschaft«,[1] sondern schlägt sich in der allgemeinen Abkehr von der Geschichte nieder, die das gesamte postmoderne Denken charakterisiert. Auch Habermas, der seine *Theorie des kommunikativen Handelns* als einen Versuch definiert, »den Historischen Materialismus von seinem geschichtsphilosophischen Ballast zu befreien«,[2] und die geschichtliche Zeitlichkeit durch den jeweils gegenwärtigen Konsensbildungsprozeß des kommunikativen Handelns zu ersetzen vorschlägt, schließt sich allem Anschein nach dem herrschenden Zeitgeist an.

So paradox es zunächst klingen mag, geht gerade mit diesem Bewußtsein, den Augenblick der Entscheidung erreicht zu haben, praktische Unentschlossenheit einher. Sie läßt sich bei Bell ebenso wie bei Lyotard, Deleuze und – Habermas feststellen; bei allen wird die Wende zu einer unentscheidbaren Alternative. Im *Anti-Ödipus* von Deleuze und Guattari resultiert die praktische Ohnmacht, wie gezeigt, aus dem eigenartigen Reproduktionsprozeß des hochentwickelten Kapitalismus, der sich unaufhörlich seiner äußersten Grenze nähert und *gerade dadurch* die Basis seiner Reproduktion erweitert. Mit den praktischen Schlußfolgerungen Daniel Bells hat es eine ähnliche Bewandtnis:

»Der postindustriellen Gesellschaft wohnt ein Prinzip der unaufhörlichen Neuerung und der ständigen gesellschaftlichen Reorganisierung inne; dieses kann gebraucht wie mißbraucht werden. Aber nichts in diesem Werkzeug bestimmt im voraus seine Anwendung [. . .] Sollte sich die Gesellschaft eines Tages zu einer radikalen Dezentralisierung der wirtschaftlichen Tätigkeit und des gemeinschaftlichen Lebens entschließen, so würde ihr die noch nicht vollentwickelte Revolution der Massenmedien außerordentliche Mittel zur Verfügung stellen. Die Technik gibt uns nie eindeutige Lösungen an die Hand, sie erzeugt nur eine Vielfalt von Möglichkeiten.«[3]

Wie bei Lyotard ist auch bei Bell die optative Formulierung ein Zeichen praktischer Ratlosigkeit. Und bei Habermas läßt – wie bereits erwähnt – das Schlußkapitel der *Theorie des kommunikativen Handelns* zwei Deutungen zu: eine »optimistische« und eine eher resignierende, so daß die Aporien der Habermasschen Theorie des Konsensus wiederauftauchen. In einem neuerdings in der Zeitschrift »Merkur« erschienenen Aufsatz kommentiert sie Habermas wie folgt:

»Noch der Ausdruck ›ideale Sprechsituation‹ führt, soweit er eine konkrete Gestalt des Lebens suggeriert, in die Irre. Was sich normativ auszeichnen läßt, sind notwendige, aber allgemeine Bedingungen für eine kommunikative Alltagspraxis und für ein Verfahren der diskursiven Willensbildung, welche die Beteiligten selbst in die Lage versetzen könnten, konkrete Möglichkeiten eines besseren und weniger gefährdeten Lebens nach eigenen Bedürfnissen und Einsichten aus eigener Initiative zu verwirklichen [. . .] Immerhin – utopistisch ist die Verwechslung einer hochentwickelten kommunikativen Infrastruktur möglicher Lebensformen mit einer bestimmten, im Singular auftretenden Totalität des gelungenen Lebens. Diese läßt sich nicht antizipieren.«[4]

Sind also die Voraussetzungen einer sich zum Guten wendenden Utopie der kommunikativen Gemeinschaft vorhanden, so bedeuten sie noch lange nicht, daß sich diese Utopie in der Form einer mit sich selbst versöhnten Gesellschaft durchsetzen und über die bloße Entgrenzung der Kommunikation hinausgehen kann.
Damit rühren wir allerdings an das Kernproblem der »postmodernen« Utopie: an die Frage, wie sie zwischen Alternativen entscheiden kann. Ihre Zweideutigkeit besteht darin, daß sie sich auf die Geschichte beruft, um die Möglichkeit ihres Auftretens zu belegen, dann aber von ihr absieht, wenn es darum geht, ihre Realisierbarkeit zu prognostizieren.
Warum schwindet das Vertrauen auf Geschichte, das wie Ballast über Bord geworfen wird? Warum wird nicht mehr die Entscheidung der Geschichte anvertraut?

2

So verstanden, erscheint das postmoderne Denken als eine Regression von der konkreten zur abstrakten Utopie. Dafür muß es allerdings Gründe geben.
Bevor wir solche zu nennen versuchen, sind einige Überlegungen zur Unterscheidung zwischen konkreter und abstrakter Utopie insofern erforderlich, als die von den Theoretikern der Postmoderne registrierten Verhältnisse, selbst wenn sie zu abstrakten Utopien Anlaß geben, im Grunde genommen einen noch radikaleren Umschlag der Utopie in grenzenlose, ja bodenlose A-topie zu bewirken scheinen; dem entspricht die postmoderne Rede von »Deterritorialisierung« oder »Dekodierung«.
Wie immer konkret begründet, sind die soeben stichwortartig

dargestellten Theorien insofern abstrakte Utopien, als sie nach Horkheimers Definition des utopischen Denkens in *Die Anfänge der bürgerlichen Geschichtsphilosophie* Mittel, die sie in der Wirklichkeit vorfinden, benutzen wollen, um eine bessere, bzw. vollkommene Gesellschaft zu gründen.[5]
Obwohl sie selber aus dem Geschichtsprozeß entspringen, brechen sie plötzlich mit dem erreichten Zustand und setzen sich über die Zeit hinweg.[6] In diesem Sinn hängt für Daniel Bell die Zukunft der postindustriellen Gesellschaft von einer »politischen Entscheidung« ab,[7] also nicht mehr von der Weiterentwicklung der Produktivkräfte, deren völlige Entfaltung bereits potentiell vollendet ist. Dasselbe gilt von Marcuses Auffassung einer »neuen Moral«,[8] die den reifen qualitativen Sprung vollziehen würde, indem sie die zeitliche Achse der Geschichte zugunsten der tiefenpsychologischen Dimension verdrängter Möglichkeiten verließe[9]:

»Alle materiellen und intellektuellen Kräfte, die für die Realisierung einer freien Gesellschaft eingesetzt werden können, sind da. Daß sie nicht für sie eingesetzt werden, ist ausschließlich der totalen Mobilisierung der bestehenden Gesellschaft gegen ihre eigene Möglichkeit der Befreiung zuzuschreiben [. . .] Was auf dem Spiel steht, ist die Idee einer neuen Anthropologie, nicht nur als Theorie, sondern auch als Existenzweise, die Entstehung und Entwicklung von vitalen Bedürfnissen der Freiheit [. . .] Die Entwicklung der Produktivkräfte hat heute einen Stand erreicht, in dem sie tatsächlich neue vitale Bedürfnisse fordert, um den Bedingungen der Freiheit gerecht zu werden.«[10]

Daß die neue »ästhetisch-erotische« Kultur[11] gerade jene »adversary culture« ist, gegen welche Bell zu Felde zieht, spielt hier keine Rolle, sondern zeigt vielmehr, daß deren Bejahung oder umgekehrt die Verurteilung der »antinomischen« Moral im Namen einer erforderlichen neuen Ethik des gemeinschaftlichen Lebens[12] gleichwertige Alternativen sind.
Im Gegensatz dazu beruht Blochs Auffassung der konkreten Utopie auf dem Gedanken, daß die unvollendete Aufgabe eine geschichtliche, vom Geschichtsprozeß abhängige ist. Wird diese selber historisch entstandene Aufgabe als moralische Verpflichtung verstanden, so läßt sie sich nicht praktisch realisie-

ren, wenn nicht der subjektive Faktor mit dem Objektiven sich vermittelt. Das Moralische oder Ethische ist nur das abstrakte Moment, das hermeneutisch aus den historisch bedingten Motivationen geschöpft wird und, wiederum hermeneutisch, zur Befragung der Wirklichkeit dient. Auf keinen Fall darf es aber mit ihr verwechselt werden: Es muß vielmehr wie die Philosophie beim jungen Marx (*Einleitung zur Kritik der Hegelschen Rechtsphilosophie,* 1843) oder das »Gedankenganze« (*Einleitung zur Kritik der politischen Ökonomie,* 1857) in der realen Bewegung aufgehen, nachdem es seine Erkenntnisfunktion erfüllt hat.

Eines haben allerdings die konkrete Utopie und die abstrakt-utopischen Aspekte des zeitgenössischen Denkens gemein: Beiden liegt der rationalistische Glaube an den technisch-wissenschaftlichen Fortschritt zugrunde. Zwar setzen Bloch und Marcuse auf je verschiedene Weise dem technischen Verstand der Moderne eine »neue Wissenschaft« entgegen; doch verabschieden sie damit keineswegs den auch von Marx geteilten Gedanken, daß das Reich der Freiheit »nur auf jenem Reich der Notwendigkeit als seiner Basis aufblühen kann«.[13] Genau wie Bloch sich unzählige Male auf diese berühmte Passage des *Kapital* beruft, erklärt Marcuse in *Das Ende der Utopie*:

»Ich glaube, daß eine der neuen Möglichkeiten, die die qualitative Differenz der freien von der unfreien Gesellschaft darstellt, genau darin besteht, das Reich der Freiheit im Reich der Notwendigkeit zu finden, in der Arbeit und nicht nur jenseits der Arbeit.«[14]

Damit steht und fällt das utopische Denken, gleichviel ob es konkret oder abstrakt ist. Wenn auch kritisiert, oder gar »umgestaltet«,[15] bleibt das Postulat der Modernisierung unangetastet. Wird die instrumentelle Vernunft denunziert, dann nämlich, weil sich in ihr der rationalistische Trend der Modernisierung in Irrationalität pervertiert hat, weil Verstand und Vernunft gleichgeschaltet wurden, so daß der utopische Überschuß der unversehrten Vernunft, so sehr er sich auch in die konkrete Dialektik einschreiben muß, um nicht abstrakt moralisch zu bleiben, dabei ganz und gar verlorenging.

Um das Programm einer neuen Wissenschaft durchzusetzen, muß man aber entweder sein Vertrauen in den Geschichtsprozeß setzen oder schon in der Gegenwart Anhaltspunkte finden. Abstrakt wird diese Utopie einer unbeschädigten Rationalität dann, wenn sie sich auf eine »ideale Sprechsituation« oder ein »Kriterium« beruft, für die weder Träger noch Adressaten angegeben werden können. So bei Marcuse:

»Insbesondere – und das ist die Frage, die uns hier heute beschäftigt – ist die Undefinierbarkeit einer revolutionären Klasse in den technisch höchst entwickelten kapitalistischen Ländern keine Utopisierung des Marxismus. Die gesellschaftlichen Träger der Umwälzung, und das ist orthodoxer Marx, formieren sich erst in dem Prozess der Umwälzung selbst, und man kann nicht immer mit der glücklichen und relativ leichten Situation rechnen, daß diese revolutionären Kräfte sozusagen readymade vorhanden sind, wenn die revolutionäre Bewegung beginnt. Aber es gibt meiner Meinung nach ein gültiges Kriterium: nämlich wenn die materiellen und intellektuellen Kräfte für die Verwirklichung der Umwandlung technisch vorhanden sind, obwohl deren rationale Verwendung durch die bestehende Organisation der Produktivkräfte verhindert wird; und in diesem Sinne, glaube ich, können wir heute in der Tat von einem Ende der Utopie reden.«[16]

Das Verhängnis der »condition post-moderne« liegt eben darin, daß allem Anschein nach nicht einmal sich erst formierende Träger der Umwälzung den guten Teil der von ihr freigelegten Perspektiven übernehmen können, so daß man nicht mehr imstande ist, zwischen der »bestehenden Organisation der Produktivkräfte« und ihrer »rationalen Verwendung« zu unterscheiden.

Die Voraussetzungen einer radikalen Umwälzung sind zweifelsohne vorhanden; darüber sind sich Marcuse, Bell, Habermas, Lyotard und andere einig. 1967 zählte Marcuse zu diesen Vorbedingungen folgende Tendenzen:

». . . die Technologisierung der Herrschaft, die den Boden der Herrschaft untergräbt. Die progressive Reduktion physischer Arbeitskraft im Produktionsprozess (im materiellen Produktionsprozess), die immer mehr durch mentale Nervenarbeit ersetzt wird, und die progressive Konzentration gesellschaftlich notwendiger Arbeit in der Klasse der Techniker, Wissenschaftler, Ingenieure, usw. [. . .] Diese Tendenz, für die Automation nur ein abkürzendes Schlagwort ist und durch die die notwendige physische Arbeit, entfremdete Arbeit, immer mehr aus dem materiellen Produktionsprozess herausgezogen wird: diese Tendenz führt nun – und nun komme ich in der Tat zu ›utopischen‹ Möglichkeiten; wir müssen ihnen standhalten, um zu sehen, was hier wirklich auf dem Spiel steht – diese Tendenz führt zum totalen Experiment im gesellschaftlichen Rahmen und auf gesellschaftlichem Niveau.«[17]

Gerade die Feststellung, daß wir in die Ära des ständigen Experimentierens[18] eingetreten sind, bildet die Grundlage der postmodernen Bekenntnisse zum »Kairos«, zum Aufgreifen der jeweiligen Gelegenheit (Lyotard), ohne daß sich aber daraus eine eindeutige zielstrebige Tendenz ergäbe; das Experimentieren wird vielmehr als eine Flucht nach vorne, als das Erfinden und Erleben von immer neuen Spielmöglichkeiten verstanden.

In diesem Sinn regrediert die Postmoderne zum unverbindlichen Subjektivismus. Bei allen »Differenzierungen im Begriff Fortschritt« vermochte noch die Blochsche Utopie an einem »Subjekt–Objekt« festzuhalten oder wenigstens das Anknüpfen daran als das Ziel einer Geschichtsphilosophie in praktischer Absicht hinzustellen. Dies setzte freilich eine Organisation (im streng marxistischen Wortsinn) der Experimente voraus. Nicht nur eine solche Organisation, sondern auch die gedankliche Konstruktion der Totalität (Marx' »Gedankenganzes«) scheint heutzutage unmöglich geworden zu sein.

Die Modernisierung mündet in der Unfähigkeit, einen einheitlichen oder vereinheitlichenden Diskurs zu etablieren. Diese durchgreifende Parzellierung des geschichtsphilosophischen Wahrheitsbegriffs erzwingt den Übergang zu einem ganz neuen Begriff von Utopie: zu einer radikalen U-topie, die weder geographisch noch geschichtlich lokalisiert werden kann.

3

Die Entfaltung der Produktivkräfte, die das Reich der Freiheit ermöglichen sollten, wird heute als Umstrukturierung des Reichs der Notwendigkeit erlebt; die neuen Technologien, die allmählich und unwiderstehlich die alten ablösen, tragen zum Untergang der traditionellen Industriegebiete bei und bewirken den Identitätsverlust ganzer Gegenden und Sektoren; die wachsende Arbeitslosigkeit weckt nicht nur Zweifel an der Realisierbarkeit des sozialstaatlichen Projektes, dessen Legitimität zu zerfallen droht, sondern sie beeinträchtigt auch die Rolle der Arbeit als Faktor sozialer Identitätsbildung, und indem sie neue Ungleichheiten krass hervortreten läßt, zerstört sie den Schein einer mit sich selbst versöhnten Gesellschaft. Sich gegenseitig verstärkend, obwohl jene auf diese zu antworten versucht, vollenden die Wirtschaftskrise und die mehr oder weniger voluntaristisch durchgeführte kritische Phase der Modernisierung die Auflösung der traditionellen Gesellschaft. Zwar hatte der liberale Kapitalismus den organischen Zusammenhang der prämodernen Lebenswelt bereits erschüttert, aber zum einen gelang es ihm in gewissem Maß, diesen durch universalistische Ideologien zu ersetzen, zum anderen schöpfte er noch parasitär aus den Ressourcen der Tradition, die entweder sein arbeitsgesellschaftliches Programm unterstützten (so die »protestantische Ethik«) oder seine Einseitigkeit ausglichen – wie die Kunst. Dies ist im Spätkapitalismus nicht mehr der Fall: Durch das Übergreifen der ökonomischen und administrativen Rationalität »auf Lebensbereiche, die dem Eigensinn moralisch- und ästhetisch-praktischer Rationalität gehorchten«,[19] wurden die traditionalistischen Hilfsquellen unwiderruflich aufgezehrt, d. h. rationalisiert und aufgelöst.[20] Diese Diagnose bildet den gemeinsamen Hintergrund der sonst divergierenden Theorien von Habermas, Bell oder Deleuze und Guattari: Die Geschichte des Kapitalismus ist die ungeheuere Steigerung jener Mobilisierung, mit der er einst begann, indem er die Arbeitskraft, die er benötigte, der Landwirtschaft und somit den traditionellen Lebensformen entriß. Der kapitalistischen Entwicklung wohnt die Tendenz zur totalen Delokalisierung inne. Sie bedeutet insofern auch eine »Dekodierung«, als sie die symbolischen Bindungen, die als eine Art Grammatik das traditionelle Gesellschaftsganze strukturierten, immer mehr aufgelöst hat.[21] Definiert man mit Bloch die Allegorie als »das recochettierende eadem sed aliter, aliter sed eadem«[22] im Gegensatz zum Symbolischen, das »metaphorisch zu landen versucht«,[23] dann darf man von der Postmoderne als von einer »Allegorisierung« des Realen sprechen, und daran wird wohl auch die fällige Aktualisierung der fragwürdig gewordenen konkreten Utopie ansetzen müssen. Diese Allegorisierung läßt sich in verschiedenen Hinsichten dokumentieren. Vor allem durch den Zerfall der Kriterien und Metakriterien, die noch Ordnung in die Mannigfaltigkeit und Zufälligkeit der Erfahrung zu bringen vermochten.

Nach Marcuse sollte die wachsende Verwissenschaftlichung der Herrschaft die Grundlagen der Herrschaft selbst untergraben; auch Habermas stellt fest, daß die Verödung der sozialen Integrationsformen, die über Werte, Normen oder ein kommunikativ erzieltes Einverständnis realisiert wurden, nicht kompensiert werden konnte,[24] denn es gibt keine administrative Sinnproduktion,[25] und fraglich sind die »Möglichkeiten, neue Lebensformen mit rechtlich-bürokratischen Mitteln hervorzubringen«.[26] Ist, nach Hegels Wort, eine Philosophie »ihre Zeit in Gedanken gefaßt«, so sieht Lyotard aus der zunehmenden Zerstörung der Legitimations- und Motivationsbasis eine totale »Delegitimierung«[27] und eine um sich greifende Desintegration des sozialen Gefüges folgen. Dieser Tendenz entspricht im Bereich des Wissens die Unfähigkeit, allgemein anerkannte Wahrheiten oder Normen zu Kriterien oder Metakriterien zu erheben. Daraus entsteht die »neue Unübersichtlichkeit«.[28]

Versuche, die, wie Bloch, »Unterscheidungen im Mythischen«[29] vornehmen und durch eine dialektische Entmythologisierung sich anschicken, den Mythos von seiner Regressivität zu befreien und ihn utopisch umzudeuten (ist doch Prometheus auch ein Mythos!), werden nicht nur obsolet, sondern ganz und gar unmöglich. Sie setzen das Maß einer geschichtlichen Vernunft voraus, die es überhaupt nicht mehr gibt; die man auch dann nicht mehr bestimmen kann, wenn man sich darüber im klaren ist, daß sie – im Gegensatz zur reinen Vernunft – nicht a priori besteht, sondern sich erst aus der geschichtlichen Praxis herausbildet: Gerade aus dieser Praxis lassen sich keine verbindlichen Leitfäden mehr herauslesen. Vernunft und Mythos unterscheiden sich dann ebensowenig voneinander wie die konkrete von der abstrakten Utopie. Und in Ermangelung solcher Kriterien der Entscheidung müssen die historischen Alternativen jene hypothetische, bzw. rein optative Form annehmen, die – wie gezeigt – alle postmodernen Diskurse charakterisiert.

Lyotard schließt sich durchaus einer Konsensustheorie der Wahrheit an,[30] aber da dieser Konsens nicht mehr zustande kommen kann, spiegelt bei ihm die Pragmatik die Atomisierung einer Gesellschaft wider, deren kommunikative Handlungen sich nur aus der zufälligen Begegnung unverbindlicher Sprachspiele ergibt; deren Zusammentreffen ist eine pure »Gelegenheit« – ein »Kairos«, der nur eine beliebige »Erfindung« ist und auf keinen Fall die gesamtgesellschaftliche Bedeutung eines qualitativen Sprungs besitzen kann. Mit diesem verglichen, erscheint der Kairos gleichsam als Parodie und Wiederholung ad infinitum: Aus dem weltgeschichtlichen Ereignis eines Endes der Geschichte oder der Utopie macht er den posthistorischen Zustand einer sich sinnlos wiederholenden Aufsplitterung, während der »Kairos« sowohl bei Bloch[31] als auch bei Benjamin[32] den Augenblick einer historischen Vermittlung anzeigte. Dies am eindeutigsten bei Bloch, der in *Experimentum mundi* Benjamins »Jetztzeit« folgende Wendung gibt:

»Fürs geschichtlich-gesellschaftliche Leben hat Benjamin den Begriff einer Sprengung durch Jetztzeit pointiert, worin statt des Kontinuums Geschichte eine mit Jetztzeit geladene Vergangenheit wieder hervorspringt, recochettiert [. . .] Der fortlaufende Zeiger der Geschichte scheint dann nach Benjamin der einstehende einer Waage zu werden und mehr als das; der Anschein des ›Einstands‹ kommt zustande, weil hinter wie vor allem bisher Produzierten das Produzierende, der Daß-Faktor wieder vortritt, sich jugendlich umwittert meldet, in Umwälzungen sich belebend wie an seinem ersten Tag.«[33]

Im augenblicklichen Aufblitzen der Jetztzeit bricht sinnstiftend und sich »herausbringend« der thelische Weltdrang nach

Realisierung durch. Weil er so – den leeren homogenen Strom der Zeitlichkeit unterbrechend – dem dunklen Treiben Sinn gibt und, dieses aktualisierend, dem Augenblick eine Substanz verleiht, entgeht der Blochsche Kairos dem endlosen Recochettieren der Allegorie.

Allegorisierung der Wirklichkeit meint auch, daß man nicht mehr imstande ist, das Selbe von dem anderen zu unterscheiden – eadem sed aliter, aliter sed eadem. Bedeutete für Benjamin die massive Kulturproduktion eine wachsende Verdinglichung und eine gravierende Armut der Erfahrung, so gehen die Wirkungen der neuen Kommunikationstechniken weit darüber hinaus.

»Parallel zur wuchernden Vermehrung der Informationen umlagert uns eine wuchernde industrielle Überproduktion von Bildern und Fiktionen. Indem die Bilder immer mehr ihren imaginären Charakter einbüßen, nähern sich Bilder und Fiktionen immer mehr einer reinen Information – im wörtlichen Sinne des Wortes: Die endogenen Bilder, die so auf dem Bildschirm Formen annehmen, sind nicht mehr der Schein der Wirklichkeit, sondern eher eine Simulation oder gar reine Zeichen. Mit der numerischen Bildersynthese ist ein weiterer Schritt in dieser Richtung eingeschlagen worden: Wirklichkeit, Bilder, Fiktionen, alles wird digital [. . .] Die massive und automatisierte Produktion von Kodes, Zeichen, Bildern und Datenspeichern reicht weit über die bloße Industrialisierung der Kommunikation hinaus, sie löst die sprachlichen Bindungen, die Sinnstrukturen und die Glaubensakte auf, die das Wesen eines gesellschaftlichen Zusammenhangs ausmachen.«[34]

Hier steigern sich noch die »Deterritorialisierung« und die »Dekodierung«, welche die traditionellen symbolischen Bindungen des präkapitalistischen ordo auflösten. Universalisierung des Warentauschs und Beschleunigung der Warenzirkulation erzeugten im Spätkapitalismus eine Wirtschaftsordnung, der die Werkzeuge der Marxschen Kritik der Politischen Ökonomie nicht mehr gewachsen zu sein scheinen. Daraus entstanden neben dem *Anti-Ödipus* von Deleuze und Guattari (1972) und Lyotards *Economie libidinale* (1975) Versuche, die Politische Ökonomie durch die Lacansche Gegenüberstellung des Symbolischen und des Imaginären zu ergänzen oder gar entsprechend umzuformulieren (Jean Baudrillard, *Pour un critique de l'économie politique du signe*, und Marc Guillaume, *Le Capital et son double*). Was all diese Versuche charakterisiert, ist der endgültige Bruch mit dem auf Bedürfnissen beruhenden Gebrauchswert, der bei Marx hinter dem Tauschwert fortbestand und auch auf die Möglichkeit einer künftigen besseren Ordnung hindeutete, und darüber hinausgehend der Übergang vom Tauschwert zur imaginären Zirkulation von Zeichen. Schon 1975 formulierte Guillaume die These, daß

»die Verarmung der reichen und differenzierten traditionellen Symbolik von Surrogaten in einer anderen Sphäre, der des Imaginären, ausgeglichen wird. Diese Sphäre unterscheidet sich von der symbolischen dadurch, daß die Phänomene, die sich in sie einschreiben, ihren Sinn von keinem System beziehen [. . .] So verlieren die Beziehungen zwischen dem individuellen Konsum und den anderen Aspekten der Lebenswelt wie auch die Verhältnisse der Konsumenten zueinander immer mehr ihren symbolischen Gehalt; sie bilden eher eine Reihe zusammenhangloser und unmittelbar bedeutender Bilder als eine symbolische Struktur.«[35]

Die neue »Sprache der Gegenstände« kennzeichnet sich durch eine »metonymische Inflation«,[36] die den Konsumenten von einem Konsumgut auf ein anderes verweist, ohne daß sich die Welt der konsumierten Gegenstände auf einen sozialen Status beziehen ließe, der sie zu einer Einheit verbinden würde. Was hier Metonymie genannt wird, entspricht durchaus den »quer sich hindurchschickenden« Bedeutungen,[37] als welche Bloch die Allegorie definiert. Das Verlangen nach Sinn wird nicht mehr symbolisch kanalisiert, sondern auf Gegenstände übertragen, denen magische Bedeutung zukommt[38]: Die spätkapitalistische Konsumgesellschaft fällt in Magie zurück. Der Gebrauch dient nur noch als Maske der nicht mehr in Bedürfnissen verankerten Begierde – während Marx noch den »unmenschlichen, raffinierten, widernatürlichen und imaginären Bedürfnissen«, die der Kapitalismus erweckt, wahre Bedürfnisse der »menschlichen Natur« entgegensetzen konnte.[39] Auch Baudrillard[40] vertritt die Ansicht, daß bei Marx der Begriff Gebrauchswert eine »zweideutige«, ja idealistische und moralische Robinsonade bezeichnet:

»... daß der Gebrauchswert überhaupt nicht mehr zu finden ist und daß überall die determinierende Logik des Tauschwerts herrscht, soll heute als die Wahrheit der Sphäre des ›Konsums‹ und des kulturellen Systems insgesamt angesehen werden [...] [Eine strukturale Analyse des Konsums] ist auf dem Boden einer Untersuchung der sozialen Logik der Produktion und des verallgemeinerten Tauschs von Zeichen möglich.«[41]

Wenn also die Postmoderne das »Ende der Utopie« besiegelt, dann vor allem, weil ihre Delokalisierung, Deterritorialisierung und Dekodierung die Wirklichkeit selber u-topisch macht. So wie sich der Mythos vom vernünftigen Diskurs nicht mehr abgrenzen läßt, gehen Utopie und Wirklichkeit ineinander auf. Daraus resultiert freilich, daß das postmoderne Denken auf seine Weise *utopisches Denken* ist – wie schon gezeigt, ein *abstrakt* utopisches. Auf der einen Seite kann man es zweifelsohne auf bestimmte Tendenzen der Produktivkräfte zurückführen, in denen es seinen Ursprung nimmt. Auf der anderen Seite entkräften gerade diese Bedingungen seiner Entstehung jeglichen ideologiekritischen Versuch, der sich bemühen würde, das postmoderne Denken als mystifizierende Verlängerung der Realität bzw. als Selbsttäuschung zu entlarven. Eine solche Ideologiekritik müßte sich selber auf ein Kriterium oder ein Metakriterium stützen können; sie müßte, um dieses zu legitimieren, ihren eigenen historischen und soziologischen Standort bestimmen. Indem es mit dieser Legitimationsproblematik bricht und sich keinen anderen Status vindiziert als den eines Mythos unter anderen, entbehrt das postmoderne Denken nicht einer gewissen Konsequenz. Es fällt tatsächlich schwer zu entscheiden, inwiefern wir es wieder mit einer philosophischen Utopie à la Hegel zu tun haben, was allerdings erklären würde, warum die Postmoderne überzeugt ist, »posthistorisch« zu sein.

4

Wenn dem so ist, dann muß der Versuch, die Geschichte wenigstens heuristisch als nicht abgeschlossen zu behandeln, in der Hoffnung, dieses neue »stählerne Gehäuse« zum Wanken

zu bringen, ganz anders ansetzen. In gewissem Maß gilt es, den postmodernen Zusammenschluß von Wirklichkeit und Fiktion etwa so zu behandeln, wie Marx den scheinbaren Abschluß des Hegelschen Systems anging: Das System wäre methodisch von innen heraus zu sprengen. Die Unfähigkeit, die Maßstäbe der Ideologiekritik historisch und soziologisch zu lokalisieren, zwingt allenfalls zu einem methodischen Paradigmawechsel.
Damit man sich nicht Hals über Kopf dazu entscheide, gebietet es sich, die Problematik der konkreten Utopie daraufhin zu prüfen, was von ihr im postmodernen Kontext noch zu retten oder zu »erben« ist.
Begriffe wie ›Fortschritt‹ und ›Vernunft‹, der Tradition der Aufklärung entlehnt, sind heute problematisch geworden. Eine produktive Auseinandersetzung mit der Blochschen Philosophie, die ja für Fortschritt als Sieg über die Irrationalität schlechter, kapitalistischer Zustände einsteht, darf von diesem Kontext nicht absehen. Weil die Rationalisierung des Irrationalen das zentrale Motiv des Blochschen Werkes ist, kann man sich nicht damit begnügen, ›Fortschritt‹ und ›Vernunft‹ der allem Anschein nach fortdauernden oder gar fortschreitenden Unvernunft pauschal und abstrakt gegenüberzustellen. Es kommt vielmehr darauf an, nach der *Methode* zu fragen, die zwischen Vernunft und Unvernunft zu unterscheiden vermag und die praktische Überwindung der als unvernünftig erlebten Zustände bewirken soll. Dazu genügt es nicht, noch einmal philologisch nachzukonstruieren und gleichsam als Vorbild hinzustellen, wie Bloch seinerzeit das Irrationale in der politischen Kultur der Weimarer Republik auf ungleichzeitige Widersprüche zurückführte; wie er etwa zwischen Montage unmittelbar und Montage mittelbar, Sachlichkeit unmittelbar und Sachlichkeit mittelbar unterscheiden konnte: Die Frage ist gerade, ob solche Unterscheidungen heute noch möglich sind und mit welchen Kriterien sie getroffen werden könnten. Sie setzen einen Begriff von Vernunft voraus, auf den wir uns solange nicht berufen dürfen, als wir nicht nachgewiesen haben, daß wir noch über ihn verfügen.

Hegel hat in der *Phänomenologie des Geistes* gezeigt, wie die Definition des Irrationalen abhängt von dem, was sich jeweils als Vernunft begreift. Der Aufklärung macht er den Vorwurf, daß sie dem von ihr bekämpften Irrationalen selber zur Geltung verholfen hat. Ihren Kardinalfehler sieht er darin, daß sie den Glauben, um ihn kritisieren zu können, zum Aberglauben herabsetze, damit in abstrakten Gegensatz zu sich selbst, anstatt zu erkennen, daß er »nur das Negative ihrer selbst sein kann«.[42] Die reine Intellektion (Einsicht), als die sie sich auffaßt, kann aber nichts wahrnehmen, was nicht sie selbst wäre. »Indem also die Vernunft von einem Andern spricht, als sie ist, spricht sie in der Tat nur von sich selbst.« (ebd.) Sie verwickelt sich deshalb in Widersprüche: Der Sieg der Vernunft über das Irrationale wird um den Preis einer Selbstbeschränkung der Vernunft erkauft, die – wie Hegel es bereits in *Wissen und Glauben* feststellt – ein ihr Unerreichbares, Unbegreifliches und Unbedingtes anerkennen muß. Indem sie es nun von sich absondert, muß sie das Irrationale gelten lassen. Schlimmer noch: Indem sie die Lüge und den Irrtum als »etwas Anderes [als sich selbst] zu behaupten meint«, verfällt sie selber dem Irrtum und der Lüge: »Die reine Einsicht und Absicht, welche sich negativ verhält, kann, da ihr Begriff alle Wesenheit und nichts außer ihr ist, nur das negative ihrer selbst sein. Sie wird daher als Einsicht zum Negativen der reinen Einsicht, sie wird Unwahrheit und Unvernunft, und als Absicht zum Negativen der reinen Absicht, zur Lüge und Unlauterkeit des Zwecks«.[43] Die verhängnisvollen praktischen Folgen dieser Verblendung hat Hegel in den beiden Kapiteln »Die absolute Freiheit und der Schrecken« und »Die Tugend und der Weltlauf« dargestellt; Büchners Stück *Dantons Tod* hat sie dramatisch veranschaulicht, und Blochs *Erbschaft dieser Zeit* hat den Sieg des Faschismus als die gräßliche Konsequenz einer ausgebliebenen Dialektisierung des Irrationalen interpretiert. So gehört es denn auch zu den Grundpfeilern des Blochschen Denkens, daß der Irrationalismus gegen bestimmte Typen der Rationalität Wahrheit für sich hat.

»Aufkläricht von heutzutage ist der Heuchelei von heutzutage wert«[44] – und entschieden protestiert Bloch gegen ein »Entmythologisieren auf Teufel komm raus«, das – wie Habermas es ehemals formulierte – das kritische Potential des von ihm Kritisierten verspielt. Vermittelnde Kritik des Irrationalen: Dieses Prinzip liegt sowohl der *Erbschaft dieser Zeit* als auch dem *Atheismus im Christentum* zugrunde, und es verlangt eine Rationalisierung des Irrationalen, die sich ganz kantischer Ausgrenzungspolitik enthält – während etwa Lukács' These einer »Zerstörung der Vernunft«, bei aller ideologiekritischen Bemühung, an der historischen Bedeutung ihres Gegenstandes vorbeirauscht. Die Abbildtheorie, derer sie sich bedient, reduziert das Irrationale auf einen bloßen Reflex historisch-sozialer Zustände und hält diese für überwunden, weil sie als solche benannt worden sind, während sie ideologisch wie wirklich an der historischen »Vernunft« weiter teilhaben und diese weiterhin bestimmen.

Derselben Gefahr könnten heute auch wir erliegen, wenn wir gegenüber einer sich ausbreitenden Irrationalität – genauer: gegenüber dem, was uns als Irrationalität erscheint – unser Heil von der Verteidigung eines emphatischen Vernunftbegriffs oder von seiner kommunikativen Rekonstruktion erwarteten.

Unhaltbar, weil widersprüchlich (und zwar jenem Widerspruch ähnlich, den Hegel als die Selbstverblendung der Aufklärung monierte), ist die gängige Gegenüberstellung einer modernen Vernunft, deren Unheil darin bestünde, daß sie sich als Verstand verwirklicht hätte, und einer »anderen Vernunft«, die noch die Ansprüche einer nicht-halbierten Vernunft transportieren würde. Letztere hält verschwiegen an der Auffassung einer substantiellen Vernunft fest und versucht, auf uneingestanden Hegelsche Weise, sie wiederherzustellen. Als Sehnsucht durchaus verständlich, solche Praxis aber wäre nur dann zulässig, wenn sie sich etwa, wie bei Lukács, auf ein vorhandenes Subjekt–Objekt oder wenigstens auf einen aus der Organisation der Widersprüche allmählich entstehenden Agenten der Geschichte berufen könnte.

Weil diese Möglichkeit fragwürdig geworden ist, sollte man die Hypothese wagen, daß die »Substanz« jener mehr oder weniger explizit heraufbeschworenen, substantiellen Vernunft *in den heutigen Erscheinungen des Spätkapitalismus allegorisch verwirklicht ist.* Diese Arbeitshypothese scheint mir der Hegelschen Kritik an der Aufklärung gerecht zu werden, nach der die »reine Einsicht und Absicht« eben das verkennt, was *ihre Wirklichkeit* ist. (Auch Max Webers – allerdings nur »idealtypische« – Rekonstruktion des okzidentalen Rationalismus mißversteht man, wenn man fragt, warum Weber sich denn weigert, über den Polytheismus der Werte am Ausgang des modernen Rationalisierungsprozesses ein Werturteil zu fällen. Denn wenn es sich tatsächlich so ereignet hat, wie Weber es nachkonstruiert, dann müssen die Kriterien eines solchen Urteils zunächst rekonstituiert werden. Dieser Aufgabe widmet Weber seine verstehende Soziologie.)

Indem ich so argumentiere, zahle ich dem »Postmodernismus« keinen voreiligen Tribut; ich versuche vielmehr, die fällige Diskussion mit der konkreten Utopie (also auch mit Blochs Philosophie) von ihren verschwiegenen Hintergründen zu befreien. Der Konsequenz einer »Dialektik der Aufklärung«, nach der sich die Vernunft *als Unvernunft* realisiert hätte, versucht man allzu oft dadurch zu entgehen, daß man an einer »wahren«, wie immer utopischen Vernunft festhält, anstatt zu fragen: Wo ist denn diese heute – wenigstens in Ansätzen – auszumachen? Und mit welchen Kriterien?

Diese Frage bleibt Blochs Ansatz insofern treu, als Bloch – ebensowenig wie Hegel – Einsichten und Absichten von ihren Manifestationen trennt, sondern aus *diesen* seine konkrete Utopie schöpft: Konkrete Utopie konstituiert sich aus Blochs Hermeneutik nicht nur der Wünsche und Träume, sondern auch der objektiven Gestalten der Welt; als solche werden etwa die Landschaftsbilder und die »Erzeugung des Ornaments« in architektonischen Entwürfen und Stadtplänen gedeutet. Die hermeneutische Entzifferung dieser Chiffren der Geschichte bildet den Kern der Blochschen Methode.

Mit der Möglichkeit eines Zerfalls oder einer allgemeinen Zersplitterung des Sinns scheint es die Blochsche Philosophie insofern aufnehmen zu können, als Aufmerksamkeit auf Verzweigungen, Ausdifferenzierungen und Ungleichzeitigkeiten zu ihren frühen Grundsätzen gehört. Unter dem Titel »Aktualität und Utopie« forderte schon die 1923 verfaßte Rezension[45] von Lukács' *Geschichte und Klassenbewußtsein* eine »Erschwerung der Totalität durch den Begriff der Sphäre«,[46] denn »exzentrische Prozeßgehalte verlangen vorerst noch ihren eigenen Raum« (ebd.). Andererseits weigerte sich Bloch bereits, dem »allzu homogen gehandhabten historischen Materialismus« den einmaligen Augenblick zu opfern, denn dieser ist unterbestimmt als das mechanische Eintreten einer reifen Vermittlung. Während Lukács' Klassenbewußtsein ihn gleichsam homogenisiert, also gleichschaltet, erscheint der Augenblick bei Bloch als ein »Moment der tiefsten, weitestverzweigten Vermittlung«.[47] Dementsprechend ist Geschichte keine eindeutige, wenn auch dialektische Entwicklung, sondern eher ein »polyrhythmisches Gebilde«; darin besteht die »Substanz« des Geschehens, die sich also nie von ihren vielfältigen Aktualisierungen abstrahieren läßt, wenn man sie nicht ontologisch hypostasiert.
Diesen frühen Grundgedanken untermauerte Bloch später durch seine in faschistischer Not erprobte Theorie des Erbes an ungleichzeitigen Widersprüchen *(Erbschaft dieser Zeit)* und später noch, indem er aus dieser geschichtlichen Erfahrung die auf Bernhard Riemanns Theorie eines vierdimensionalen Raums analogisch gestützte Auffassung einer »elastischen Struktur in der Geschichte« entwickelte.[48] Damit brach er entschieden mit der orthodox verfestigten Verzerrung der Ideologiekritik zu einer mechanistischen Abbildtheorie, und er betonte nicht nur die »ungleichmäßigen Entwicklungen in Technik–Unterbau und im Überbau«,[49] sondern auch die Notwendigkeit einer Berücksichtigung der »Kulturkreise« und des »Geographismus als Platz für Vielstimmigkeit«.[50] Dadurch schien sich die konkrete Utopie insofern eine festere Veranke-

rung im Realen zu sichern, als sie auch seiner Mannigfaltigkeit Rechnung tragen konnte.
Und doch ist heute die Brauchbarkeit dieser höchst differenzierten Auffassung des historischen Widerspruchs fragwürdig geworden, denn für die Postmoderne gibt es nur noch isolierte und verstreute Augenblicke. Um die scheinbare Zeitlosigkeit und die Einmaligkeit zu überwinden, die sich aus dieser Zersplitterung ergeben, müßte man hermeneutisch eine dieser scheinbar zusammenhanglosen Erscheinungen als vorläufiges Kriterium hinstellen, ohne aber die Wahl dieses oder jenes provisorischen Zentrums legitimieren zu können. Es sei denn, daß diese rein tentative Zentrierung gleichsam von selbst eine Einheit erzeugt.
Vielleicht bietet sich da eine recht unsichere Aussicht auf ein methodisches Vorgehen, das wenigstens Marx' rein hermeneutischem Gebrauch des »Gedankenganzen«, der gedanklich konstruierten Totalität, treu bliebe. Bezieht man diese Arbeitshypothese auf die konkrete Utopie Blochs, so ist das »Erbbare« an ihr, daß sie ohne das Proletariat als Metakriterium praktischer Entscheidungen sehr gut auskommen kann. Sie unterscheidet sich dadurch von der Orthodoxie, daß sie – wie der Streit um Blochs angebliche »Revision des Marxismus« in den 50er Jahren gezeigt hat – die parteioffizielle »Weltanschauung« des Proletariats nicht für unwiderruflich hält. Auch Lukács' »Standpunkt des Proletariats« scheint ihr bereits in den zwanziger Jahren auf eine einseitige Verengung der historischen Möglichkeiten hinauszulaufen. An die Stelle der ein für allemal behaupteten proletarischen Weltanschauung tritt bei Bloch der Vorrang der *Methode,* die zur hermeneutischen Untersuchung der Wirklichkeit dient. An die Stelle des Lukácsschen »Standpunkts des Produzenten« tritt demgemäß die Bemühung, mit Hilfe der Methode das Reale zu durchschauen, ihm hermeneutisch strukturierende Entwicklungsstränge abzugewinnen, so wie es Marx seinerzeit getan hat. In diesem Sinn ließe sich sagen, daß Bloch den »Standpunkt des Produzenten« durch den »Blick auf das Produkt« substituiert,[51] wenn

man unter Produkt alle Auszugsgestalten der Mensch–Natur-Dialektik – also auch die jeweilige Produktionsweise – versteht. Der Schwerpunkt des Blochschen Denkens liegt allenfalls in seiner hermeneutischen Hinwendung zum Realen, sei es in der Form einer Hermeneutik der Träume und Antizipationen – also der Motivationen des subjektiven Faktors –, oder aber als jene objektiv-reale Hermeneutik, *die alles geschichtlich Produzierte – ideologische wie materielle Gebilde – als provisorische Kristallisationen des »Sinns« der Geschichte betrachtet.* Zu den methodischen Prämissen der Blochschen Philosophie gehört also die Rückkehr zum Rätsel der Wirklichkeit – nimmt sie doch ihren Ursprung im Rätsel des gelebten Augenblicks. Deshalb ist sie auch prinzipiell imstande, dem Verschwinden eines eindeutigen Sinns standzuhalten.

Dies setzt freilich voraus, daß man ihre Theorie der symbolischen Formen zur Rückzugsbasis der konkreten Utopie macht. In dieser Hinsicht erlangt Blochs gar nicht so negative Bewertung des Spenglerschen Analogisierens,[52] auf die Burghart Schmidt neuerdings aufmerksam gemacht hat, eine unverkennbar aktuelle Bedeutung. Während Lukács Spenglers Degradierung der Wissenschaftlichkeit, seine Historisierung der Naturwissenschaften und seine relativistische Leugnung des Fortschritts tadelt,[53] nimmt Bloch – der in seiner frühen Kritik an Lukács die Vorstellung einer eindeutigen und gradlinigen Entwicklung gesprengt hatte – Spenglers Feldzug gegen den Evolutionismus als Problem ernst. Die späteren »Differenzierungen im Begriff Fortschritt«, die Berücksichtigung der »Kulturkreise« finden in Spenglers »Relativismus der gegeneinander isolierten, monadisierten Kulturkreise, ja der Gestalten innerhalb der Kulturkreise«[54] zweifelsohne eine erste Anregung – wenigstens in der Form einer theoretischen Herausforderung. Gerade den Aspekten, die Lukács verwirft, schenkt Blochs Kritik besondere Aufmerksamkeit: Und es sind auch gerade die Aspekte, die uns angesichts des heutigen Zerfalls des Fortschrittsgedankens als bedeutsam erscheinen müssen. Das Retten der Deskription, der morphologische Sinn fürs Detail, das Querverbindungen herstellende »Spielen mit Ähnlichkeiten« (Lukács) sind Blochs damaligem Versuch, »Spuren kreuz und quer zu lesen«[55] sicher nicht fremd. Und darin besteht auch die Verwandtschaft nicht nur zwischen Benjamin und Spengler, Bloch und Benjamin, sondern auch zwischen jener »Mythologie der untergehenden Zeit«[56] und dem postmodernen Verzicht auf die Gewißheit eines zielgerichteten Kontinuums, eines »Sinns der Geschichte«. Indem Spengler »an die Stelle der Kausalität die Analogie setzt« (Lukács), verabschiedet er nicht ohne Konsequenz den modernen Vernunftbegriff, der sich als unfähig erweist, den Zerfall der Moderne zu bewältigen.

5

Die von Bloch selber festgestellte Verwandtschaft zwischen Spengler und Benjamin verweist auf die Theorie der symbolischen Formen, die Bloch mit Benjamin teilt und an welcher das späte erkenntnistheoretische Werk *Experimentum mundi* festhält. Spenglers »wildes Analogisieren« spiegelt als ein Zeichen der Zeit dieselbe Allegorisierung des Realen wider, in der Benjamin das Schicksal der Moderne sieht. Es weist zugleich auf den Punkt hin, an dem eine nicht voreilig versagende geschichtsphilosophische Reflexion neu ansetzen kann und muß, wenn sie den heute verkündeten Abschied von der Moderne als eine Wiederholung und Radikalisierung jener Krise der historischen Vernunft versteht, der sich die Philosophie der 20er und 30er Jahre bereits konfrontiert sah. Die Rede vom Anbruch der Postmoderne besteht wenigstens insofern zu Recht, als die Durchsetzung des okzidentalen Rationalismus tatsächlich den »Polytheismus der Werte« hervorgebracht zu haben scheint, in dem nach Max Weber die Modernisierung – die säkularisierende und rationalisierende Auflösung des traditionellen ordo – münden muß. Mit der Unmöglichkeit, die abweichenden Wertungen und die verstreuten Erscheinungen auf einen einigenden Vernunftbegriff zu beziehen, erreicht dieser Prozeß seinen Höhepunkt. Die Auflösung der symbolischen Strukturen kann nicht einmal mehr durch die symbolische

Zentrierung auf eine historisch zu erreichende Einheit eingedämmt werden. Auch das »unverfälschte Ordnen im offenen System«[57] muß scheitern oder gerade verfälschend wirken, wenn die Motivationen und Erscheinungen, aus denen das säkularisierte Prinzip der Hoffnung hermeneutisch geschöpft wird, jeglicher Ordnung widerstehen, wenn die Vielseitigkeit (Weber) und Mehrschichtigkeit (Bloch) unheilbare Vieldeutigkeit wird. Die Vernunft fällt in den Mythos zurück – was man auch so interpretieren kann: Sie soll sich in eine Mytho-logie verwandeln. Dies war gerade die Absicht der Essays und Fragmente Benjamins über das 19. Jahrhundert.

In den Briefen an F. C. Rang und Hofmannsthal vom Januar 1924 stellt Benjamin diese Versuche als eine Fortsetzung seines Trauerspielbuchs vor. Dementsprechend sind die modernen Mythologien das Spiegelbild der von der Moderne gezeitigten Allegorisierung der Welt. Dem barocken Allegoriker wie dem »destruktiven Charakter« der Weimarer Republik erscheint die Welt der Dinge als die facies hippocratica der Geschichte; ihre disjecta membra, deren organische Zusammengehörigkeit nicht mehr wiederhergestellt werden kann, sind die »erstarrte Urlandschaft« des Mythos.[58] Weil das Flüchtige und Vergängliche dem ordnenden Blick entrinnt, wird die Geschichte wieder zur »Naturgeschichte« – die Benjamin auch eine stillgestellte Geschichte nennt. Mit Recht schreibt deshalb Burghart Schmidt: »Benjamin wird neuerlich debattiert, weil die Geschichte tatsächlich auf der Stelle zu treten scheint.«[59]

Nun ist dieses Auf-der-Stelle-Treten für Bloch[60] wie für Benjamin die Schwelle des einstehenden Augenblicks. Die »Dialektik im Stillstand« ist selber ein dialektischer Begriff:

> »Zweideutigkeit ist die bildliche Erscheinung der Dialektik, das Gesetz der Dialektik im Stillstand. Dieser Stillstand ist Utopie und das dialektische Bild also Traumbild. Ein solches Bild stellt die Ware schlechthin: als Fetisch.«[61]

Noch die erstarrte Landschaft der Verdinglichung versucht Benjamin dialektisch zu deuten, die Mythologien der Warenform als Rätsel- und Vexierbilder utopischer Träume zu denken. In Benjamins Begriff der Allegorie und sogar in seiner Kritik des Symbols ist eine ähnliche Spannung: der ähnliche Versuch einer Dialektisierung festzustellen.

»Die allegorische Behandlung der Gegenstände vollzieht sich in einer dialektischen Doppelbewegung: Sie entwertet die Dinge und erhöht sie eben dadurch und umgekehrt [. . .] Der Allegoriker tötet die Dinge, weil sie nur als leblose, abgestorbene und entseelte [. . .] offenbaren, was sie wirklich sind: nichtig, hinfällig, vergänglich und damit wertlos.«[62]

Diese Haltung ist erst auf dem Hintergrund der Benjaminschen Ablehnung des »Willens zur symbolischen Totalität«[63] zu verstehen: Der Mißbrauch des Symbols »findet, und zwar überall da, statt, wo im Kunstwerk die ›Erscheinung‹ einer ›Idee‹ als Symbol angesprochen wird«.[64]
Das Symbol »usurpiert« den Sinn, weil es das Vergängliche einem Abstraktum subsumiert, das nicht aus ihm selbst hervorgeht; Benjamins Kritik am Symbolbegriff ist eine Anwendung der Hegelschen Kritik der Philosophien des Verstandes und ihrer Trennung zwischen Erscheinung und Wesen; demgemäß ist ihre Absicht dialektisch. Der »echte« Begriff des Symbols, von dem Benjamin spricht, entsteht aus der »paradoxen« Einheit von Sinnlichem und Übersinnlichem: In dieser Paradoxie liegt – wie in der »Zweideutigkeit« der modernen Mythologien – das Dialektische einer Theorie des Symbols, die nicht der Logik des Verstandes verfällt, sondern auf einen Vernunftbegriff hinzielt, der sich in der modernen Geschichte noch nicht blamiert hat. Diese neue Vernunft soll sich aus der entwerteten allegorisierten Welt herausbilden. Der Benjaminsche Allegoriker sucht in der verfallenen Wirklichkeit selber die noch verborgene Ordnung aufzudecken, welche die vereinzelten Phänomene der Dingwelt retten würde. Indem er in seinem Brief vom 10. 11. 1938 Benjamin vorwarf, bei den Phantasmagorien zu verharren, anstatt ihre »materialistische Determination«, also die »Vermittlung durch den Gesamtprozess« der Gesellschaft aufzuzeigen,[65] verkannte Adorno die »asketische Disziplin« des Allegorikers, der dadurch der möglichen Unterstellung eines abgemachten »Sinns« widersteht. Adorno verkannte

Benjamins Vertiefung in eine »Realallegorese«, die auch im Zentrum der Blochschen Philosophie steht und heute – nach dem Zerfall des Fortschrittsgedankens und eines richtunggebenden Klassenstandpunkts – die wirkliche Basis darstellt, auf der nach einem Sinn der Geschichte noch gesucht werden kann.
Wie bei den hier zitierten französischen Autoren verweist Benjamins Auffassung auf das Fetischismuskapitel des *Kapital,* in dem Marx nachdrücklich die Derealisierung der Verhältnisse der Menschen zu ihren Produkten und zueinander betont:

»Die Warenform und das Wertverhältnis der Arbeitsprodukte, worin sie sich darstellt, [hat] mit ihrer physischen Natur und den daraus entspringenden dinglichen Beziehungen absolut nichts zu schaffen. Es ist nur das gesellschaftliche Verhältnis der Menschen selbst, welches hier für sie die phantasmagorische Form eines Verhältnisses von Dingen annimmt. Um daher eine Analogie zu finden, müssen wir in die Nebelregion der religiösen Welt flüchten.«[66]

Benjamin denkt diesen Vergleich zu Ende, indem er aus den Phantasmagorien in der säkularisierten Welt Allegorien macht. Nimmt man diese Allegorisierung der Wirklichkeit wenigstens als Tendenz ernst, dann scheint eine Theorie der symbolischen Formen wenn nicht als Ersatz, so doch als neuer Zugang zur Kritik der Politischen Ökonomie unerläßlich zu sein. Was Marx die »Entzifferung« der Warenform nannte, setzt heute eine Entzifferung ihrer Allegorien voraus. Daß man dabei nicht notwendig von Marx Abschied nimmt, ließe sich etwa durch folgende Stelle, die Baudrillard übrigens auch zitiert, belegen:

»Es steht dem Werte nicht auf der Stirn geschrieben, was er ist. Der Wert verwandelt vielmehr jedes Arbeitsprodukt in eine gesellschaftliche Hieroglyphe. Später suchen die Menschen den Sinn der Hieroglyphe zu entziffern, hinter das Geheimnis ihres eignen gesellschaftlichen Produkts zu kommen, denn die Bestimmung der Gebrauchsgegenstände als Werte ist ihr gesellschaftliches Produkt so gut wie die Sprache.«[67]

Solche Hieroglyphen der gesellschaftlichen Arbeit sind Blochs Chiffren und Auszugsgestalten. Sie liegen allen Sphären des

Blochschen »Systems«, seiner Ästhetik, seiner Natur- und seiner Religionsphilosophie wie auch seiner »Erkenntnistheorie« zugrunde.

»Die Welt tritt so, an ihren *eigenen Modellen* beachtet, in einer Prozessreihe immer wieder emergierender, immer wieder dialektisierter Real-Allegorien, Real-Symbole auf – ein experimentierendes Gleichnisbilden nicht nur des Vergänglichen, sondern genau auch des relativ Ausgestalteten in ihr [. . .] Und das mitten in einer Weltgeschichte, die so schwierig ist, weil sie bestenfalls erst in heftigen Versuchen läuft.«[68]

Die Aufgabe der objektiv-realen Hermeneutik besteht darin, die ›herausgebrachten‹ Chiffren der geschichtlichen Mensch–Natur-Begegnung zu erfassen und zu entziffern.
Wenn die dialektische Säkularisierung bei Bloch derart das Feld der Geschichte eröffnet, muß eine Philosophie der symbolischen Formen zum Organon der Geschichte werden: Die Realallegorien und Realsymbole sind das Material, von der Geschichtsphilosophie auszugehen hat. Es erscheint ihr als Chiffre – »ein Zeichen dessen, was sich noch ein Zeichen ist«[69] und nach der ›Entzauberung‹ der Welt die Möglichkeit eines allegorischen Zerfalls nicht ausschließt, selbst wenn es gerade das zentrale Anliegen der dialektischen Säkularisierung ist, den »Sinn« der Religion zu erben und die symbolische Zentrierung darauf als Zielstrebigkeit des Geschichtsprozesses zu retten.
Doch ist, wie Bloch es immer wieder betont, konkrete Utopie ebensowenig mit Zuversicht gleichzusetzen wie der Marxismus mit einer Eschatologie. Das Prinzip Hoffnung erbt die Hoffnung auf ein Eschaton, aber es säkularisiert sie, d. h. übersetzt sie in die Praxis. Dort – in der Praxis – kann alles passieren, auch »ein großes Umsonst durch Entropie«.[70] Schon deshalb – und hier muß nachdrücklich ein besonders hartnäckiges Mißverständnis vieler Bloch-Interpretationen bekämpft werden – ist Blochs Geschichtsphilosophie *keine Teleologie.* Die Geschichte ereignet sich zwar in Realchiffren, in denen die Natur sich selbst mitbedeutet, aber Natur und Geschichte werden weder vor noch über oder hinter der geschichtlichen Vermitt-

lung von einem Plan der Vorsehung, einer List der Vernunft oder einem unfehlbaren Sinn der Weltordnung automatisch versöhnt.
Geschichte ist für Bloch eine experimentelle Erzeugung von Bildern: In ihr ist eine produktive objektive Phantasie am Werk, die nie des Heils sicher ist, weil sie weder von einem göttlichen Weltplan noch von einer unabhängig vom Menschen sich durchsetzenden natürlichen Zweckmäßigkeit geleitet wird. Wenn Bloch durch den Rückgriff auf Aristoteles und die aristotelische Linke »die Möglichkeit realiter, im Weltbestand selber«[71] zu erfassen versucht, dann nicht nur, um die Ontologie von der Ontotheologie zu befreien und die Natur an die Stelle von Gott zu setzen – was nur zur platten Naturdialektik führen könnte. Logos und Kosmos sind – wie in *Atheismus im Christentum* betont – keine Alternativen. Es geht darum, in der bereits von Hegel herausgestrichenen aristotelischen Formel ἀρχή τῆς κινήσεως ἐν ἑαυτῷ ἔχει die Gleichzeitigkeit von Arche und Manifestation zu lesen, so daß die Realallegorese des Averroes zum Medium der Ontologie des Noch-nicht-Seins wird. Die Chiffren und Auszugsgestalten sind immer Konstellationen der Mensch–Natur-Begegnung. Und weil die Eigenbewegung der Natur ebensowenig wie das menschliche Erkenntnisvermögen übergeschichtlich und unwandelbar ist, ist auch eine teleologische Garantie ausgeschlossen: Sie wird vielmehr erst von den Gestalten dieser Begegnung »herausgebracht«.
Will man Blochs »Erkenntnistheorie« richtig verstehen, dann spielt die von Eduard von Hartmann übernommene Auffassung eines »transzendentalen Realismus« eine entscheidende Rolle. Sie beruht auf der doppelten These, daß Kants »transzendentale« Form immer schon formierte Materie ist und daß die vom Menschen veränderte und sich selbst verändernde Materie die vermeintlich apriorischen Strukturen der Erkenntnis bestimmt. Schon Hegel hatte die Frage der transzendentalen Affinität als den blinden Fleck der Kantschen Erkenntnistheorie bezeichnet. In ihr war – wie Horkheimer mit Recht

kommentiert[72] – eine List der Vernunft am Werk: Schreibt doch Kant ausdrücklich die transzendentale Affinität einem »Handgriff der Natur« zu.

Aus der reinen Einbildungskraft, die vor jeder Erkenntnis zwischen der Mannigfaltigkeit der Anschauungen und dem Denken vermitteln soll, macht Bloch jene »gegenseitige Subjekt–Objekt-Ergreifung«,[73] die er mit der phantasia kataleptike der Stoa vergleicht, aber als geschichtlich geschehende Synthesis definiert. Soll also die Einbildungskraft zwischen Anschauung und Begriff vermitteln, so geschieht dies in der geschichtlichen Praxis selber. Die Zeit des Schematismus ist die geschichtliche Zeit – eine Einsicht, die man auch beim frühen Marcuse, dem Schüler Heideggers, findet. Weil aber diese Zeit nicht leer ist, sondern in den materiellen Formungen der Praxis verwirklicht ist, geht es bei Bloch nicht mehr um die transzendentale Einbildungskraft, sondern zugleich auch um jene empirische, die Kant als eine bloß reproduktive definierte: Sie wird jetzt produktiv. Bloch setzt sich über Kants Furcht vor einer Psychologisierung der Erkenntnis und vor deren Reduktion auf Humesche Gedankenassoziationen insofern hinweg, als das Transzendentale dadurch nicht relativiert wird: Als Formen, die jeweils von bestimmten Produktivkräften und von einer bestimmten Produktionsweise geprägt werden, sind ja auch die im Erkenntnisurteil wirkenden Prozeßgestalten einer empirischen Phantasie durchaus verbindlich.

Wichtig ist, daß die Prozeßgestalten – wie schon betont – nicht Produkte einer List der Vernunft oder eines teleologischen Plans der Natur sind, sondern eben Gestalten der Mensch–Natur-Dialektik. Sie sind jeweils Auszugsgestalten, die die zu erkennenden Auszugsgestalten auf den ›Begriff‹ bringen – wobei man kaum noch von Begriffen sprechen darf: Sind doch auch diese – die Kategorien – Prozeßgestalten. Sie präformieren konstitutive Erkenntnis – aber immer nur als Vorschein jener endgültigen begrifflichen Erkenntnis, um die es Kant ging.

»Vorschein« verweist auf *Kunst,* also auf die ästhetische (nicht teleologische) Urteilskraft – obwohl sie nicht nur subjektiv ist (wie die ästhetische Urteilskraft bei Kant), sondern objektiv und subjektiv zugleich. Rein subjektiv kann das ästhetische Geschmacksurteil nicht mehr sein; beruht es nämlich in Kants *Kritik der Urteilskraft* auf der »Zusammenstimmung« der Form des Gegenstandes mit den menschlichen Vermögen, so sind jetzt diese Vermögen objektiv bestimmt wie auch die Form des Gegenstandes, die selber formierte Materie ist.

In Kants *Kritik der Urteilskraft* beruht auf dem Unterschied zwischen der rein formalen Zweckmäßigkeit – d. h. der »Zusammenstimmung des Gegenstandes mit den Vermögen des Gegenstandes« im ästhetischen Urteil[74] – und der wirklichen (objektiven) Zweckmäßigkeit »die Einteilung der Kritik der Urteilskraft in die der ästhetischen und teleologischen Urteile«.[75] Während das ästhetische die Symbole einer höheren Ordnung vermittelt und somit subjektiv für die Einheit von Natur und Freiheit bürgt, soll das teleologische Urteil die Übereinstimmung von Natur und Vernunft objektiv dokumentieren. Bloch geht über diese Parallelisierung von Natur und Kunst, die bei Kant weiterhin unvereinbar bleiben, hinaus, indem er beide in eine Subjekt–Objekt-Dialektik einschreibt und so die Kategorien der Ästhetik auf die Natur anwendet. Dadurch wird das teleologische Urteil von seiner Nachträglichkeit befreit, wie auch von seiner Abhängigkeit von einem regulativen »apriorischen Leitfaden«, aber allerdings nur so, daß es jetzt ästhetisch an der Erkenntnis der Gegenwart beteiligt ist.

Aus Blochs Subversion der Kantschen Trennungen resultiert *eine ästhetische Erkenntnis- und Geschichtsphilosophie.* Deren Urteile sind konstitutiv und symbolisch zugleich – während sich Kant im 59. Paragraphen der *Kritik der Urteilskraft* weigert, zwischen dem Schematismus, der die Anschauung mit den Verstandesbegriffen verbindet, und dem Symbol, das eine empirische Vorstellung mit einer Idee der Vernunft verknüpft, mehr als eine Analogie zu sehen. Und wo Kant noch zögert, die »produktive und selbstätige« Einbildungskraft der Ästhetik[76] mit der des Schematismus zu identifizieren, obwohl »die bloße Auffassung (apprehensio) der Form eines Gegenstandes der Anschauung, ohne Beziehung auf einen Begriff [. . .] niemals geschehen kann, ohne daß die reflektierende Urteilskraft, auch unabsichtlich, sie wenigstens mit seinem Vermögen, Anschauungen auf Begriffe zu beziehen, vergliche«,[77] wird bei Bloch jedes Erkenntnisurteil symbolisch-konstitutiv. Dies ist nur insofern möglich, als Bloch auch den Kunstwerken objektiv-realen Charakter zuerkennt, weil für ihn die Symbole der Kunst – darin folgt er Goethe – immer auch Natursymbole sind.

Genau darum ist Blochs Geschichtsphilosophie keine Teleologie, sondern eher eine objektivierte, materialisierte Ästhetik. Das Moment des Werkes betonend, identifiziert Bloch Werke und Kunstwerke – wie Schelling im VI. Kapitel seines *Systems des transzendentalen Idealismus*. Schelling zitierend, spricht Bloch im *Materialismusproblem* von der »Erhebung der Kunst zum Organon der Philosophie«:

»Die Kunst ist deswegen dem Philosophen das Höchste, weil sie ihm das Allerheiligste gleichsam öffnet, wo in ewiger und ursprünglicher Vereinigung gleichsam in Einer Flamme brennt, was in der Natur und Geschichte gesondert ist, und was im Leben und Handeln, ebenso wie im Denken, ewig sich fliehen muß.«[78]

Blochs »ästhetische« Geschichtsphilosophie und Erkenntnistheorie beruht also ganz auf jenen »Realallegorien und -symbolen«, die im Brennpunkt von Natur, Geschichte und Erkennen stehen.

Damit gibt uns die Blochsche Philosophie der symbolischen Formen, die sowohl Ästhetik wie auch Erkenntnis- und Geschichtsphilosophie ist, die Mittel an die Hand, um es sowohl mit der tendenziellen Allegorisierung des Sinns aufzunehmen als auch mit der reduktionistischen Ideologiekritik zu brechen, die noch die geschichtlichen Erscheinungen so behandelt, als wären sie an einem unproblematischen Kriterium des Fortschritts meßbar.

Blochs »Auszugsgestalt« wohnt dieselbe dialektische Spannung inne, die in Benjamins Allegorien und »Denkbildern« festzustellen ist. Das »Transzendieren ohne Transzendenz« kann zur allegorischen Verstreutheit und zur Phantasmagorie verkommen, es kann sich in ein postmodernes »Spiel fließender Identitäten« verwandeln, wenn es nicht gelingt, eine Einheit und eine symbolische Zentrierung hervorzubringen. Diese ist nirgendwo anders als in der Auszugsgestalt selbst zu suchen.

Dem entspricht auch Blochs Forderung eines »unverfälschten Ordnens im offenen System«.[79] Sie betont wiederum, daß der Sinn der Geschichte erst im Prozeß selber entsteht. Blochs Hermeneutik der Äußerungen des utopischen Willens, und insbesondere die objektiv-reale Hermeneutik, die sich mit dessen Realfiguren befaßt, mißt nicht das von ihr hervorgeholte Material des Prozesses an einem vorgegebenen Sinn, sondern versucht umgekehrt, diesen Sinn aus dem Material herauszubringen. Indem sie so auf jede theologische, ontologische oder teleologische Begründung verzichtet, führt sie die dialektische Säkularisierung konsequent zu Ende. Ihre asketische Disziplin radikalisiert Marx' methodische Kategorie des »Gedankenganzen«; nur indem man das Ganze einer Produktionsweise gedanklich totalisiert – so argumentiert Marx in der *Einleitung zur Kritik der politischen Ökonomie* –, setzt man sich in den Stand, die negativen Erscheinungen in ihr, ihre Widersprüche, zu erfassen. Im Gegensatz zu Hegel, der die gedachte Totalität mit der Wirklichkeit verwechselte, darf man aber nicht darüber vergessen, daß zwischen Denken und Sein ein Widerspruch besteht und daß also Wissenschaft nie absolutes Wissen ist, sondern erst durch die Rückkoppelung an die Praxis ihren Wert erhält. Dieses methodische Prinzip drückt Bloch in dem Gedanken aus, daß das Wichtige an einer Totalität das Moment ihrer Auflösung ist. Blochs Kategorie der Auszugsgestalt ist eine solche provisorische und innerlich widersprüchliche Synthese, und als die zentrale Kategorie seiner Erkenntnis- und

Geschichtsphilosophie läßt sie sich sowohl makrologisch als auch mikrologisch anwenden: Werke wie Kunstwerke, Makrostrukturen (das Ganze einer Produktionsweise) und Mikrostrukturen (eine soziale Bewegung oder eine politische Organisation) sind, sobald sie eine relativ ausgestaltete organische Konfiguration bilden, Auszugsgestalten.
Diese sind symbolisch und allegorisch zugleich: symbolisch, weil sie jeweils einen Sinn kristallisieren, der allerdings – bei aller Materialisierung und Objektivierung der bloß subjektiven Kantschen Ästhetik – dem Kantschen Symbol darin verwandt bleibt, daß seine Übereinstimmung mit der objektiven Zweckmäßigkeit nicht bewiesen ist, und allegorisch, weil sich eben die jeweilige Sinnhaftigkeit immer wieder allegorisch auflöst, indem sie sich in den objektiven Prozeß einschreibt.
Wenn also Blochs symbolische Geschichtsphilosophie heute aktuellen Wert besitzt, dann nicht, weil man – der abstrakten Gegenüberstellung von Vernunft und Unvernunft verfallend – ihre symbolische Intention der Tendenz zur Allegorisierung abstrakt entgegensetzen könnte, sondern wegen der ihr innewohnenden Spannung zwischen Allegorie und Symbol, aus der die mit sich selber zerfallene Geschichtsphilosophie inmitten des Zerfalls die Kraft schöpfen könnte, nach Symbolischem in der Allegorisierung selber zu fragen, ohne dieser symbolische Gewalt anzutun.

7

Dies Programm einer symbolischen Geschichtsphilosophie wäre auf zwei Ebenen: als Entwurf eines Gesamtbildes der heutigen Produktionsweise und zur Charakterisierung der heutigen Sozialbewegungen zu verwirklichen. Zwischen diesen beiden Ebenen vermittelt die Beobachtung, daß heute in gesteigertem Ausmaß jene *Derealisierung* um sich greift, die Marx bereits als die Übersetzung realer Prozesse in die abstrakte Logik des Tauschs und in Warenphantasmagorien umrissen hatte.
Die heutigen Produktivkräfte, die heutige Wissenschaft und Technik wirken insgesamt derealisierend; das hatte Bloch

schon 1929 geahnt, als er von der »desorganisierenden« modernen Physik sprach, und es ist auch die Erfahrung, die Lyotards Ausstellung über die »Immaterialien« im Centre Beaubourg dokumentiert. Diesem neuen Trend der Produktivkräfte entspricht auch jene beschleunigte, rein imaginäre Bilderproduktion und -zirkulation, von der wir gesprochen haben, in welcher der Gebrauchswert keine Rolle mehr zu spielen scheint. Was da verschwindet, ist aber weniger der Gebrauchswert selber als dessen Beziehung auf eine substantielle Gegenständlichkeit. Die Grenzen ihrer Darstellbarkeit sind überschritten worden, und die Substanz ist u-topisch geworden.

Guillaume spricht immerhin von einer »Sprache der Gegenstände«, und in seiner *Critique de l'économie politique du signe* ging es Baudrillard weniger darum, den Begriff des Gebrauchswerts als solchen zu streichen, als dessen substantiellen Sonderstatus in der Marxschen Theorie in Frage zu stellen, weil es inzwischen einen Fetischismus des Gebrauchswerts gibt. Dem wird die banale These einer Manipulation der Bedürfnisse nicht gerecht, weil sie nicht einsieht, daß der Gebrauchswert keine außerhalb des Tauschsystems intakt bleibende Substanz ist. Das meint auch Guillaume, wenn er die Nützlichkeit als Maske der Begierde bezeichnet: In dieser Maskerade wird der Gebrauchswert in das delokalisierte Spiel der Begierde einbezogen.

Die Möglichkeit einer eindeutigen Identifizierung der beiden Pole des Subjekts und des Objekts verschwindet – was nur bedeuten soll, daß die Mittel der überkommenen Logik des Verstandes zu kurz und fehlgreifen, und nicht etwa, daß es keine gegenständliche Welt mehr gäbe und daß sich der Geist: die Fiktion oder das Imaginäre frei entfalten könnten. In den postmodernen Produktivkräften fällt vielmehr die neue scheinbare Freiheit des Geistes mit seiner technischen Reproduzierbarkeit, d. h. Simulierbarkeit zusammen, also auch mit seiner wachsenden Verdinglichung. *Gerade das ist der Sinn der »Allegorisierung«:* Sie bedeutet in einem totale Verdinglichung und Entwertung der Dingwelt, wie es Benjamin richtig gesehen hat

und vor ihm Marx, der von der »phantasmagorischen Form eines Verhältnisses von Dingen« sprach. Die grenzenlose Austauschbarkeit und die Entsubstantialisierung der Dinge bedeuten eben die maßlose »Verfallenheit ans Objekt«, die Adorno diagnostizierte. Die Allegorisierung ist, wie Benjamin es ausgedrückt hat, ein Rückfall in die Naturgeschichte.
Wenn es einmal so weit ist, daß die beiden Pole der Verstandesphilosophien, das Subjekt und das Objekt, ineinander aufgehen, dann kann man sicher noch behaupten, daß wir es mit Figuren des Subjekt–Objekts zu tun haben. Obwohl jedoch das Objekt in ihnen nicht wirklich verschwindet – ganz im Gegenteil –, scheitert Blochs objektivierte Ästhetik gerade an dessen Entwirklichung, und der von Adorno um einer »zweiten Reflexion« willen postulierte »Vorrang des Objekts« setzt noch allzu sehr die Unversöhnbarkeit und Unreduzierbarkeit des Besonderen und Einzelnen voraus, um der tatsächlichen Auflösung des Objektiven in bodenloser Zirkulation gewachsen zu sein.

8

Wollen wir Blochs und Adornos neue Erfahrungsmodelle diskutieren, sind wir auf die praktischen Ansätze eines Widerstands gegen diese derealisierende Allegorisierung verwiesen. Schon seit langem sind *die sozialen Bewegungen* zu ästhetisch zu erfassenden Konstellationen geworden. Schien die politische Lage der sechziger und siebziger Jahre eine politisch-organisatorische Aktivierung zersplitterter Widersprüche noch offenzuhalten, so muß man sich heute rückblickend fragen, ob diese nicht bereits allzu lokalisiert waren, um noch eine »symbolische« Zentrierung zu ermöglichen, ob sie darum nicht bereits die durchgreifende »Utopisierung« bzw. Allegorisierung des Wirklichen widerspiegelten. Wenn es in der Organisation der sozialen Widersprüche und politischen Kämpfe darum geht, die Hieroglyphen zu entziffern, die – wie Marx sagte – »ihr gesellschaftliches Produkt sind so gut wie die Sprache«, so muß man fragen: Wie kam und kommt heute noch der neue Kontext in diesen Bewegungen zum Ausdruck?

Mit Recht spricht Habermas von ihrem vorwiegend defensiven Charakter; es geht ihnen primär nicht »um Entschädigungen, die der Sozialstaat gewähren kann, sondern um Verteidigung und Restituierung gefährdeter, oder um die Durchsetzung reformierter Lebensweisen«.[80] Was diese Bewegungen vor allem zum Ausdruck bringen, ist der Widerstand gegen die Zerstörung der symbolischen Integration, gegen die »Derealisierung« auf allen Gebieten des menschlichen Handelns, welche immer mehr auf das formale Medium des Tauschwerts umgestellt, d. h. von der abstrakten Logik der verallgemeinerten Austauschbarkeit aufgesogen werden:

»Heute haben sich weitere Handlungsbereiche über die Medien Geld, Organisationsmacht und administrative Entscheidung [. . .] systemisch verselbständigt; sie absorbieren Lebenszusammenhänge, setzen sie von altmodischen und kostspieligen Formen der sozialen Integration frei.«[81]

Diese »Abkoppelung von traditional eingelebten Normen« und das »Übergreifen von Formen der ökonomischen und administrativen Rationalität auf Lebensbereiche, die dem Eigensinn moralisch- und ästhetisch-praktischer Rationalität gehorchen«[81], wird von den »postmodernen« technologischen Möglichkeiten gesteigert. Aber gerade Lyotards Ausstellungskonzept »Immaterialien« erscheint als Symptom der Unausrottbarkeit der Sehnsucht nach einer Versöhnung mit den neuen Produktivkräften und der neuen »Naturgeschichte«. In seinen verschiedenen Äußerungen zu dieser Ausstellung hat Lyotard darauf hingewiesen, daß sie an eine »neue Sentimentalität« adressiert ist, also nach der Entsprechung zwischen den neuen Produktivkräften und den neuen Formen des Bewußtseins fragt.[82] Es geht in dieser Ausstellung um die bereits vorhandenen, oder aber noch unausgesprochenen Erscheinungen eines »Gemeinsinns« oder »gemeinschaftlichen Sinns«, wie Kant in der *Kritik der Urteilskraft* gesagt hatte, also um die Formen einer neuen Subjekt–Objekt-Begegnung, die auf Kantischem Wege zu dem zurückfindet, was Blochs Suche nach dem Symbolischen in den Allegorien intendierte.

Es mag sein, daß das postmoderne Denken gerade deswegen

u-topisch wird, weil es sich ideologisch über die innere dialektische Bewegtheit der eigenen Zeit hinwegtäuscht. Wer aber diese noch erfassen will, muß den Preis dafür zahlen; er muß es riskieren, die Auswirkungen der neuen Produktivkräfte auch ideologisch ernst zu nehmen. Denn *sie* sind *real,* und wenn es darum geht, eine *ideologische Hemmung* der Emanzipation zu überwinden, dann muß das Ideologische – *mit neuen Mitteln,* die eine Philosophie der symbolischen Formen erfordern – wieder auf die Probe des Praktischen gestellt werden. Wer dies nicht versucht, läßt sich von der postmodernen Ideologie hemmen.

Anmerkungen

1 Daniel Bell, *The Coming of Post-Industrial Society,* New York 1973; zit. nach der französischen Übersetzung: *Vers la société post-industrielle,* Paris 1976.
2 Habermas, *Theorie des kommunikativen Handelns,* Frankfurt a. M. 1981, 2 Bde. (= *Habermas 1981*), Bd. 2, S. 562.
3 Bell, a. a. O., S. 431.
4 Habermas, »Die neue Unübersichtlichkeit«, in *Merkur,* Nr. 431, 1985.
5 Horkheimer, *Die Anfänge der bürgerlichen Geschichtsphilosophie,* Frankfurt a. M. 1970.
6 Ebd.
7 Bell, a. a. O., S. 430.
8 Marcuse, *Das Ende der Utopie,* Berlin 1967, S. 15.
9 Vgl. hierzu Raulet, »Encerclement technocratique et dépassement utopique«, in: ders. (Hg.), *Utopie – marxisme selon Ernst Bloch,* Paris 1976.
10 Marcuse, *Das Ende der Utopie,* a. a. O., S. 14ff.
11 Ebd., S. 19.
12 Bell, a. a. O., S. 418.
13 Marx, *Das Kapital,* Bd. III, Marx Engels Werke, Bd. 25, S. 828.
14 Marcuse, *Das Ende der Utopie,* a. a. O., S. 12.
15 Ebd., S. 18.
16 Ebd., S. 14.
17 Ebd., S. 16f.
18 Vgl. Habermas' Einleitung zu: *Stichworte zur geistigen Situation der Zeit,* Frankfurt a. M. 1979 (frz. Übersetzung: »La colonisation du quotidien«, *Esprit,* 1979, Nr. 12, mit dem Untertitel: »L'âge des expériences fragmentaires«).
19 Habermas, *Stichworte zur geistigen Situation der Zeit,* a. a. O., S. 28.

20 Habermas, *Legitimationsprobleme des Spätkapitalismus,* Frankfurt a. M. 1973.
21 Marc Guillaume, *Le Capital et son double,* Paris 1975, S. 24.
22 Bloch, *Experimentum mundi,* Frankfurt a. M. 1975, S. 202.
23 Bloch, *Tübinger Einleitung in die Philosophie 2,* Frankfurt a. M. 1964, S. 144.
24 Habermas, *Stichworte . . .,* a. a. O., S. 27f.
25 Habermas, *Legitimationsprobleme . . .,* a. a. O.
26 Habermas, »Die neue Unübersichtlichkeit«, a. a. O., S. 6.
27 Lyotard, *La condition postmoderne,* Paris 1979 (= *Lyotard 1979*), S. 63.
28 Habermas, »Die neue Unübersichtlichkeit«, a. a. O.
29 Bloch, *Atheismus im Christentum,* Frankfurt a. M. 1968, S. 64.
30 Lyotard 1979, S. 51f.
31 Bloch, *Tübinger Einleitung in die Philosophie 1,* Frankfurt a. M. 1963, S. 185.
32 Benjamin, »Über den Begriff der Geschichte«, in: *Gesammelte Schriften,* Bd. I–2, Frankfurt a. M. 1972, S. 693ff.
33 Bloch, *Experimentum mundi,* a. a. O., S. 97.
34 Marc Guillaume, »Postmoderne Effekte der Modernisierung«, in: Le Rider/Raulet (Hg.), *Verabschiedung der (Post-)Moderne?,* Tübingen 1986.
35 Marc Guillaume, *Le Capital et son double,* a. a. O., S. 26.
36 Ebd., S. 37ff.
37 Bloch, *Experimentum mundi,* a. a. O., S. 202.
38 Marc Guillaume, *Le Capital et son double,* a. a. O., S. 46.
39 Ebd., S. 48f.
40 Jean Baudrillard, *Pour une critique de l'économie politique du signe,* Paris 1972, S. 154ff.
41 Ebd., S. 94.
42 Hegel, *Phänomenologie des Geistes,* Frankfurt/Berlin/Wien 1970, S. 307.
43 Ebd.
44 Bloch, *Atheismus im Christentum,* a. a. O., S. 32.
45 Bloch, »Aktualität und Utopie – Zu Lukács' ›Geschichte und Klassenbewußtsein‹«, in: *Philosophische Aufsätze zur objektiven Phantasie,* Frankfurt a. M. 1969, S. 607.
46 Ebd., S. 619.
47 Ebd., S. 614.
48 Bloch, *Tübinger Einleitung in die Philosophie 1,* a. a. O., S. 176ff.
49 Ebd., S. 163ff.
50 Ebd., S. 170ff.
51 Raulet, *Humanisation de la nature, naturalisation de l'homme,* Paris 1982.

52 Bloch, *Erbschaft dieser Zeit,* Gesamtausgabe Bd. 4, S. 302ff.
53 Lukacs, *Die Zerstörung der Vernunft,* Neuwied u. Berlin 1962.
54 Burghart Schmidt, »L'irrationalisme allemand des années vingt à la lumière du néo-marxisme«, in: Raulet (Hg.), *Weimar ou l'explosion de la modernité,* Paris, Anthropos 1984; vgl. ders., *Postmoderne – Strategien des Vergessens*, Darmstadt und Neuwied 1986, S. 72ff.
55 Bloch, *Spuren,* Gesamtausgabe Bd. 1, S. 16.
56 Bloch, *Erbschaft dieser Zeit,* a. a. O., S. 303.
57 Bloch, *Experimentum mundi,* a. a. O., S. 24.
58 Benjamin, *Ursprung des deutschen Trauerspiels,* in: *Gesammelte Schriften* I–1, Frankfurt a. M. 1972, S. 343.
59 Burghart Schmidt, *Benjamin – Zur Einführung,* Hannover 1983, S. 5.
60 Bloch, *Experimentum mundi,* a. a. O., S. 220.
61 Benjamin, *Das Passagen-Werk, Gesammelte Schriften* V, Frankfurt a. M. 1982, S. 55.
62 Harald Steinhagen, »Zu Walter Benjamins Begriff der Allegorie«, in: Walter Haug (Hg.), *Formen und Funktionen der Allegorie,* Stuttgart 1979, S. 672; s. Benjamin, *Ursprung des deutschen Trauerspiels,* a. a. O., S. 358ff., 390ff., 399f.
63 Ebd., S. 362.
64 Ebd., S. 336.
65 Benjamin, *Briefe,* 2 Bde., Frankfurt a. M. 1978, S. 785.
66 Marx, *Das Kapital*, Marx–Engels-Werke, Bd. 23, S. 86.
67 Ebd., S. 88; vgl. Baudrillard, *Le Miroir de la production,* Paris 1973, S. 34f.
68 Bloch, *Tübinger Einleitung in die Philosophie*, *1,* a. a. O., S. 150f.
69 Ebd., S. 147.
70 Bloch, *Experimentum mundi,* a. a. O., S. 237.
71 Bloch, *Das Prinzip Hoffnung,* a. a. O., S. 271.
72 Horkheimer, *Traditionelle und kritische Theorie,* Frankfurt a. M. 1970, S. 24.
73 Bloch, *Experimentum mundi,* a. a. O., Kap. 12.
74 Kant, *Kritik der Urteilskraft,* in: *Werke,* hg. v. W. Weischedel, Insel 1960ff., Bd. V, S. 265.
75 Ebd., S. 268.
76 Ebd., S. 324f.
77 Ebd., S. 264.
78 Schelling, Werke III, S. 628, zitiert nach: Bloch, *Das Materialismusproblem,* Frankfurt a. M. 1972, S. 220.
79 Bloch, *Experimentum mundi,* a. a. O., S. 24.
80 Habermas, *Theorie des kommunikativen Handelns,* a. a. O., Bd. 2, S. 576.
81 Habermas, *Stichworte . . .,* a. a. O., S. 27f.
82 Vgl. unser Gespräch mit Lyotard, in *Spuren,* Hamburg 1986.